主编 胡大平 张云龙
西方马克思主义研究丛书

马克思论性别与家庭

批判性研究

［美］希瑟·布朗（Heather A. Brown）

杨冰郁 译

Marx on Gender and the Family

A Critical Study

江苏人民出版社

图书在版编目（CIP）数据

马克思论性别与家庭：批判性研究/（美）希瑟·
布朗著；杨冰郁译. -- 南京：江苏人民出版社，2024.
10. -- （西方马克思主义丛书/ 胡大平，张云龙主编）.
ISBN 978 - 7 - 214 - 29502 - 6

Ⅰ. A811. 64
中国国家版本馆 CIP 数据核字第 2024BA7816 号

书　　　名　马克思论性别与家庭：批判性研究
著　　　者　（美）希瑟·布朗
译　　　者　杨冰郁
责 任 编 辑　汪意云
装 帧 设 计　刘葶葶
责 任 监 制　王　娟
出 版 发 行　江苏人民出版社
地　　　址　南京市湖南路 1 号 A 楼，邮编：210009
照　　　排　江苏凤凰制版有限公司
印　　　刷　江苏扬中印刷有限公司
开　　　本　718 毫米×1000 毫米　1/16
印　　　张　15
字　　　数　230 千字
版　　　次　2024 年 10 月第 1 版
印　　　次　2024 年 10 月第 1 次印刷
标 准 书 号　ISBN 978 - 7 - 214 - 29502 - 6
定　　　价　78.00 元

(江苏人民出版社图书凡印装错误可向承印厂调换)

目 录

第一章　绪论

近年来，随着反全球化运动的兴起，特别是自 1999 年西雅图抗议活动以来，学者和社会活动家已经开始回归马克思对资本主义的批判。例如，约翰·卡西迪（John Cassidy），迈克尔·哈特（Michael Hart），安东尼奥·盖瑞（Antonio Gerry）和约翰·霍洛维（John Holloway）等学者都开始承认马克思对资本主义批判的力量，并以各种方式试图重新讨论他的著作以应对当前资本主义全球化的新浪潮。[①] 上述研究以及其他相关著作在下列情形中越发显得意义重大：即貌似会长期存在的全球性衰退已然来临，在这种情形中，复兴以及重振反新自由主义的思想运动越来越必要。近来，继"占领华尔街"运动之后，各种各样的抗议活动井喷式地出现在巴黎、伦敦、麦迪逊、威斯康星州以及世界各地，其中，最引人注目的是中东地区的抗议行动直接导致了突尼斯、埃及以及利比亚政权的倾覆，抗争之火也蔓延到了巴林、叙利亚和也门。所有这些愤怒和挫败都指向政府的政治、经济政策，新自由主义似乎正在经历一场全面危机，发达国家与发展中国家无一例外。

当我们讨论到资本主义全球化中的妇女地位时，这一问题就犹显尖锐，也更加错综复杂。例如，联合国报告指出，女性承担了世界 66% 的工作，生产了 50% 的食物，但收入只占到 10%，拥有的财产只占 1%。[②] 经济危机使得妇女的

---

① 参见 Cassidy 1997；Hardt 和 Negri 2000，2004，2009；Holloway 2006。
② UNICEF 2007.

处境更加艰难，2009 年，在发展中国家，女性占出口制造业行业工人总数的 60%到 80%。① 根据 2009 年国际劳工组织的报告，全球经济危机预计导致 2200 万妇女陷入失业，女性失业率将达到 7.4%（对比：男性失业率 7%）。② 与此相对，妇女的政治权力似乎没有增加。2011 年的一项研究显示，妇女作为参众议员的平均参政率少于 20%。③ 北欧国家女性参政比例最高，为 42.1%，欧洲其他国家为 20.3%，美洲为 22%。④ 近期，埃及女性激进地参与抗议活动，想要推翻穆巴拉克总统。然而，穆巴拉克的下台并没有使女性因此得到政府高层管理的职位，相反，和穆巴拉克时代相比，女性在内阁中所占的比例更小。⑤

以上情形似乎都在呼唤人们重新评估马克思主义与女性主义之间的关系。为了改善世界各地的女性地位，必须解决性别与阶级之间复杂的关系问题。20 世纪七八十年代，学者们就马克思在女性主义和妇女解放运动方面是否有所建树争论不休，马克思主义批评家们曾试图把马克思的经济理论和方法论引入女性主义理论，以此赢得了这场辩论。然而，在之后的 20 年里，许多女性主义理论则转向后结构主义视角。

许多后结构主义的研究对于社会主义女性主义的局限性及其试图把马克思主义和女性主义机械地融合的观点做出了正确考量，也公允地评价了社会主义女性主义批评中存在的本质主义和种族中心主义倾向。研究者指出，早期的马克思主义女性主义大部分不加批评地接受了所谓正统马克思主义的经济决定论，至少在讨论"生产力实用性"时有这样的弊端。然而，这场辩论是否已经硝烟散尽还不明了。由于一味把研究视角简单聚焦于学界公认的一些重要领域，诸如区域文化、意识形态以及地方性抗争方面，后结构主义以及理论的分歧性无法提出一个反资本主义的女性主义。⑥

然而，在过去的 15 年里，一些研究试图采取各种方式让马克思重新回到讨

---

① World Bank 2009.
② International Labour Organization 2009.
③ International Parliamentary Union 2011.
④ International Parliamentary Union 2011.
⑤ Leyne 2001.
⑥ 参见 Hennessy 1993，特别是于 2006 年和 2008 年，对这些问题的深刻讨论。

论中来。格兰特（Grant）和科鲁兹（Klotz）以他们自己的方式，重新开启了马克思在《1844 年经济学哲学手稿》中讨论性别和人性的话题。[①] 特雷尔·卡弗（Terrell Carver）在 19 世纪的语境中做了一个非常有趣的尝试，即把马克思视作一个女性主义者。尽管如卡弗本人所言，他的研究可能并不一定对当前的女性主义理论有很大的价值。[②] 克劳迪娅·莱布（Claudia Leeb）讨论了在资本主义社会中性别结构化的程度，以及甚至连马克思也无法在其著作中超越性别二元论。[③] 吉梅内斯（Gimenez）对马克思的辩证法进行了重要评估，并认为它可以被女性主义者有效利用，以克服诸如"男人"和"女人"等根深蒂固的二元对立观念。[④] 安德森（Anderson）从马克思早期关于自杀的文章（其中涉及女性）中提出了一个重要却经常被忽略的议题[⑤]，在其他著作中，他简明扼要地讨论了马克思关于前资本主义社会和性别的笔记。[⑥] 轩尼诗（Hennessy）讨论晚期资本主义社会情感不被满足的问题，吸收了马克思"类存在"的概念，论证道："资本主义生产出不被满足的需要，这一需要隐藏在价值、身份中，并合在市场内外的劳动关系里。"[⑦] 这些关于马克思主义与性别问题的再讨论具有重要意义，极大地增进了我们对于马克思主义关于性别和阶级关系的理解。然而，据我所知，没有一项研究涉及马克思关于性别的所有著作，包括他关于人类学的笔记。本书致力于在文献方面填补这一意义重大的空白，并希望能够从更为宏观的视角考察性别和阶级之间的复杂关系。

我认为，马克思关于性别的讨论远远超出了将女性作为工厂工人的范围。虽然马克思没有写很多关于性别和家庭的文章，也没有发展出一种系统性的性别理论，但对他来说，这是一种理解劳动分工、生产和社会的一个重要且普遍的范畴。而且在马克思关于社会的全部理论中，也可能具有潜在的女性主义的

---

① Grant 2005；Klotz 2006.
② Carver 1998.
③ Leeb 2007.
④ Giminez 2005.
⑤ Anderson 1999.
⑥ Anderson 2002，2010.
⑦ Hennessy 2006，p. 387.

解释。我将讨论马克思那些直接或间接地涉及性别和家庭问题的著作，以及一些至今尚未出版的 1879—1882 年的笔记。通过对上述所有材料的研究，我们可以明白无误地发现，马克思虽然从未充分地展开论述这些思想，却对性别和社会的理论提供了重要指引。

对马克思女性主义理论的再评价与发展

即使在东欧剧变之后，许多学者也认同马克思主义具有极强的生命力。例如，关于女性主义，吉梅内斯主张，"马克思经典著作的名声完全被社会科学家和女性主义学者所指出的弱点所损伤，它或许会因此被历史长久忘却。但是，马克思的洞见与活力并没有减损，相反，即使是那些反对马克思的学者也不得不面对来自马克思著作的挑战，这些学者的理论在相当程度上正是在否定马克思的进程中成型的"①。

尽管在许多学者看来，马克思理论忽视性别，坚持二元论，但依然有很多女性主义学者在研究中承认马克思主义政治经济学的批判锋芒，并试图将其纳入自己的分析过程。当然，任何涉及马克思性别理论的研究，都不能忽视早期马克思主义女性主义者如玛格丽特·本斯顿（Margaret Benston）、玛丽亚罗萨·达拉·科斯塔（Mariarosa Dalla Costa）、西尔维亚·费德里希（Silvia Federici）和沃利·塞科姆（Wally Seccombe）所做的重要工作，这些学者在家务劳动价值问题的争论方面卓有贡献。② 除了另外一些学者持有不同推论（参见第三章对这些学者的讨论）外，上述研究者都试图从政治、经济和社会的角度重新评估女性在家庭中的劳动。相对于学界大多数人的偏见（即认为马克思是完全无视性别的，因此无法触及作为劳动力以外的女性问题），这对于马克思主义女性主义是一个非常重要的发展，他们的研究表明，马克思的理论具有非常强的开放性，足以把妇女问题纳入其中，至少在政治经济方面是如此。我将在

---

① Gimenez 2005, p. 12.
② Benston 1969；Dalla Costa 1971；Federici 1975；Seccombe 1974.

第三章指出这些学者试图将工资问题纳入完整的马克思主义的女性与社会理论时所存在的疏漏之处。当然，以上学者的观点远比本书展现出的更加深刻，所以我的这一批判角度也许过于严格。然而，如果要建立一个马克思主义女性主义理论，那就要考虑性别问题的各个方面，而不只是局限在与家务相关的理论上。

为了避免在研究中暗示马克思主义忽视性别这一倾向，有些学者致力于讨论马克思主义的各个不同方面。南希·霍姆斯特罗姆（Nancy Holmstrom）对马克思关于人性的观点进行了精彩的讨论。在这里，她采用女性主义的视角阐释马克思对人性本质的理解，在马克思那里，人性不是一个固定不变的本质实体，而是受到社会和技术力量的制约，处于变动之中。正因为如此，也有可能推断出超越马克思的理论，并认为女性没有一成不变的本质，而是随着社会的变化，也会发生变化。[①] 此外，莉丝·沃格尔（Lise Vogel）试图为恩格斯在生产与社会再生产之间的二元论提供一个正确的理解方式。[②]

然而，我认为这些重要的著作在某种程度上均有着关键性的漏洞，这就是它们都只涉及马克思思想的一个特定方面，并未考虑马克思著作的整体性。杜卜尔（Dupré）就提到，马克思理论实质无法从他的方法中剥离[③]，两者之间辩证相关。因此，试图把马克思的观点或者方法单独从整体中分离出来是有问题的，马克思理论的力量正在于对整体与各个部分之间相互作用的理解。因此，为了正确估量马克思主义理论在建构先进的女性主义理论中的潜在优势，首要任务是把马克思的理论看作是一个全面的，包括积极的和消极方面的理论。对这一方面的研究，杜娜叶夫斯卡娅（Dunayevskaya）在某种程度上推进了一些，这也是本书将要重点讨论的问题。

为了向此目标推进，我首先对于本书的研究方法给予扼要说明。在本书中，我经常向读者提供马克思的原话（有时是冗长的），而不是简单地分析他的论点。虽然这会影响文本的流畅性与连续性，但我觉得为他的论点提供相关上下

---

① Holmstrom 1984.
② Vogel 1983，这个主题将在第三章进一步讨论。
③ Dupré 1966.

文背景很重要，尤其是在我处理一些马克思不太为人所知或未出版的作品时，以及许多读者可能并不熟悉这些作品时，我经常会这么做。

女性主义研究者为了理论化，有的把马克思和恩格斯合并，有的挪用马克思观点或者方法的一部分，现在比较流行的是解释马克思关于妇女的观点，并将之与马克思的社会和社会变迁理论相关联。这一方面的研究者中杜娜叶夫斯卡娅已经着手进行了开拓性研究①，她在研究马克思主义方面的主要贡献是强调马克思著作的整体性，同时也强调马克思主义理论的其他要素而不仅仅是"阶级"。

在《罗莎·卢森堡：妇女解放和马克思哲学的革命》一书中，杜娜叶夫斯卡娅指出马克思"大众动因论（人民群众决定论）"的重要性，对于马克思来说，"一场严肃革命根植于大众的自发行为，大众是革命的制造者，领导者正是从这些有生力量中选举产生，在这个意义上，大众是力量也是动因"②。这与列宁主义中的精英主义形成鲜明对比。另一方面，该书也对经济决定论提出了质疑。经济决定论者认为社会变革几乎完全来自客观的经济条件。对此，杜娜叶夫斯卡娅指出，在马克思看来，大众自己致力于创造他们自己的变革理论，这基于他们的经验和他们对一个非剥削社会应该是什么样子的看法。然而，这不应被理解为唯意志论，而应该是主观因素和客观规律的发展一样重要。

此外，对于杜娜叶夫斯卡娅来说，这只是一种理论形式，构建社会变迁理论的基础是从实践到理论、从理论到实践的辩证过程。③ 在杜娜叶夫斯卡娅看来，这一观点在马克思的世界观中根深蒂固，影响了他对具体历史事件的分析，也影响了他对革命力量（其中包括女性）的看法。

19世纪60年代，第一国际的建立与《资本论》手稿的成型，不仅标志着马克思阶级斗争理论的新突破以及与其他理论家的决裂，而且表明一

---

① Dunayevskaya 1985，1991.
② Dunayevskaya 1991，p. 172.
③ Dunayevskaya 2002，p. 5. 这一概念在她的许多作品中都是一个重要的主题，特别是杜娜叶夫斯卡娅1985、1991、2000、2002和2003年的作品。

种新的革命力量——黑奴解放的出现。上述所有理论和实践的高潮发生于 1871 年成立的巴黎公社，在这儿，随着对无产阶级经济解放形式的伟大发现，我们能够看到革命的新生力量：女性。[①]

正如杜娜叶夫斯卡娅所指出的，马克思透过废奴运动、美国内战以及巴黎公社等历史性事件，察觉到了革命的新力量，并把这种观察上升成为他的社会以及社会变迁理论。[②] 而据她所说，在马克思把妇女纳入研究的历史性范畴过程中，巴黎公社的作用尤为重要。

此外，与那些认为马克思对女性主义理论没有什么重要性，甚至马克思歧视女性的学者相比，杜娜叶夫斯卡娅认为女性的解放是社会主义发展不可分割的一部分：

> 在德国，年轻的马克思继续发展着一套完整的作品，一种无产阶级革命的理论，一种人类解放的哲学，这些理论都深深植根于阶级斗争以及男人/女人这一最为基本的关系之中。马克思帮助组织妇女运动，不仅为了提高工资待遇，更为了改善劳动者的处境；不仅为了争取投票的权利，更为了女工和童工的完全自由，在《资本论》第一卷中有长达 80 页的篇幅来讨论作为劳动者的女工和童工问题。马克思总结道："新生的力量以及其中蕴含的热情将导致'否定之否定'，也就是说，成为资本主义的'掘墓人'，创造一个全新的社会，在那里'人的自由而全面的发展是社会发展的最终目标'。"[③]

在这里，杜娜叶夫斯卡娅认为，马克思不仅在理论上批评了女性在社会中的地位，把男人和女人之间的关系看做是最基本的社会关系，而且他在一定程度上参与了组织女性的活动。然而，对于杜娜叶夫斯卡娅来说，也许最重要的是，马克思的工作使得女性所受的压迫引人注目，还表明女性是反抗资本主义

---

① Dunayevskaya 1991, p. 161.
② 有关这些事件如何影响马克思理论著作的详细讨论，见 Dunayevskaya 2000, ch. 5, ch. 6。
③ Dunayevskaya 1985, p. 81.

的重要因素。男人和女人必须在平等的基础上共同努力，建立新的真正的人与人之间的关系。

除了努力展示马克思思想的一般连续性——与一般正统的马克思主义者不同，后者只关注马克思在政治经济方面的"成熟"理论——杜娜叶夫斯卡娅还指出了马克思提出的许多新方向，特别是在他的晚期作品中，马克思将非西方社会和女性更直接地融入他的作品。对于杜娜叶夫斯卡娅而言，尤其重要的是马克思在 1880 年代的笔记，其中包含了对前资本主义社会中女性的重要讨论。她把这些未完成的笔记与恩格斯的《家庭、私有制和国家的起源》这一成熟著作相对比。恩格斯仅仅把私有财产看做是阶级斗争的起源以及女性的"具有世界历史意义的挫败"，马克思则在他的人类学笔记中看到了这一早期社会更细微的差别，他比恩格斯更早地看到了社会发展中的矛盾，而不是单一地、线性地向阶级社会进化的观点迈进，"马克思揭示出原始社会中产生出来的性别压迫的要素"①。

在杜娜叶夫斯卡娅看来，最有意义的是马克思强调，要根除一切形式的压迫，包括性别压迫，仅凭无产阶级的政治和经济革命是不够的，社会关系也要发生重大变革。同时，女性也必须经历重大变革，而女性必须在创建一个新社会中发挥重要作用。因此，杜娜叶夫斯卡娅认为，马克思关于社会和社会变革的观点并不局限于狭义的阶级。相反，其他受压迫的群体，包括妇女也是马克思所关注的。② 虽然杜娜叶夫斯卡娅提出这一问题，并进行了令人信服的论证，但是她从来没有为此系统地研究过马克思关于女性的全部著作，我的研究将试图尽最大可能弥补这一缺憾。

本书的基本结构

本书第一章就马克思关于性别和家庭的讨论，为读者提供了宏观的、按时

---

① Dunayevskaya 1991, p. 180.
② Dunayevskaya 1991, p. 190.

间排序的视角、分析和评析；并讨论了在马克思的全部社会理论中对女性主义分析的可能性和开放性。第二章讨论了马克思的早期著作，包括《1844 年经济学哲学手稿》《神圣家族》《德意志意识形态》《珀歇论自杀》。在这些早期的作品中，他对资产阶级的家庭和资本主义社会对于女性的伪善进行了尖锐批评；在批评的基础上，马克思开始对妇女在家庭和社会中所受压迫的起源进行研究；此外，马克思还力图在他的哲学中克服本质/文化二元论；比上述更为重要的是，他在《1844 年经济学哲学手稿》中显现出这样的观点：女性所受到的压迫甚至比阶级压迫更为本质。

第三章讨论了名著《共产党宣言》和《资本论》（第一卷），马克思和恩格斯对现代家庭提出了强烈批评，并预测由于资本主义制度的客观因素，它最终会崩溃。在《资本论》中，马克思详细描写了妇女和儿童如何被资本主义制度剥削，并讨论了家庭何以解体的问题。虽然马克思和恩格斯对资产阶级家庭将会迅速瓦解的判断是不正确的，但是马克思的分析值得特别关注，因为他指出了资本主义的普遍效应与资本为了维护利润而剥削的特性之间的矛盾和冲突，这一分析对于女性主义理论至关重要。在此我补充一点，即马克思关于生产和生产性劳动的观点比我们惯常的认知要复杂得多。

第四章讨论马克思关于女性的不少政治著作，其中包括他写给《纽约每日论坛报》的文章；也包括在《马克思恩格斯选集》中没有选录的《纽约每日论坛报》的文章；还包括马克思涉足的各类劳工组织的文件以及《法兰西内战》《哥达纲领批判》等著作。这些作品显示马克思对于女性在资本主义社会所面临的问题有一定的了解，并努力批判和消除这些障碍，这包括他支持妇女在平等的基础上加入工会组织。此外，马克思在 1871 年巴黎公社期间和之后的活动表明，他开始看到女性在战斗中扮演更重要的角色，这正是由于巴黎公社中妇女的贡献已经向马克思展现出女性成为社会变革中的重要力量。

第五章讨论晚年的马克思。[①] 这一章节比较了《摩尔根〈古代社会〉一书

[①] 马克思关于摩尔根和梅恩的笔记已被劳伦斯·克拉德（Lawrence Krader）转录并于 1972 年出版。然而，大卫·诺曼·史密斯（David Norman Smith）很慷慨地把他即将发布的这本笔记的全英译本提供给了我。兰格的书尚未以任何语言出版，MEGA 项目的编辑们慷慨地提供了一本英文译本。

的摘要》与恩格斯《家庭、私有制和国家的起源》，后者吸取了摩尔根（Morgan）的合理思想并在一定程度上也借鉴了马克思对于该书的注释。尽管马克思的笔记是粗略的，而且从来没有打算出版，我在这里同意杜娜叶夫斯卡娅的看法①，即这些笔记说明了马克思关于阶级社会和性别压迫起源的观点比恩格斯的观点要微妙得多。与恩格斯给出的单一性原因、线性发展模式相比，马克思的研究则表明，在私有财产发展之前，阶级和性别对立是如何在以共有为基础的氏族社会中开始的。

第六章讨论了马克思晚年关于民族学笔记的其他部分，包括关于亨利·萨姆纳·梅恩（Henry James Sumner Maine）《古代法制史讲演录》、路德维希·兰格（Ludwig Lange）《古罗马》的笔记。马克思在那时已经批判了摩尔根关于家庭的解释，他对于梅恩关于古爱尔兰和古印度家庭的观点非常不满，他批评梅恩把家庭看作是现成的资产阶级父权的家庭，而没能意识到家庭是经过历史演变逐渐形成的。马克思对于兰格《古罗马》的笔记尚未公开出版，但有助于深刻理解马克思关于父系家庭发展演化的观点，尤其是在古罗马的语境中。在此，正像马克思在笔记中所揭示的一样，他主张妇女地位的改变建立在一系列主客观因素之上，因此，对马克思来说，在古代希腊-罗马文明的黎明，没有"世界历史上的女性的失败"。尽管从成果来看，女性的反抗往往是不成功的，但在改变性别关系方面依然是有益的。

第七章总结和评价了马克思关于性别的工作，以及这一理论主张对于当代女性主义的适洽性。

---

① Dunayevskaya 1991.

第二章　关于性别与家庭的早期著作

马克思在 19 世纪 40 年代初期至中期的著作主要集中在两个重要领域。首先是对资产阶级社会的一般性批判，尤其是对德国、法国、英国政治经济学家作品的批判。其次，马克思阐释了自己关于历史、社会和社会变革的理论。在这两个领域，马克思都对性别和家庭做了重要的讨论。

本章将讨论马克思于 19 世纪 40 年代写作的四部著作以及 1850 年完成的一篇短文，这些作品每一篇都对性别与家庭做了重要讨论。马克思主义与自由主义的重大决裂发生在 1843 至 1844 年，也就是《1844 年经济学哲学手稿》问世的时候。手稿对性别做了简短但极具价值的讨论，马克思提出女性的地位可以用来衡量社会总体发展的水平。此外，手稿还对人与自然的关系进行了深刻讨论，对生物学与社会的关系发表了独特见解，而这种观点与人们普遍认为的马克思对其的理解有所不同。马克思与恩格斯合著的《神圣家族》回应了欧仁·苏（Eugene Sue）的道德小说《巴黎的秘密》（*Les Mysteres de paris Marx*），马克思在文中反对作者苏的道德主义，而为虚构的巴黎妓女弗莱尔·德·玛丽（Fleur de marie）辩护，马克思辩称，尽管她生活在不人道的环境中，但在资产阶级社会中，弗勒尔·德·玛丽还是比其他大多数人更有人情味，这是因为资产阶级的意识形态还没有影响到她。在同样与恩格斯合著的《德意志意识形态》中，马克思认为，家庭关系包含了社会中发展起来的所有重大矛盾，家庭结构中潜藏着奴隶制。在 1846 年写的一篇鲜为人知的文章《珀歇论自杀》中，马克思发表了关于法国警察官员雅克·珀歇自杀①的评价，在这里，马克思强调了资产阶级的家庭道德、父权及其对女性的有害影响。最后，在 1850 年《莱茵报》政治经济版面的一篇文章中，马克思和恩格斯对自然、文化和男女二元论进行了简要的讨论，通过此次讨论，可以看出马克思在早期的著作中对性别和家庭给予了一定的关注，并将其视为理解社会的一个重要因素。

《1844 年经济学哲学手稿》

虽然马克思在世时手稿还没有出版，但在手稿中马克思对整个社会和社会变迁理论做了首次阐释。马克思在这一重要研究中探讨了资本主义社会固有的异化问题；探讨了资本主义的经济和政治结构；对黑格尔的辩证法进行了批判和修正；阐述了对现有共产主义观念的批判。在这些手稿里，马克思在《私有财产和共产主义》一文中讨论了性别关系，认为妇女的地位是衡量社会总体发展的关键。此外，从根本上来讲，马克思对自然、文化和劳动关系的辩证理解与自然和文化关系的女性主义解读是一致的，特别是涉及妇女的时候。

迪·斯蒂法诺，唯意志论与超越论

克里斯汀·迪·斯蒂法诺（Di Stefano）对马克思关于妇女观点的著作持批判的态度。② 根据迪·斯蒂法诺的说法，马克思的作品至少在三个方面具有"男权主义"特征：激进的论述风格③，目的论和认识的二元论，还有他对劳动的讨论也是以男性劳动为主。后两点对于评估马克思主义与女性主义再一次融合的可能性是最为关键的。对于迪·斯蒂法诺来说，她承认马克思封闭的本体

---

① Marx 1999.
② Di Stefano 1991b.
③ 尽管她指出了马克思的对抗性话语风格的错误之处，但在这方面，迪·斯蒂法诺的论点也存在一些缺陷。她的看法极端，比如，她认为"马克思处理问题的方式总是一成不变的，一般通过改进前人的缺陷、击败潜在或虚构的对手"，他的辩论模式一般是"通过否定前同事或同行的观点来确定自己的立场"（Di Stefano 1991b, p. 107）。马克思对其他学者的作品持批判态度，但他的作品不只是肯定自己的作品，否定别人的作品，相反，马克思经常批判地从他人那里获取材料，尤其是李嘉图和黑格尔。

论体系的进步之处，认为其中的冲突和矛盾将会随共产主义的到来而消失：

> 马克思关于个人和共产主义社会之间的互补、共生关系的崩塌的观点太过天衣无缝，以至于不需要就社会手段、目的、限制和可能性进行政治斗争和对话。理论家之间激烈的斗争和矛盾最终会这样平淡无奇地告终，似乎令人难以置信。但情况果真如此吗？也许是马克思自己为生活在永久冲突中制定了一个符合人之常情的界限。有一点令人信服，那就是他认为世界史是阶级斗争无休止的戏码，这有助于革命，即使伴随着痛苦和暴力，它也能治愈困扰我们的"疾病"：无阶级的和平与安宁终将战胜剧烈的冲突。①

迪·斯蒂法诺认为，马克思解决冲突的方法过于片面，这种乌托邦似的观点存在如下问题：

> 这个未来的世界没有马克思宣扬的如此人性化、如此普遍。当然，这个世界已经"超越"了迄今为止一切至关重要的辩证时刻。这是一个"人类"凌驾于自然之上的世界；其中"无产阶级"代表人类；最后，一般劳动者的形象类似于此前他受压迫时的商品流通形式。也就是说，"他"必须否认他所要求的女性生育劳动及其他的内涵关系、性质和必要性。②

因此，根据迪·斯蒂法诺的观点，马克思只是授予二元论的一个方面以某种特权，没有真正调和它们的关系从而解决矛盾和冲突；相反，新的等级森严的二元论仍然存在。③ 尽管马克思声称社会主义革命将为克服个人和社会之间的冲突创造条件，但他所能做的只是设想另一个虚假的世界，即男性无产阶级领导的世界。

此外，迪·斯蒂法诺批评马克思对工作的男性主义的理解及他不将妇女的

---

① Di Stefano 1991b, pp. 117 - 8.
② Di Stefano 1991b, p. 119.
③ Leeb（2007）对马克思显然没有克服性别二元论提出了类似的论点。

工作纳入生产劳动中的观念。她认为马克思只分析传统意义上由男性做的劳动，而不讨论传统意义上由女性做的工作。因此，她认为马克思对人类劳动的看法是有偏差的。① 迪·斯蒂法诺指出，最大的问题是马克思对共产主义的设想，她认为共产主义应该建立在自愿劳动和超越必然性的基础之上。

对于迪·斯蒂法诺而言，尽管马克思努力克服二元论，但他的本体论仍然被困在一个将人性提升到自然之上的二元框架中：

> 虽然辩证法声称是反二元论的。但重要的是，它已经处于二元现象学视野之内，这种视野将被取代。尽管辩证对立不需要沿强有力的斗争路线运作，但它肯定在马克思的阶级关系模型框架内呈现出了这些轮廓和联系。此外，我们还将发现，他在辩证法中将劳动理论阐述为人与自然之间的"辩证法"，这种辩证法对自然的影响大于对人的影响。②

马克思认为自然界与人类社会存在矛盾。迪·斯蒂法诺从必然性与自由之间的对立视角出发对马克思的观点进行考察，认为马克思似乎想通过超越必然性来解决冲突：

> 在马克思对现代世俗责任悖论的阐述中，必然领域背负着这种世俗意义上的责任，因此自由将与必然领域背道而驰，现代人的自我实现与必然的不断衰落及最终消灭有关。这种相反关系……带有性别主义的涵义。③

因此，迪·斯蒂法诺认为，在马克思的著作中，随着社会的发展，人类自由程度的扩张会伴随着必然领域的衰退。

迪·斯蒂法诺认为，人类发展的这种观点是带有男性主义涵义的，这是因为马克思关于自然和必然的先验论，即"对于人类解放的所有主张，这种无约束的人类愿景依赖于一个险恶的镜像对照，女性与自然和必然性捆绑在一起，

---

① Di Stefano 1991b, p. 142.
② Di Stefano 1991b, p. 118.
③ Di Stefano 1991b, p. 114.

与此相反，现代世界中男性必须无情地挑战他们的能力和极限"①。因此，她认为马克思理论中主要的冲突贯穿于女性/自然/必要性和男性/社会/自由之间。这是因为，"过分强调男性的自我创造力将导致傲慢，因为它否定了根植于我们内心的天性，并助长了对人人无法神圣化的本性的怨恨"②。因此，迪·斯蒂法诺认为，马克思忽视了人类必然依赖自然的生存方式，这种过度唯意志论的观点夸大了人类的能力，使得人类与自然以及一切被视为自然的事物的冲突永存。

迪·斯蒂法诺提出，这一切之所以成为可能，是因为马克思没有考虑到妇女劳动的重要性及其必然的非自愿性质：

> 过分强调自我创造否定了我们的出生、成长和最初对外界的依赖。它掩盖了造成物种连续性的生物社会基础，并将其完全投射到生产劳动领域；它提倡共产主义，认为共产主义切断了"个体与物种自然联系的脐带"，而这种联系被认为是一种毫无根据的束缚，它以相关的方式助长了一种夸张（即使恰当）的说法，即在资本主义制度下，"个体现在被抽象所统治，而在前资本主义时代个体则彼此依靠"，就好像男人和孩子不再依赖女人一样！③

迪·斯蒂法诺认为，马克思理论的主要症结是他强调的对自然和必然性的超越，然而，我接下来想要说的是，这一对马克思理论的解读具有局限性。正如迪·斯蒂法诺自己指出的那样，马克思在《1844 年经济学哲学手稿》中对自然与人类的关系有着截然不同的理解：

> 值得注意的是，马克思引用了一个关于自然和必然的非贬义词汇（在《1844 年经济学哲学手稿》中）……他还建议，社会可以根据它们在整合自然和文化方面的成功或失败进行评估，也就是说，除其他因素以外，

---

① Di Stefano 1991b, p. 127.
② Di Stefano 1991b, p. 129.
③ Di Stefano 1991b, pp. 133 - 4.

人类如果要进步还需要真正地适应自然。最后，他设想了个性、社会性与自然之间和谐互惠的结构性共存，在这一叙述中，我们无法看出自然界被视为一种客观的威胁或限制。①

尽管迪·斯蒂法诺把《1844 年经济学哲学手稿》与马克思的其他著作做了区分，但我认为这种自然主义的观点在他一生的著作中都占据着主导地位，这是因为马克思从来没有试图超越自然或必然，相反，他寻求对旧事物进行辩证的克服甚至消灭（Aufhebung）②，并使其以更高的形式重新出现。

克服阶级化（等级化）的二元论

针对马克思关于自然、文化二元论的立场观点，克劳迪娅·莱布提出了一个更微妙的论点。莱布认为，马克思试图克服二元论的等级制度性质，而不是完全消除二元论。③ 这不是纯粹的唯意志观点，也就是说，一旦社会和技术有所发展，社会就能够完全支配自然。最重要的是，这涉及对资本主义社会中"思想至上"的强烈批判。④

莱布认为，马克思在消除理论/实践二元论中的等级关系方面相当成功，但他依然无法克服自然/文化的二元论，因为它深深地植根于资本主义的意识形态之中。⑤ 因此，马克思虽然对克服二元论的等级制度性质饶有兴趣，但他关于女性的著作（尤其是涉及女性劳动方面的著作）仍存在很大的问题：

> 这些情况在他关于工人阶级妇女的著作中尤为突出，其中，妇女与"被鄙视的身体"联系在一起，而"被鄙视的身体"与"纯粹的心灵"（与

---

① Di Stefano 1991b, p. 136.

② 众所周知，这个德语术语很难翻译成英语，因为没有对应词。黑格尔定义如下："一方面，我们将其理解为'清除'或'取消'，在这个意义上，我们说一项法律或法规被取消。但这个词也意味着'保留'，在这个意义上，我们说某种东西很好地处理了语言使用中的这种歧义，通过这种方式，同一个词具有消极和积极的意义，并不足为奇，也不能作为责备语言的理由，就好像它是混乱的根源一样。我们应该认识到我们语言的思辨精神，它超越了'非此即彼的理解'。"（引自 Anderson 1995, p. 260）

③ Leeb 2007, pp. 833 - 4.

④ Leeb 2007, p. 833.

⑤ Leeb 2007, p. 834.

中产阶级和男性联系在一起）是绝对对立的。思想家作品中对二元对立的过度强调，正意味着他的核心观点受到这一思维的影响，即等级对立涉及资本主义社会深层次的、无意识的结构。"妇女"和"工人阶级"以及种族少数群体，在很大程度上无意识地与构成资本主义社会等级对立的消极方面——身体、客体和自然——联系在一起。这种联系有助于维护等级对立的力量，且常常阻止废除二元等级关系的尝试，例如马克思自己的尝试。[①]

莱布指出，虽然马克思试图克服资本主义社会中二元论的等级性质，但在许多情况下，他无法克服自己的时代偏见，特别是对妇女的偏见，这一点是毋庸置疑的。然而，她似乎在更深层次上轻视了马克思理论的一个重要方面。例如，莱布认为：

> 马克思并没有抛弃人性的概念。相反，他关心的是，在资本主义社会中，主体的首要地位导致了其对自然的抽象，并由此产生了抽象的个体。他的主要目标是废除主体与自然之间对立的等级关系。[②]

然而，马克思不仅关心"资本主义社会主体的首要地位"，而且关心它如何导致"自然的抽象"和"抽象的个体"。更确切地说，马克思关心的是商品主体本身这一特定形式的首要地位，以及真正商品生产者之间的关系如何被抽象为拜物教形式。

此外，在辩证法体系内谈论此类问题其实是不太准确的。由于马克思和黑格尔的辩证法都涉及对立统一的可能性，所以主客体不是两个独立的实体；相反，一个人在不同的时刻可以是主体，也可以是客体，这取决于所描述的关系。[③] 所以，我们不能说主体的首要地位是怎样的，而应该说一个特定主体的首要地位是怎样的。因此，在这样一个辩证法体系内，不能直截了当地说，主

---

① Leeb 2007, p. 834.
② Leeb 2007, p. 837.
③ 有关这一点的更多信息，请参见 Ollman 2003，尤其是第五章。

体的首要地位凌驾于自然之上，与自然对立。① 正如在下述内容中，马克思并没有明显区分主体和自然，因为他认为自然并不总是客体。相反，马克思深化了对资本主义思想的批判，认为资本主义思想在理论和实践上分离了人与自然以及其他二元论中存在的对立统一关系。正是社会中那些人之间的特殊社会关系导致了这种分离。

自然主义与人文主义

迪·斯蒂法诺指出，青年时期的马克思曾在观点中多次暗示渴望人类和自然之间保持互惠的关系。② 然而，如上所述，她认为这与他后来的作品形成了鲜明的对比，在后者中，人类力求主宰自然。然而，我认为从《1844 年经济学哲学手稿》到其之后作品中可以看出马克思在这一点上是相对一致的，包括《资本论》（第三章）和《哥达纲领批判》（第四章）。尽管在某些情况下，马克思所使用的语言表明，在人类与自然的关系方面，他采取了更强硬的态度，但他坚持对社会关系的辩证理解，这种理解往往会使他远离这种二元论的理解，尽管偶尔会有一些矛盾心理产生。

正如梅札罗斯（István Mészáros）所说，《1844 年经济学哲学手稿》为他以后的工作提供了一个基本的哲学起点。③ 马克思的论文《黑格尔辩证法和哲学一般的批判》和《异化劳动》对于理解他关于人与自然关系的观点尤其重要。《黑格尔辩证法和哲学一般的批判》详述了马克思在开始形成自己的本体论时与黑格尔和费尔巴哈的区别，他的部分理论正是基于这些批判展开。《异化劳动》一文论述了马克思关于劳动必要性以及人与自然关系的观点。

虽然马克思对黑格尔进行了强烈的批判，但是我们应当注意到马克思在何种程度上继承了黑格尔的理论。马克思所作的批判绝非对黑格尔方法的全盘否定。马克思批评黑格尔思想体系所具有的唯心主义性质，它不包括现实的物质

---

① Leeb 2009，p. 838.
② Di Stefano 1991b，p. 134.
③ Mészáros 1972，p. 15.

世界、人性以及劳动中介的两者之间的辩证关系。① 但是，即使以这样一种形式出现，黑格尔的理论依然有很大的用途：《精神现象学》是一种隐蔽的、自身还不清楚的、被神秘化的批判；但是由于《精神现象学》紧紧抓住人的异化——尽管人只是以精神的形式出现的，其中仍然隐藏着批判的一切要素，而且这些要素往往已经以远远超过黑格尔观点的方式准备好和加过工了。②

马克思写道，需要辩证地统一唯心主义和唯物主义，而不是简单的唯物主义，他称之为"一贯的自然主义或人道主义"③。在这篇文章中，马克思倾向于指出人类的唯物主义特征，与黑格尔片面的唯心主义相比，马克思的理论不是一个简单反映现实的意识系统，相反，意识和自然相互作用形成了人类的现实：

> 当现实的、有形体的、站在稳固的地球上呼吸着一切自然力的人通过自己的外化把自己现实的、对象性的本质力量设定为异己的对象时，这种设定并不是主体；它是对象性的本质力量的主体性，因而这些本质力量的活动也必须是对象性的活动。对象性的存在物客观地活动着，而只要它的本质规定中不包含对象性的东西，它就不能客观地活动。它所以能创造或设定对象，只是因为它本身是被对象所设定的，因为它本来就是自然界。因此，并不是它在设定这一行动中从自己的"纯粹的活动"转而创造对象，而是它的对象性的产物仅仅证实了它的对象性活动，证实了它的活动是对象性的、自然存在物的活动。④

此外，马克思指出，人类对自然的依赖和互动，与任何涉及人类超越自然

---

① Nicholas Lobkowicz 非常清楚地阐明了这一点："简言之，马克思并没有指责黑格尔把劳动视为一种观念活动，相反，他指责黑格尔在《精神现象学》中用辩证意识来描述人类历史，而不是用劳动辩证法。当他表明黑格尔承认的唯一劳动是抽象的精神劳动时，他想到的是现象学的结构，并且事实上是黑格尔整个哲学的结构，而不是现象学思想中关于劳动的描述和黑格尔的其他著作"。Lobkowicz 1967, p. 322.
② Marx 2004, pp. 136 - 7.
③ Marx 2004, p. 140.
④ Marx 2004, p. 140.

能力的主观主义立场形成鲜明对比①：

> 人直接地是自然存在物。人作为自然存在物，而且作为有生命的自然存在物，一方面具有自然力、生命力，是能动的自然存在物；这些力量作为天赋和才能、作为欲望存在于人身上；另一方面，人作为自然的、肉体的、感性的、对象性的存在物，和动植物一样，是受动的、受制约的和受限制的存在物，也就是说，他的欲望的对象是作为不依赖于他的对象而存在于他之外的；但这些对象是他的需要的对象；是表现和确证他的本质力量所不可缺少的、重要的对象。②

马克思还指出了人类存在的客观方面。客观地说，人类修复和限制了生物依赖于其他物体生存的能力。因此，在任何真实的意义上，人类都不是纯粹的主体，相反，物也会反作用于并塑造主体。

然而，与其他动物不同，人类意识到了这些需要和驱动力，也理解它们与其他物种的关系：

> 但是，人不仅仅是自然存在物，而且是人的自然存在物，也就是说，是为自身而存在着的存在物，因而是类存在物。他必须既在自己的存在中也在自己的知识中确证并表现自身。因此，正像人的对象不是直接呈现出来的自然对象一样，直接地客观地存在着的人的感觉，也不是人的感性、人的对象性。自然界，无论是客观的还是主观的，都不是直接地同人的存在物相适应的。正像一切自然物必须产生一样，人也有自己的产生活动即历史，但历史是在人的意识中反映出来的，因而它作为产生活动是一种有意识地扬弃自身的产生活动。③

---

① 关于科学、工业和自然之间关系的生态女性主义观点，参见 Salleh 1997、Foster 1999 年对马克思关于资本主义发展的论述，特别是城镇和乡村分离所产生的"新陈代谢断裂"的概念。
② Marx 2004, p. 140.
③ Marx 2004, pp. 141 - 2.

在这里，马克思指出了人性的主观方面。尽管人类有可以被自然界其他物体满足的需要，但这些需要是以人类基于时代标准的方式得到满足的。此外，马克思还指出了这一过程的历史方面。这里，"自然"不是指静态的存在状态，而是指自我超越的"有意识的过程"。因此，对人类来说，可以认为自然是不断变化的状态。① 自然并非抽象概念，而是被理解为存在于与人类的辩证关系中，因为"被抽象地孤立地理解的、被固定为与人分离的自然界，对人说来也是无"②。在这里，基于传统角色的自然/文化二元论和相应的性别二元论的严格概念似乎与马克思的理论格格不入，因为变化和发展本身就是自然的。虽然马克思没有在这些内容中讨论性别二元论，但如下文所述，他在这些手稿中对这种二元论做了类似的论证。

对于马克思来说，随着私有财产的废除以及向共产主义社会的过渡，"自然"世界的这一人道主义化进程在继续：

> 共产主义是私有财产即人的自我异化的积极的扬弃，因而是通过人并且为了人而对人的本质的真正占有；因此，它是人向自身、向社会的（即人的）人的复归，这种复归是完全的、自觉的而且保存了以往发展的全部财富的。这种共产主义，作为完成了的自然主义，等于人道主义，而作为完成了的人道主义，等于自然主义，它是人和自然界之间、人和人之间的矛盾的真正解决，是存在和本质、对象化和自我确证、自由和必然、个体和类之间的斗争的真正解决。它是历史之谜的解答，而且知道自己就是这种解答。③

马克思不赞同人类主宰自然的片面发展观，而是辩证地取代了"消灭"（Aufhebung）二元论，它认为，"充分发展的自然主义是人道主义，充分发展的人道主义是自然主义"。

---

① 讨论细节及其与对等理论的联系，请参见 Grant 2005。
② Marx 2004, p. 148.
③ Marx 2004, p. 104.

此外，这不仅是人类和自然二元论的解决方案，由于人类是通过自然来调节与他人关系的社会存在，所以这也将是阶级社会中个人之间所存在的对立的解决方案：

> 自然界的人的本质只有对社会的人来说才是存在的；因为只有在社会中，自然界对人说来才是人与人联系的纽带，才是他为别人的存在和别人为他的存在，才是人的现实的生活要素；只有在社会中，自然界才是人自己的人的存在的基础。只有在社会中，人的自然的存在对他说来才是他的人的存在，而自然界对他说来才成为人。因此，社会是人同自然界的完成了的本质的统一，是自然界的真正复活，是人的实现了的自然主义和自然界的实现了的人道主义。①

因此，只有当社会中个人之间的对立得到解决时，自然和社会之间的冲突才能真正得到解决：正如下文所提到的，妇女的彻底解放对这一进程至关重要。

马克思还认为，不仅要通过废除私有财产结束这场冲突，还必须通过变革社会制度来实现，如宗教、家庭、国家、法、道德、科学、艺术等都不过是生产的一些特殊的方式，并且受生产的普遍规律支配。因此，私有财产的积极扬弃，作为对人的生命的占有，是一切异化的积极扬弃，从而是人从宗教、家庭、国家等向自己的人即社会的存在的复归。② 因此，马克思指出家庭同样需要转变，尽管他没有对此详细说明。

马克思的自然观比大多数批评家理解的要复杂得多。特别是在他的早期著作中，马克思指出了人与自然之间的辩证关系。在马克思关于共产主义社会的观点中，人类没有必要主宰自然。相反，他认为外在自然是人类自然的一个重要方面，因为任何基于从适度到充分发展的分工的社会中的个人都必须与自然互动并与社会其他成员互动，以满足自己的需要。个人与自然的行为倾向于反映所讨论社会的社会关系，反之亦然。因此，资本主义社会中存在的自然和文

① Marx 2004, p. 105.
② Marx 2004, p. 104.

化之间的阶级化二元论是基于历史的，可能是暂时的，而不是自然的划分。此外，由于在现代社会的意识形态中有时普遍认为女性比男性更具生物学基础，这种对自然和文化的讨论也可能间接关系到女性在社会中的地位。

本章后面将继续讨论该问题，马克思关于自然和社会关系最重要的讨论在《1844年经济学哲学手稿》中，在他的后期作品中也有许多类似的论述，在《资本论》第一卷和第三卷以及《哥达纲领批判》中尤其如此。有关内容见后续章节。

马克思与人性

迪·斯蒂法诺和莱布认为马克思在某些涉及女性的关键问题上保持沉默是存在很大问题的，与前两位相反，霍姆斯特罗姆注意到了马克思在女性"本性"问题上的理论沉默，但他并不认为这样的沉默是成问题的。当然，在马克思所有的理论著作中，他都没有把重点放在讨论与人类性质相对立的女性"本性"问题上。然而，霍姆斯特罗姆认为，马克思对人性的讨论可能有助于为生物学和社会结构之间的关系建立起一个符合马克思主义的理论。① 马克思的历史发展概念在这一过程中尤为重要，即使仅就马克思的生物学需要而言，我们现在和将来都与生物学有着非常直接的联系。然而，随着新的需求不断产生，生产力不断提升……人类生活越来越不直接与其生物基础联系在一起。② 这是因为所有生物需求都是受到社会调节的，因此，生物需求一直受到文化的限制和技术的影响。此外，随着社会的发展，纯粹的生物学需求对于人类而言影响渐弱。③ 因此，对马克思而言，纯粹的人类本质是不存在的。相反，只有呈现在具体历史形态中的人类本质，即特定于封建主义、资本主义、社会主义等的人类本质。④ 因此，马克思认为，人的本质会随着时间而改变。

基于这一点，霍姆斯特罗姆开始推断女性"本性"理论以及改变这种"本性"的潜力。基于大量跨文化研究数据，她认为很大一部分女性的行为模式更

---

① Holmstrom 1984.
② Holmstrom 1984, p. 457.
③ Holmstrom 1984, p. 457.
④ Holmstrom 1984, p. 459.

多的是社会强加的，而不是出于生物学需要。因此，马克思主义者称之为女性劳动和其本性之间的辩证互动。性别/社会分工是构成女性本性的独特认知/情感结构的原因，这些结构至少是女性各种个性特征和行为的部分原因，包括她们所从事的劳动种类。[①] 因此，马克思的基本出发点即个人将受到其所从事劳动的极大影响并被社会化。霍姆斯特罗姆认为，女性的独特本性远非生物学意义上的，我将在下文对《1844 年经济学哲学手稿》的讨论中进一步阐述这一观点。

劳动和异化

对于马克思来说，理解异化对于整体理解现代社会的结构和组织来说至关重要。如下文所述，在理解性别关系方面亦是如此。异化的过程始于劳动，劳动以其创造性形式成为区分人和动物的主要因素。[②] 然而，在资本主义制度下，劳动不再主要是创造性的，也不是肯定生命的过程，而是已然走向其对立面。

> 劳动所生产的对象，即劳动的产品，作为一种异己的存在物，作为不依赖于生产者的力量，同劳动相对立。劳动的产品就是固定在某个对象中、物化为对象的劳动，这就是劳动的对象化。劳动的实现就是劳动的对象化。[③]

异化不仅仅是对产品失去控制。由于工人通过劳动生产自己，劳动条件将对社会的各个方面产生深远影响。这就造成了这样一种情况：

> 劳动对工人来说是外在的东西，也就是说，不属于他的本质的东西；因此，他在自己的劳动中不是肯定自己，而是否定自己，不是感到幸福，而是感到不幸，不是自由地发挥自己的体力和智力，而是使自己的肉体受折磨、精神遭摧残。因此，工人只有在劳动之外才感到自在，而在劳动中

---

① Holmstrom 1984, p. 466.
② Marx 2004, p. 84.
③ Marx 2004, p. 79.

则感到不自在，他在不劳动时觉得舒畅，而在劳动时就觉得不舒畅。因此，他的劳动不是自愿的劳动，而是被迫的强制劳动。因而，它不是满足劳动需要，而只是满足劳动需要以外的需要的一种手段。①

马克思认为，劳动原本是人类维护自身的手段，现在却成为人类的对立面。在资本主义制度下，工作不再能让一个人成为"人"：相反，它是强加给工人并贬低工人的。而在《1844 年经济学哲学手稿》中，马克思只讨论了消极的异化劳动，在《资本论》中，他讨论了非异化劳动。非异化劳动最基本的特点是思维和行动的统一：

> 蜘蛛的活动与织工的活动相似，蜜蜂建筑蜂房的本领使人间的许多建筑师感到惭愧。但是，最蹩脚的建筑师从一开始就比最灵巧的蜜蜂高明的地方，是他在用蜂蜡建筑蜂房以前，已经在自己的头脑中把它建成了。劳动过程结束时得到的结果，在这个过程开始时就已经在劳动者的表象中存在着，即已经观念地存在着。他不仅使自然物发生形式变化，同时他还在自然物中实现自己的目的，这个目的是他所知道的，是作为规律决定着他的活动的方式和方法的，他必须使他的意志服从这个目的。但是这种服从不是孤立的行为。除了从事劳动的那些器官紧张之外，在整个劳动时间内还需要有作为注意力表现出来的有目的的意志，而且，劳动的内容及其方式和方法越是不能吸引劳动者，劳动者越是不能把劳动当做他自己体力和智力的活动来享受，就越需要这种意志。②

因此，对马克思来说，工作包括使智力和体力在创造性过程中把一个物体变成人类能够使用的东西。这与迪·斯蒂法诺的观点相反，她认为马克思在后期的著作中把人类发展视为主宰自然的过程。③ 在这里，马克思阐明了协调人类与自然关系的重要性：

---

① Marx 2004, p. 82.
② Marx 1976, p. 284.
③ Di Stefano 1991a.

劳动首先是人与自然之间的过程，是人通过自己的行为来调整、调节和控制自己与自然之间的新陈代谢的过程……通过这一运动，他作用于外在的自然并改变它，并以这种方式改变自然。他开发了在自然界中沉睡的潜能，并使这种潜能的发挥服从于自己的主权。[①]

因此，至少在这篇文章开头，马克思认为非异化形式的劳动包含了人与自然的辩证关系，这种关系也可以理解为是有一种非阶级性的关系。两者都是劳动过程中重要且必要的因素。但是，他关于让自然服从"自己的主权"的观点存在更大的问题。当然，此观点可能是想表达在维持自然带来的价值的同时支配自然。

在法文版《资本论》中，马克思明确了两者相互依存和非阶级性的关系。在该版本中，以下文字代替了省略号之后的内容：

同时，通过这种运动，让他对外在自然采取行动并对其加以修正，他修正了自己的本性，并激发了内在潜力。我们在此并不是处理那些仍停留在动物层面的本能的劳动形式。[②]

因此，即使在马克思关于政治经济学的最重要的著作中，他也坚持认为人类和自然之间有必要保持一种互惠关系，而不是人类超越或支配自然。支配自然将导致对他人的支配，因为对马克思来说，从辩证意义上讲，自然是人类的一部分，它是人性的无机组成部分。

在实践上，人的普遍性正表现在把整个自然界——首先作为人的直接的生活资料，其次作为人的生命活动的材料、对象和工具——变成人的无机的身体。自然界，就它本身不是人的身体而言，是人的无机的身体。人靠自然界生活。这就是说，自然界是人为了不致死亡而必须与之不断交往

---

① Marx 1976, p. 283.

② 马克思这段话引自 Anderson 1998, pp. 133 - 4。马克思在《资本论》这一版中所作的改动，尚未纳入英文版和德文版。更多详情请参见 Anderson 1998。

的、人的身体。所谓人的肉体生活和精神生活同自然界相联系，也就等于说自然界同自身相联系，因为人是自然界的一部分。①

因此，对马克思来说，主宰自然同时意味着在极大程度上疏远人性。

此外，从前肯定生命和非异化的劳动在资本主义社会中经历了辩证的逆转：

> 人（工人）只有在运用自己的动物机能——吃、喝、性行为，至多还有居住、修饰等等的时候，才觉得自己是自由活动，而在运用人的机能时，却觉得自己不过是动物。② 人只有在动物性的活动中才能感受到人性，而在真正的人类创造性劳动中，人性却无法得到展现。劳动不再是一种能够使人类发展与转变，使人成为独特存在并成为自身的自由意识活动，而是与上述条件相对。这种异化的劳动形式"使物种生活成为个体生活的一种手段。首先，它疏远了物种——生命和个体生命，其次，它把后者作为一种抽象，以异化的形式变成了前者的目的"。③

因此，在资本主义中，个体生命和生存是维护一个人的物种存在的唯一手段，而这种维护没有采取更具创造性与普遍性的形式。

在上述情况中，马克思似乎是指，由妇女进行的生育劳动以及相关的其他方面并不是真正的人类的功能属性，因为它们不涉及创造性劳动。然而，情况并非如此。马克思在"吃、喝、性行为"的动物本质的下一段指出，同样需要注意历史和社会条件："吃、喝、性行为等等，固然也是真正的人的机能。但是，如果使这些机能脱离了人的其他活动，并使它们成为最后的和唯一的终极目的，那么，在这种抽象中，它们就是动物的机能。"④ 因此，进行这些活动的条件也是相关的。虽然马克思关于异化劳动的观点并没有专门讨论妇女劳动，但本人认为，此类研究可以在不从根本上改变马克思的框架的情况下进行，特

---

① Marx 2004, p. 83.
② Marx 2004, p. 82.
③ Marx 2004, p. 83.
④ Marx 2004, p. 82.

别是在他对物种存在的理解方面。

阿莉森·贾格尔（Alison Jaggar）批评马克思在性行为方面坚持以生物学家为主的论点。[①] 她指出，马克思认为生物学和社会关系是辩证关系，至少在生产活动方面如此。这两种现象并不是分裂的，相反，它们互相作用构成了另一种现象。[②] 根据贾格尔的观点，这种现象不适用于生殖活动。在这里，马克思似乎陷入了劳动分工的生物学解释中。没有与社会的互动，相反，纯粹的生物测定似乎无法解释为什么女人"天生"适合这项工作。[③]

尽管贾格尔对马克思的异化和人性观点进行了有价值的研究，但我认为她忽略了马克思著作中的一个重要观点，因为她掩盖了马克思论证中的一些细微差别。诚然，正如上述文字所言，马克思从未系统地具体论述妇女劳动。劳动主要是由生物学决定的，还是由自然决定的。相反，生物因素可能是相关的，但正如霍姆斯特罗姆所论证的那样，社会组织和历史背景也至关重要。[④]

资本主义异化除了使劳动者与劳动产品相分离外，还产生了其他更普遍的影响。工人也与其他人疏远了。这是因为"当人同自身相对立的时候，他也同他人相对立。凡是适用于人同自己的劳动、自己的劳动产品和自身的关系的东西，也都适用于人同他人、同他人的劳动和劳动对象的关系"[⑤]，因此，异化不仅存在于工作场所，也存在于所有社会关系中。这对理解性别关系尤其重要。

《1844 年经济学哲学手稿》性别篇

异化与性别

在《私有财产与共产主义》一文中，马克思对性别与人类解放之间的关系做了最有力的阐释。在这里，他认为整个社会的全面发展可以根据男女之间的

---

① Jaggar 1983.
② Jaggar 1983, p. 55.
③ Jaggar 1983, p. 75.
④ Holmstrom 1984.
⑤ Marx 2004, p. 85.

关系来判断：

> 人和人之间的直接的、自然的、必然的关系是男①女之间的关系。在这种自然的、类的关系中，人同自然界的关系直接就是人和人之间的关系，而人和人之间的关系直接就是人同自然界的关系，就是他自己的自然的规定。因此，这种关系通过感性的形式，作为一种显而易见的事实，表现出人的本质在何种程度上对人说来成了自然界，或者自然界在何种程度上成了人具有的人的本质。因而，从这种关系就可以判断人的整个教养程度。②

在这里，马克思指出，男女之间的关系能够揭示异化的一般程度。然而，马克思在此处和在《德意志意识形态》中对于自然的定义，并没有提到固定的生物本质。相反，它在这些文本中至少表达了两个不同的含义。首先，它指的是历史上自发的、无意识的社会组织。其次，在其他语境下，它指的是人类实现其真正潜力的未来状态。③

在上述文本的第一句话中，马克思第一次也是唯一一次选择使用了非斜体的"自然"这个术语，他似乎指的是一种生物学的、历史的状态：从生物学的角度来说，就物种繁殖而言，男女共存是必要的。然而，这只是一个"即时的"和抽象的陈述。男人和女人总是在由明确的社会关系调节的具体环境中生存和互动。为了区分本文中"自然"的两个不同含义，马克思在手稿中强调了"自然"的使用语境，它指的是社会调和的自然关系，即基于所讨论时期的自然关系，或者未来的"自然"关系（存在）是否符合人类的本质。

在第二句中，马克思指出了人与自然社会之间的调和关系。由于人类本质上是客观存在的，而且他们需要使自然适应自己的需要，个人与他人的关系将

---

① 在这里，我插入了德文原文，以表示马克思在提到男性个体［Mann］或女性［Weib］以及提到人类［Mensch］的地方。这有助于克服译文中有些性别歧视的语言，而马克思在德文原文中似乎并没有这样的意图。

② Marx 2004, p. 103.

③ Ring 1991, p. 156.

是个人与自然关系的客观表现。在这里，社会和自然之间似乎没有不可逾越的鸿沟，相反，两者之间是辩证的。

马克思从人与自然的辩证关系出发，提出了"人性在多大程度上已成为人的自然，自然在多大程度上已成为人的自然"这一命题。① 正如前文所述，马克思认为，人类与自然处于辩证关系之中，人类必须不断地与外部世界互动，才能生存下去。② 因此，在思想和行动上，人类必须理解并与自然互动，将此作为其生命过程的一个重要方面，而不是以剥削的方式对待自身之外的自然。从这个意义上说，可以推演出人类社会的发展趋势。

此外，人类与自然和其他事物的关系也说明了"人在何种程度上成为并把自己理解为类存在物、人"③。在这里，马克思再次指出了人类的社会本质。人不仅仅是个体，他们也是物种——人类："人是类存在物，不仅因为人在实践上和理论上都把类——自身的类以及其他物的类——当作自己的对象；而且因为——这只是同一件事情的另一种说法——人把自身当作现有的、有生命的类来对待，当作普遍的因而也是自由的存在物来对待。"④

马克思继续他的讨论，假设：

> 男女之间的关系是人和人之间最自然的关系。因此，这种关系表明人的自然的行为在何种程度上成了人的行为，或者人的本质在何种程度上对人说来成了自然的本质，他的人的本性在何种程度上对他说来成了自然界。这种关系还表明，人具有的需要在何种程度上成了人的需要，也就是说，别人作为人在何种程度上对他说来成了需要，他作为个人的存在在何种程度上同时又是社会存在物。⑤

因此，男女之间的关系可被视为"双重意义上的自然关系"。首先，繁殖是

---

① Ring 1991, p. 156.
② Marx 2004, p. 83.
③ Marx 2004, p. 103.
④ Marx 2004, p. 83.
⑤ Marx 2004, p. 103.

物种延续的必要条件。其次，为了让人类作为真正的物种而存在，并充分发挥其潜能，必须将女性视为与男性平等。理解这段话的关键之处是把握马克思的关于物种存在的观点。对马克思来说，物种不能仅通过个体来理解，相反，所有人都通过意识到自己与他人的联系以及通过自己的活动与人类联系在一起。当与物种分离时，个体只把另一个人和他们被分离的活动视为获得其他东西的手段，比如食物、住所或情感支持。在这种情况下，人并不是物种的个体成员，而只是可以从人那里为个人所获得的东西。

然而，马克思在这里描述的情况则有所不同。在一个充分发展的社会中，个体如此评价另一个个体，因为她现在是一个充分发展的人。在《1844年经济学哲学手稿》的另一篇文章中，马克思更清楚地阐述了人与人之间互惠的必要性。

我们现在假定人就是人，而人同世界的关系是一种人的关系，那么你就只能用爱来交换爱，只能用信任来交换信任，等等。如果你想得到艺术的享受，那你就必须是一个有艺术修养的人。如果你想感化别人，那你就必须是一个实际上能鼓舞和推动别人前进的人。你同人和自然界的一切关系，都必须是你的现实的个人生活的、与你的意志的对象相符合的特定表现。如果你在恋爱，但没有引起对方的反应，也就是说，如果你的爱作为爱没有引起对方的爱，如果你作为恋爱者通过你的生命表现没有使你成为被爱的人，那么你的爱就是无力的，就是不幸。①

此外，马克思在上文中指出，妇女也是物种的存在，因为"男人［Mann］与女人［Weib］的关系是人与人之间最自然的关系"。因此，在一个充分发展的社会中，这种互惠形式同样适用于男人和女人。人类的另一半将永远负责生育，但这并不意味着一种男女之间不可避免的不平等。女性并不是只存在于自然界和社会领域之外的绝对他者。相反，人类要想充分发挥其潜能，这种生物因素就必须被消灭［Aufhebung］。人类与自然之间必须实现新的统一。在马克

---

① Marx 2004, p. 131.

思看来，只有克服了源于社会组织的性别不平等，才有可能实现这一点。这在历史上是通过技术的发展和生产方式的改变。

女性主义理论与《1844 年经济学哲学手稿》

许多女性主义学者都提到了《1844 年经济学哲学手稿》中关于性别的内容。两位重要的理论家认为，这以文本体现了马克思对妇女地位的理解以及他认为提升妇女地位的必要性，她们是西蒙娜·德·波伏娃和拉雅·杜娜叶夫斯卡娅。① 在《第二性》的结论中，波伏娃肯定了马克思的这段话，她指出：

> 这是一个最好的示例：人类应该在现有世界中建立自由统治。要获得巨大的成功，就有必要依靠男女的自然分化，且经由此过程明确建立其之间的手足情谊。②

虽然这段来自波伏娃的话指出了男女之间互惠的必要性，但结论的背景表明，在实现这一点上，男性的作用要比女性大得多。从上文引用的内容来看，还不清楚"人"是指个人还是指整个人类，因为法语和英语都没有像马克思在德语中所做的那样做出区分。结论的其他部分提供了男性必须解放女性的证据，而不是女性解放自己，因为这不是一个在女性身上消除人类状况的偶然性和痛苦的问题，而是她用于超越它们的方法。③ 如同她著作中的其他部分，无论是在历史上还是在她写作的那个时期，波伏娃都很少看到女性的主体性。男人最终会明白，把女人提升到与自己平等的地位符合他们的利益。

杜娜叶夫斯卡娅对这段话的解读与马克思的不同。④ 在这篇文章中，她认为最重要的是马克思强调的社会变革的深度，这是社会主义社会发挥作用的必要条件。男女关系……［是］异化的一部分。⑤ 马克思与自由主义的决裂以及

---

① 参见 de Beauvoir 1989 以及 Dunayevskaya 1985.
② De Beauvoir 1989, p. 732.
③ De Beauvoir 1989, p. 727，特此说明。
④ Dunayevskaya 1985.
⑤ Dunayevskaya 1985, p. 191.

他对"新人类"的阐述，要求对社会进行深刻的变革，而这种变革只有在女性获得与男性平等的地位时才能实现，因为与波伏娃对马克思的解读相反，女性并不是男性的绝对他者。相反，为了让男人成为真正的人，成为一个物种，有必要根除长期以来对女性的压迫。①

此外，杜娜叶夫斯卡娅以另一种有效的方式表达了与波伏娃不同的观点。虽然马克思的陈述没有直接涉及妇女的主体性，而波伏娃把这作为她自己论点的证据，但杜娜叶夫斯卡娅指出，有必要通过当代视角来看待马克思的著作。在马克思对这一主题的表述（当然是抽象的）具体化之前，妇女运动必须发展自己的思想和自己的解放运动。② 因此，马克思认为有必要结束对妇女的压迫，从而建立一个新社会，但只有进一步的历史发展才能说明女性本身可以成为主体。马克思在后来的著作中表明，至少他开始看到了女性作为主体的历史重要性。后面的章节中会更直接地讨论这一问题。

不管怎样，其他女性主义学者对这篇文章的批评要更严厉。朱丽叶·米切尔（Juliet Mitchell）对这段话提出了中肯的批评。③ 对米切尔来说，马克思在很大程度上重复了傅里叶关于人性化指数的抽象陈述，在公民意义上是人性战胜了残暴，但在更基本的意义上是人类战胜了动物，文化战胜了自然，这意味着社会和文化（男人）战胜了自然（女人）④。然而，这一对马克思的解读存在问题。米切尔忽略了马克思在《1844 年经济学哲学手稿》中对自然和社会领域辩证统一的强调。马克思在他的《黑格尔辩证法批判》中指出，他的理论可被视为一贯的自然主义。⑤ 自然领域和社会领域是辩证联系、不可分割的。⑥ 因此，对马克思来说，人类的历史发展并不在于通过科学和文化征服或支配自然，而是涉及文化和"自然"领域关系的同步发展。

---

① Dunayevskaya 1985, pp. 191 - 2.
② Dunayevskaya 1985, p. 192.
③ Mitchell 1971.
④ Mitchell 1971, p. 77.
⑤ Marx 2004, p. 140.
⑥ Marx 2004, p. 83.

粗鄙的共产主义[①]、私有财产和妇女

在同一篇文章中，马克思批判了那些反驳阶级社会的人的思想，指出这部分人不仅无法超越这一批判，也不能够提出一个基于完全不同的生产方式和新的社会关系的全新社会。这些社会主义者认为共产主义社会只是为了达到这样一种程度，"它想把不能被所有人作为私有财产占有的一切都消灭；它想用强制的方式把才能等等舍弃。在它看来，物质的直接占有是生活和存在的惟一目的"[②]。这种"粗鄙的共产主义"说明它不过是"这个忌妒和这种从想象的最低限度出发的平均化的顶点。它具有一个特定的、有限制的尺度。对整个文化和文明的世界的抽象否定，向贫穷的、需求不高的人——他不仅没有超越私有财产的水平，甚至从来没有达到私有财产的水平——的非自然的简单状态的倒退，恰恰证明私有财产的这种扬弃决不是真正的占有"[③]。因此，这种形式的共产主义实际上是试图回到私有财产出现之前的时代，而不是努力克服资本主义制度的矛盾。

此外，在之后的一些对未来共产主义模式的具有前瞻性的批判中，马克思指出，可以通过强加一种虚假的共同性来掩盖阶级社会矛盾："共同性只是劳动的共同性以及由共同的资本即作为普遍的资本家的共同体所支付的工资的平等的共同性。这种关系的两个方面被提高到想象的普遍性的程度：劳动是每个人

---

① 现在还不清楚马克思说的是谁，然而，Dirk J. Struik 提供了几种可能性：马克思可能把他在巴布维斯特主义者（Babouvist）那里听到的各种观点抨击为"粗鄙的共产主义"，这些观点或许在早已不再流行的小册子中表达过。巴博夫（Babeut）和布奥纳罗蒂（Babouvist）都不支持毁灭人才或"妇女共同体"。有一位巴布维斯特诗人西尔万·马雷沙尔（Sylvain Maréchal），在 1796 年提出一份宣言，并发出了这样的感叹："如果有必要，让所有艺术消亡吧，只要能实现真正的平等！"巴布维斯特领导层拒绝了这一提议。据我们所知，任何社会主义者或共产主义者都没有宣扬过女性群体。最接近这一观点的可能是柏拉图，他的贵族卫队没有婚姻关系，但在选择伴侣时认为男女是平等的。泰·德萨米（Théodore Dézamy）的《自然法典》（1842）暗示了他的整个乌托邦社会的相似之处，某些共产主义教派偶尔鼓吹一夫多妻制，例如 16 世纪的一些再洗礼派。我们可能还记得马克思和恩格斯在《共产党宣言》中嘲笑这些共产主义者赞成妇女团体的观点，相反，他们写道："这是一种既定的资产阶级习俗，如果不是在理论上，那就是在实践中。"马克思 2001，p. 244.

② Marx 2004，p. 102.

③ Marx 2004，p. 102.

的本分，而资本是共同体的公认的普遍性和力量。"① 因此，普遍性是指资本主义的矛盾性质，它将工人与生产资料和生产力分离开来。这个"所谓的普遍性"只能是一个暂时的解决方案，因为"它还没有弄清楚私有财产的积极的本质，也还不理解所具有的人的本性，所以它还受私有财产的束缚和感染。它虽然已经理解私有财产这一概念，但是还不理解它的本质"②。

马克思结合他对婚姻的讨论以及共产主义者的观点进一步说明了这一点，粗鄙的共产主义者倾向于认为婚姻是"无可争议的一种专属私有财产"③，女人被看作是男人的财产。这种社会关系中乍看之下似乎与经济关系无关，呈现出涉及资本主义私有财产关系的具体特征，这类特征只关注基本的所有权和控制权：

> 私有制使我们变得如此愚蠢和片面，以致一个对象，只有当它为我们拥有的时候，也就是说，当它对我们来说作为资本而存在，或者它被我们直接占有，被我们吃、喝、穿、住等等的时候，简言之，在它被我们使用的时候，才是我们的。尽管私有制本身又把占有的这一切直接实现仅仅看作生活手段，而它们作为手段为之服务的那种生活是私有制的生活——劳动和资本化。
>
> 因此，所有的身体和智力感官已经被所有这些感官的简单异化所取代；为了能够生产出他所有的内在财富，人类不得不沦落到这种绝对贫困的境地。④

在这里，马克思指出了资本主义限制人类所有感官和情感的方式。一切客观存在，包括女性，都是可以拥有和利用的商品。然而，资本主义绝非最终结果，而只是一个必要的阶段，在这个阶段，人类在理论上和实践上都被简单抽

---

① Marx 2004, p. 103.
② Marx 2004, p. 103.
③ Marx 2004, p. 102.
④ Marx 2004, p. 107.

象为商品。然而，由于人性远不止于此，"这种绝对贫困"最终将"孕育出他所有的内在财富"。

马克思继续他对"粗鄙的共产主义"的讨论，他们认为没有必要提高妇女的地位："拿妇女当作共同淫乐的牺牲品和婢女来对待，这表现了人在对待自身方面的无限的退化，因为这种关系的秘密在男人对妇女的关系上，以及在对直接的、自然的、类的关系的理解方式上，都毫不含糊地、确凿无疑地、明显地、露骨地表现出来了。"① 在这里，妇女是集体财产而不是私有财产，但她们和男性的社会地位都没有得到改善。在这样的社会中，女人仍然只为男人的享受而存在，就像私有财产只为一个人的专有享受而存在一样。在这里，除了谁实际上拥有财产所有权在发生变化之外，什么都没有改变。财产本身作为私人享有物，无论它是人类的还是无生命的，仍然客观存在。在这种情况下，人与人之间的关系仍然是极其个人主义和利己主义的，这与个人可以超越这种利己主义并认为社会中的其他人同样有价值而不是仅仅提供商品和服务的情况形成对比。

正如上述阐释关于男女关系的段落一样，马克思认为，这揭露了整个社会的贫困本质。在资本主义社会条件下，人们只关心自己的个人享受，把他人看作是自己需要的潜在满足，而不是有自我需求的个体。在这里，马克思再次指出，妇女的完全解放和男女平等是真正社会主义社会到来的前提。当然，这种原始形式的集体所有权或私有财产的替代办法并不一定要求男女平等。然而，马克思关于女性和男性是同一物种的论述强烈地指向了这个方向。

资本主义社会中的女性异化

在马克思与恩格斯合著的第一本出版物《神圣家族》② 中，马克思批判了塞利加分析法国社会主义者欧仁·苏的小说《巴黎的秘密》，其中马克思就一个重要的性别问题进行了讨论。在这本书中，欧仁·苏讲述了 19 世纪 40 年代巴

---

① Marx 2004, p. 103.
② 虽然《德意志意识形态》是合作完成的，无法确定其中哪些部分是由哪个人撰写的，但《神圣家族》中的各章是由马克思和恩格斯分别撰写的，1845 年出版的版本中注明了各章的作者。

黎不同阶层的一些人物的故事。他的目的是吸引富裕阶层参与慈善活动，比如他的主人公鲁道夫。鲁道夫是一个小小的德国王子，为了弥补他过去的罪行，他开始"补偿好人，惩罚坏人，安慰那些受苦的人，探查人类的所有伤口，（并）努力从毁灭中夺取灵魂"①。

作为对这篇文章的回应，马克思讨论了人物弗勒尔·德·玛丽，一个巴黎妓女，和路易丝·莫雷尔（Louise Morel），一个受资产阶级男人性剥削的仆人。在这里，马克思阐述了他的人道主义以及他对资产阶级社会的蔑视，这与欧仁·苏和塞利加（Szeliga）的道德评论形成了对比。马克思把玛丽描述成一个"充满活力、精力充沛、乐观开朗、性格灵活的人——这些品质只能解释她当时非人的处境下的状态"②。此外，尽管她处于当时那样的环境，马克思并不认为她仅仅是一个无力的受害者，而是作为一个能动的主体："她并不是一只毫无防备的羔羊，对压倒性的暴行毫无抵抗地投降，她是一个能够维护自己的权利并为之进行斗争的女孩。"③ 因此，弗勒尔·德·玛丽通过两种方式表达了她自身的主体性，一方面，尽管她的经济和社会处境艰难，但她依然能够保持对生活的热爱和对未来的希望。另一方面，她身体和精神上都足够强壮，可以保护自己。她卖淫的原因是社会经济因素，而非性格缺陷。

马克思也对她的世界观以及她很少受到资产阶级社会意识形态的影响印象深刻：

> 在玛丽的心目中，善和恶并不是一个道德抽象概念。她是善良的，因为她从未给任何人造成过痛苦，她始终对她所处的不人道的环境保持着沉默。她很优秀，因为她对生活充满了希望和活力。但是她的处境窘迫，使其遭受了诸多非自然的暴力，这不是她冲动情绪的表达以及欲望的满足，因为它充满了痛苦和快乐的空虚。她根据自己的个性和自然环境的本质来衡量自己的生活状况，而不是用善的理想状态来衡量。在自然环境中，资

---

① Sue n. d, pp. 385 - 6.
② Marx and Engels 1956, p. 225.
③ Marx and Engels 1956, p. 225.

产阶级生活的枷锁从玛丽身上脱落后，她可以自由地表现自己的本性，以饱满的情绪对生活保持着热爱以及那种人类对自然之美的喜悦，这也表明了资产阶级制度只触及了她的表面，是纯粹的霉运而已，她自己既不是好人也不是坏人。①

然而，弗勒尔·德·玛丽评判自己行为的标准不是当时抽象的道德标准，而是根据她的活动对自己和他人的影响来判断。在马克思看来，她是渴望成为真正人类的典范。然而，她自身的物质条件限制了她更直接地克服障碍和彰显个性的能力。

当负责她"精神重生"的牧师谴责她有罪，不遵守基督教道德时，马克思指出了弗勒尔·德·玛丽被迫卖淫的真正原因："这位虚伪的神父非常清楚，在一天中的每一个小时，在最繁华的街道上，那些巴黎的良善之人都会经过卖火柴的七八岁小女孩身边，就像玛丽曾经做的那样，直到午夜时分。她们几乎无一例外地将遭遇与玛丽相同的命运。"② 在这里，马克思指出了工人阶级女孩和妇女所面临的困境。作为无产阶级的一员，当生产性工作不足时，妇女为了生存就不得不出卖自己的身体，她们除出卖自己的劳动力外一无所有。

这是资本主义制度下的自然产物。正如马克思在《1844 年经济学哲学手稿》中《需要、生产和劳动分工》一文中指出的那样，在资本主义制度下，一切都商品化了，尽管在不同的意识形态领域存在着明显的矛盾：

> 你必须把你的一切变成可以出卖的，也就是说，变成有用的。如果我问国民经济学家：当我靠出卖自己的身体满足别人的淫欲来换取金钱时，我是不是遵从经济规律（法国工厂工人把自己妻女的卖淫称为额外的劳动时间，这完全是对的），而当我把自己的朋友出卖给摩洛哥人时，我是不是在按国民经济学行事呢（而通过买卖新兵等等形式直接贩卖人口的现象，在一切文明国家里都有）？于是国民经济学家回答我：你的行动并不违反我

---

① Marx and Engels 1956, p. 226.
② Marx and Engels 1956, p. 229.

的规律；但请你看看道德太太和宗教太太说些什么；我的国民经济学的道
德和宗教丝毫不反对你的行动方式，但是……但是我该更相信谁呢——国
民经济学还是道德？国民经济学的道德是谋生、劳动和节约、节制，但是
国民经济学答应满足我的需要。——道德的国民经济学就是富有道德心、
德行等等；但是，如果我根本不存在，我又怎么能有德行的呢？如果我什
么都不知道，我又怎么会富有道德心呢？——每一个领域都用不同的和相
反的尺度来衡量我：道德用一种尺度，而国民经济学又用另一种尺度。这
是以异化的本质为根据的，因为每一个领域都是人的一种特定的异化，每
一个……都把异化的本质活动的特殊范围固定下来，并且每一个领域都同
另一种异化保持着异化的关系。①

人类的价值并不在于此。相反，只有从人类的劳动中获利，人类才有价值。
资本主义制度造成了生活的破碎性以及意识的破碎性，从而导致了这样一种情
况出现，即宗教、道德和经济被视为不同的领域，尽管它们在根本上是相关的。
在这里，马克思再次指出了对社会进行全面批判和改造的必要性，其中人的生
活和活动是首要关注的问题。

莱布对马克思关于弗勒尔·德·玛丽的论述进行了略有不同的解读。② 她
认为，马克思批评欧仁·苏片面强调心灵而忽略了肉体："这一讨论的主要目的
是向我们表明，片面强调心灵会导致对肉体（身体）树立敌意，从而导致弗勒
尔·德·玛丽的非实体化和她最终的死亡。"③ 在这里，莱布正确地指出了马克
思对欧仁·苏"片面关注心灵"的表述。然而，马克思关注的不仅仅是作为抽
象概念的心灵，而是心灵的具体形式。

弗勒尔·德·玛丽在故事开头的状态也属于一种异化。马克思称赞她没有
陷入绝望，反而在非人的处境中展现了人性的高尚品质，但她的意识仍然是一
种相对非中介的意识。她对自己人性的认识与她维护这种人性的能力是相悖的。

---

① Marx 2004, pp. 116 - 7.
② Leeb 2007.
③ Leeb 2007, pp. 846 - 7.

她几乎无法控制自己的身体或整个生活环境，因此她只能自由地在"自然环境"中，而不是在"资产阶级生活"① 中。因此，马克思更有可能是在批判神父传授给她的特殊思想形式。

马克思在论述弗勒尔·德·玛丽进入尼姑庵并在不久后死去时所持的观点更加明显地表现出这一倾向。马克思指出："修道院的生活不适合玛丽的个性——所以她死了。基督教对她的安慰正是对她真实生活和本质的毁灭——导致了她的死亡。"② 在这里，莱布正确地指出，马克思的论点是反对"基督教主要关注旨在摆脱肉体的抽象思想"③。

然而，当她说马克思只关心保存（年轻漂亮的）工人阶级妇女的身体时④，她把这一论点理解得太偏了。在上述引文中，马克思不仅指出了基督教思想中普遍存在的心灵与肉体之间的等级对立，并将心灵置于肉体之上。他还指出，玛丽得到的"安慰"是片面的、虚构的，因为它只关注心灵而忽略了身体。因此，马克思认为，玛丽的死亡是因为她无法调和两者的平衡，而不仅仅是对意识的极端关注。

马克思在《神圣家族》中讨论的另一个人物是路易丝·莫雷尔，她是一名年轻女子，为了养活生病的父母和兄弟姐妹，她被迫在公证人家里当佣人。当她在这所房子里工作时被老板强奸并怀孕。后来，孩子在出生时夭折，公证人为了摆脱女孩，指控她杀婴。

在这里，马克思批评了鲁道夫对这种情况的评论。鲁道夫认为有必要制定法律来惩罚剥削仆人的主人，但对马克思来说，这还不够：

> 鲁道夫的反思并没有走得太远，以至于把奴隶的状况作为他最亲切的批评对象。作为一个小统治者，他是仆人状况的忠实拥护者。他更没有将

---

① Marx 2004, p. 226.
② Marx and Engels 1956, p. 234.
③ Leeb 2007, p. 847.
④ Leeb 2007, p. 847.

现代社会中妇女的普遍状况视为不人道的状况。①

仅定罪是不够的，英国的法律就说明了这一点："他只需要看看其他国家的立法。英国法律满足了他的所有期望，英国法律的细腻之处在于……他们甚至宣布引诱妓女是不道德的行为。"② 由于"现代社会中妇女的总体处境［是］不人道的"，因而，立法是远远不够的：妇女的地位必须得到改善。

在《神圣家族》的文章段落中，马克思对资本主义社会中的妇女所受的压迫进行了一系列较为强烈的批评。在弗勒尔·德·玛丽的案例中，马克思指出了她所面临的困难的经济环境，以及这如何严重限制了她的机会。虽然鲁道夫拯救了她，使她摆脱了身体上的摧残，但她在尼姑庵里的境况也好不到哪里去。在这里，她同样被异化了，因为她的基督教价值观迫使她完全忽视自己的身体，而专注于她所犯下的所谓罪行——尽管这些罪行并不是她的过错。路易丝·莫雷尔作为一名工人阶级妇女也面临着类似的困难，在这里，马克思既指出了她被老板剥削的问题，也指出了从根本上改变现代社会妇女生活条件的必要性。

生产方式与历史进程

《德意志意识形态》是马克思和恩格斯对其历史唯物主义概念进行首次系统性论述的合著。虽然这本著作的主要目的是批判青年黑格尔派，但它也包含了自己的社会理论的积极阐释，包括对性别和家庭的重要讨论。马克思在《1844年经济学哲学手稿》中指出异化和阶级社会的开端源于劳动分工。随着劳动分工变得越来越复杂，不同形式的财产也随之出现，但最重要的是社会层面发生的变化：

> 这种生产方式不能被简单地视为个人物质存在的再生产。相反，这是他们的一种明确的生活方式。个体在表达自己的生命时，他们也是如此。

---

① Marx and Engels 1956, p. 258.
② Marx and Engels 1956, p. 258.

因此，他们是什么，与他们的生产是一致的，既与他们生产什么有关，也与他们如何生产有关。因此，个人是什么取决于他们生产的物质条件。①

马克思和恩格斯在这里给出定论。客观因素和主观因素对于理解社会和社会变革都至关重要。物质条件对于理解社会非常重要，但也有主观因素："人创造环境，同样，环境也创造人。"②

家庭与阶级社会

马克思和恩格斯在《德意志意识形态》中对家庭的讨论主要围绕着家庭和阶级社会的起源展开。他们认为这两者紧密相关，但不是以单一的形式联系在一起。马克思、恩格斯提出，最初的劳动分工是以生殖过程中的性劳动分工为基础的："分工起初只是性行为方面的分工，后来是由于天赋（例如体力）、需要、偶然性等等才自发地或'自然地'形成的分工。分工只是从物质劳动和精神劳动分离的时候才真正成为分工。"③

这里值得注意的是马克思和恩格斯对"自然"一词的使用。在《德意志意识形态》以及《1844 年经济学哲学手稿》中他们似乎也是在辩证的意义上使用这个词的。在这种情况下，"自然"并不是指一种固定的本质，相反，它指的是一种在社会中的人看来自然的状态。在确定什么是"自然"时，既有客观因素，也有主观因素。④ 因此，当他们说两性之间存在自然分工时，这并不意味着他们对性别持生物学观点。相反，他们似乎认为生物学只与物种繁衍有关，而不一定与照顾后代有关。尽管到目前为止，涉及物种繁衍的劳动变化还不是很大，但这一问题却留给了"自然"因素去解决，而这些因素会随着所处的社会制度改变而变化。

关于劳动分工只有在脑力劳动和体力劳动发生分工时才真正出现的说法，也被一些女性主义学者认为存在问题。⑤ 正如密斯（Mies）所指出的那样，马

---

① Marx and Engels 1998, p. 37.
② Marx and Engels 1998, p. 62.
③ Marx and Engels 1998, p. 50.
④ 马克思经常使用"自然"一词描述劳动尚未被资本所控制的前资本主义社会的经济。
⑤ Mies 1998, p. 51.

克思和恩格斯将第一种分工即生育分工视为"自然"分工，而第二种分工即脑力劳动和体力劳动的分工，则被视为第一种社会分工。她写道，这存在很大问题，因为"通过劳动将性生活的生产与日常需求的生产分离开，将后者提升到历史和人类的范畴，并将前者称为'自然'，后者称为'社会'。他们无意间促成了生物决定论，而我们今天仍在遭受这种决定论的影响"①。

密斯指出了马克思和恩格斯在这方面论述内容的模糊性，这无疑是正确的。他们似乎优先考虑脑力劳动和体力劳动的划分，并认为生育主要是生物性的。然而，另一种解读也是可能的。如上所述，对马克思和恩格斯来说，"自然"并不一定具有与普通话语中相同的含义。此外，马克思和恩格斯赋予脑力劳动和体力劳动之间划分的优先权，并不一定是因为它是首要的社会关系，而是因为它是首要的剥削性社会关系。只有当工人失去创造性的劳动过程时，劳动分工才会具有压迫性，同时体力与脑力劳动的分工才成为必要。

马克思和恩格斯继续讨论了劳动分工问题，他们认为，生产和再生产中的分工具有双重性。其中既有自然方面的因素，也有社会方面的因素："一方面是自然关系，另一方面是社会关系；社会关系的含义在这里是指许多个人的共同活动，至于这种活动在什么条件下、用什么方式和为了什么目的进行，则是无关紧要的。由此可见，一定的生产方式或一定的工业阶段始终是与一定的共同活动方式或一定的社会阶段联系着的。"② 在这里，马克思和恩格斯所关注的是整个生产方式。在这一点上，他们只讨论了生产问题，而没有讨论再生产问题。

不过，马克思和恩格斯在后来讨论了家庭内部的不平等问题。在他们看来，家庭是阶级社会的开端：

> 所有这些矛盾都隐含在劳动分工中，而这种分工又是以家庭中的自然分工和社会中相互对立的单个家庭为基础的。社会被分割成相互对立的单个家庭，这同时意味着劳动及其产品在数量和质量上的分配，实际上是不

① Mies 1998, p. 52.
② Marx and Engels 1998, pp. 48 - 9.

平等的分配，就是财产的分配。在家庭中，妻子和子女都是丈夫的奴隶，这种家庭中潜在的奴隶制虽然还很粗糙，却是财产的最初形式，但即使在这一阶段，它也完全符合现代经济学家的定义，他们称其为支配他人劳动能力的权力。①

在这里，马克思和恩格斯指出了家庭对阶级社会发展的重要性。与文中其他地方一样，他们似乎只是在自发和无规律的意义上使用"自然"一词，而不是在任何固定的生物学基础上使用。家庭组织受社会总体发展的制约，只有在特定的发展阶段才会出现特定的家庭结构。

此外，在早期发展阶段，家庭是比发达社会更为基本的社会单位。在没有发达国家的情况下，家庭是社会中为数不多的权威来源之一。由于社会结构和物质条件相互影响，社会的经济组织也会对家庭结构产生影响。因此，家庭将是最先体现分工影响的地方之一。

这种特殊的分工导致妇女和儿童在家庭中受到无尽压迫。他们成了家庭中男性的奴隶，因为男性可以获得财产，包括妇女和儿童的财产。男性户主有权支配其他家庭成员的劳动力。这将是未来阶级对立的发展萌芽。马克思和恩格斯指出，之所以出现这种情况，是因为通过劳动分工开始的社会对立不仅仅是一种内部关系。相反，与其他家庭甚至其他部落或氏族的关系也可能发展出类似的对抗。因此，马克思和恩格斯间接地指出，由于阶级社会的起源存在于家庭，因此只要存在家庭和性别压迫，就不可能建立和维持一个无阶级的社会。

任何不解决这个问题就试图建立这样一个无阶级社会的做法实质上并未解决脑力劳动和体力劳动之间的主要矛盾，无阶级社会想要消除的社会对立被不断地重新生成。因此，尽管马克思和恩格斯没有详细讨论性别不平等问题，但对他们来说，这似乎是在创建新社会的过程中必须解决的问题，而不是社会主义革命会自动产生的问题。此外，虽然他们对性别不平等和阶级社会起源的讨论是模糊的、抽象的，而且——关于家庭的父权起源——是不正确的②，但这

---

① Marx and Engels 1998, pp. 51 - 2.
② 例如，参见 Reiter 1975、Dunayevskaya 1991 和 Leacock 1972。

并不是这些观点的最终表述。马克思和恩格斯19世纪80年代再次讨论了这些问题，当时有了更多的人类学证据，并修改了他们的立场。这些材料将会在第五章和第六章呈现和讨论。

论"资产阶级家庭"

后来，马克思和恩格斯在《德意志意识形态》中讨论和批判马克思·施蒂纳时，指出了家庭的历史性质。我们不可能谈论"家庭本身"[1]，相反，我们必须审视历史背景，尤其是生产中涉及的社会关系。马克思和恩格斯批评施蒂纳没有理解资产阶级理想状态的家庭与传统家庭正在解体的现象之间的区别，并指出，他们注意到这种形式的家庭必然是虚伪的：

> 放荡不羁的资产阶级逃避婚姻，暗地里通奸；商人通过投机、破产等手段剥夺他人的财产，逃避财产制度；年轻的资产阶级使自己独立于自己的家庭，事实上，如果他能做到这一点的话，他实际上也就废除了家庭。但是，婚姻、财产和家庭在理论上仍未被触动，因为它们是资产阶级建立其统治的实际基础，也因为在资产阶级的这种形式下，它们是使资产阶级能够成为资产阶级的条件。资产阶级对其生存条件的这种态度在资产阶级道德中获得了其普遍形式之一。[2]

在这里，马克思和恩格斯注意到家庭的意识形态形式是片面的。为了维持资产阶级道德的存续，它的反面也必须存在。这种意识形态的普遍性正是基于对家庭的片面评价。

历史上形成的资产阶级家庭以如下历史面貌发展："无聊和金钱是纽带，这样的家庭也发生资产阶级的家庭解体。"[3] 服从、虔诚、婚姻忠诚等"可能是家庭的思想和道德要素，但家庭的真正主体……［是］财产关系、对其他家庭的排他性态度、强迫同居——这些关系由子女的存在、现代城镇的结构、资本的

---

① Marx and Engels 1998, p. 195.
② Marx and Engels 1998, pp. 194 - 5.
③ Marx and Engels 1998, p. 195.

形成等因素决定"①。"资产阶级形式的家庭甚至在 19 世纪也仍然存在，只是其解体的过程非常普遍，这不是因为观念的原因，而是因为工业和竞争的进一步发展；尽管法国和英国的社会主义者早已宣布解散家庭，但家庭依然存在。"②

马克思和恩格斯认为，以"无聊和金钱"为"纽带"的资产阶级家庭以及它的"官方用语和普遍虚伪"是维持资本主义所必需的条件。③ 家庭曾以其他形式存在过，但只要资本主义的压迫关系依然存在，家庭就将继续存在。④ 因此，正如马克思在《关于费尔巴哈的提纲》中所说，"自从发现神圣家族的秘密在于世俗家庭之后，世俗家庭本身就应当在理论上和实践中被消灭"⑤。

异化、资产阶级道德观和自杀

马克思于 1846 年发表在《社会明镜》杂志的一篇文章中首次也是唯一一次尝试研究自杀的原因。⑥ 虽然这篇文章的大部分内容是马克思将雅克·珀歇（Jacques Peuchet）⑦ 关于 19 世纪初法国社会中自杀现象的文章的部分内容翻译成德文，但这篇文章从多个方面表明了马克思关于性别关系对于理解和发展社会批判的重要性的观点。

首先，马克思摘录的雅克·珀歇的部分主要涉及中产阶级妇女的自杀问题。其次，虽然大部分内容直接摘自雅克·珀歇的著作，但在少数地方，马克思添加了自己的一些观点和评论。其他一些部分，他通过翻译和删除法国作者对这些具体案例的论述，对珀歇的文本进行了一些改动。第三，对马克思来说，这是一个有些不寻常的话题，它主要论述的是私人领域内的家庭压迫和其他形式

---

① Marx and Engels 1998, p. 195.
② Marx and Engels 1998, p. 195.
③ Marx and Engels 1998, p. 195.
④ Marx and Engels 1998, p. 195.
⑤ Marx and Engels 1998, p. 570.
⑥ 在这一文本中马克思更加详细地论述了珀歇的研究内容，参见 Anderson 1999。
⑦ 雅克·珀歇（1758—1830）在法国警察管理部门担任过许多职务，其中包括巴黎警察局的高级职位。马克思正是从他的《警察档案回忆录》（1838）中获得了《自杀》一文的资料。Anderson 1999, pp. 11 - 2.

的压迫。正如迈克尔-劳伊（Michael-Lowy）指出的那样，这篇文章"相当于对父权制、对女性（包括资产阶级妇女）所受奴役以及资产阶级家庭的压迫性质的激烈抗议。除少数例外情况外，马克思后来的著作中难见类似的文章"①。

　　马克思在文章开头简要论述了雅克·珀歇探究自杀原因的意义。虽然雅克·珀歇不是社会主义作家，但马克思似乎认为，从他的研究中仍然可以学到很多东西。此外，马克思认为，这样的叙述说明即使是资产阶级成员也会被异化："这些摘录同时能表明慈善的资产阶级的下述想法究竟有多少根据：好象问题只在于给无产者一些面包和教育，好象在今天的社会状况下只有工人生活不愉快，而就其他方面来说，现存的世界是最好的世界。"② 在这里，马克思认为，只要资本主义社会关系依然存在，经济平准化或再分配就不足以创造一个更好的社会。相反，就必须进行全面的社会变革。

　　与《1844年经济学哲学手稿》相比，马克思在这篇译文中更具体地论述了异化问题。在异化的一些表现形式中自杀是其中最极端的表现之一。马克思引用了雅克·珀歇的原文，大意是极端的社会孤立会导致自杀："一个人生活在千百万人之中竟感到极端孤独，一个人竟能被不可动摇的自杀念头所征服而无人察觉，象这样的社会实际上是个什么东西呢？这种社会不是个社会，正如卢梭所说，它是野兽栖身的荒漠。"③ 在这里，正如马克思在这篇文章的其他多处论述的一样，通过对雅克·珀歇的选文，他重点论述了人与人之间的异化这一关键的社会问题。

　　这种异化在公共领域显而易见，正如马克思所指出的，异化及其有害影响也延伸到了私人家庭领域。在为雅克·珀歇的文章所写的导言中，马克思认为只有政治革命是远远不够的。私人生活的结构也必须被连根拔起："许多老一辈的、现在几乎都已去世的法国实践家经历过自1789年以来的多次变革，经历过多次迷惘、激动、宪法、统治者、失败和胜利。正象在他们那里一样，在雅克·珀歇那里，对现存的财产关系、家庭关系和其他的私人关系的批判，一句

① Löwy 2002, p. 5.
② Marx 1999, p. 45.
③ Marx 1999, p. 50.

话，对私生活的和卡·马克思的著作《珀歇论自杀》的《社会明镜》杂志的封面批判，都是他们的政治经验的必然结果。"①

法国大革命后，资产阶级家庭②的情况尤其如此："革命没有消灭所有的暴虐行为；任意施加暴力的恶劣做法还在家庭中存在；它在此引起了类似革命的危机。"③ 在这里，马克思通过强调雅克·珀歇的文章，强调了这样一个观念：即使在推翻了旧制度之后，资产阶级家庭仍然是一种压迫性制度。从更广泛的层面来看，这也可以作为对后来的政治和经济革命的先见之明的批判，其中一些革命是以马克思主义的名义进行的，但并没有根除其他压迫关系。在苏联及其东欧盟国、中国和古巴，情况尤其如此，在大多数情况下，妇女的地位并没有显著提高。例如，苏联在革命刚刚结束时在性别问题上取得的进展，在斯大林独裁统治期间就被废除了。

马克思在删除了雅克·珀歇对压迫性家庭关系进行道德谴责的那一段文字后，继续引用了雅克·珀歇的文字，指出有必要在家庭中建立新的关系："实际上在我们中间必须先建立利益和情感之间的关系，个人之间的真正关系，而自杀只是普遍的、不断以新的形式出现的社会斗争的一千零一种征兆中的一种。"④ 马克思一再强调自杀所涉及的社会因素，在马克思看来，自杀不仅仅是个人的绝望行为。与社会的所有其他方面一样，自杀的原因离不开其他社会条件因素。此外，他还强调，自杀也是对社会压迫的一种反抗形式。

---

① Marx 1999, p. 45.

② 在这里，马克思删去了雅克·珀歇文本中的以下内容："人们能否肯定，正如人们通常所认为的那样，看到自己的朋友、父母或仆人蒙受恶名的恐惧以及看到自己的尸体被拖入泥泞中的恐惧，会使这些无情无义的人铤而走险？这种恐惧能使这些无情的人对下属更谨慎、更温和、更公平，甚至去阻止这些为了摆脱他们的统治而自愿犯下的谋杀行为？我不这么认为。这样做只会是双重的亵渎，是对生者和死者的不尊重。很难想象这种方法会成功，明智的做法是放弃这种方法。为了改善上级对下级的态度，特别是上级对下级的父母的态度，有人认为，害怕看到自己受到诽谤和公众丑闻的打击将是一种有效的措施，但这项措施是远远不够的。人们乐于对不幸的人进行痛苦的指责，在那些煽动自杀的人中间，人们对自杀者的痛苦指责会减少。然而，这并不能消除他们的这种感觉，不能消除所有丑闻带来的耻辱感以及他们对自己是自杀的真正煽动者的认识。在我看来，当神职人员站在这些懦弱的偏见一边，拒绝宗教葬礼时，他们甚至不如社会虔诚"。Marx 1999, p. 51.

③ Marx 1999, pp. 50 - 1. 这是引用雅克·珀歇的文章，但此处重点是马克思所写的评论。

④ Marx 1999, pp. 50 - 1.

在简要讨论了社会的一般状况及其与自杀的关系之后，马克思开始摘录雅克·珀歇的四个案例。其中一个涉及一名妇女，她的家人发现她在未婚夫家过夜回家后失去了贞操，对她进行了辱骂和公开羞辱。在雅克·珀歇对这些事件的描述中，马克思补充了他自己对资产阶级家庭的评论："最胆怯最无抵抗能力的人一旦能行使父母的绝对权威，他们就会变成铁石心肠。这种滥施权威好象是对他们在资产阶级社会中自愿或不自愿地表现出来的许多屈服性和依赖性的一种粗野的补偿。"① 在这里，马克思对现存的资产阶级家庭及其内部的权力关系进行了有力的批判。

虽然马克思确实指出了导致这些状况的家庭之外的因素，但绝非在支持经济基础还原论。相反，与他在《1844 年经济学哲学手稿》中对异化的论述类似，马克思认为"父母的绝对权威"与资产阶级的"屈服性和依赖性"之间存在辩证关系。资产阶级成员将自己的主体性大部分让渡给市场力量，取而代之的是父母对子女的权威。虽然这种权威并不一定对孩子有害，但家庭之外的经济关系往往会在所有社会关系中打上自己的烙印。因此，家庭压迫是与其他形式的压迫紧密联系在一起的。

马克思论述的第二个案例是一位在现实生活中被丈夫长期奴役的妇女。这位女性的丈夫被毁容，并且非常善妒，他强迫她待在家里，指责她不忠，强迫她与自己发生性关系。在这里，马克思再次将妇女受压迫与社会的总体状况联系起来，但并没有贬低妇女所面临的压迫："不幸的女性遭受到最不堪忍受的奴役，而且只是由 M 先生来执行这种奴役，他依仗的是民法典和财产权，依仗的是这样一种社会制度，它使爱情不受相爱男女的自由情感的支配，它允许忌妒的丈夫用锁把自己的妻子禁闭在家里，就象吝啬鬼对待自己的钱柜一样；因为她只是他的财产的一部分。"② 在这段话中，马克思指出了妇女受压迫的两个主要方面。第一个方面是制度性的。法律本身承认丈夫对妻子的权威。第二个方面涉及更广泛的社会关系。资本主义社会创造了一切都被商品化的关系，包括

① Marx 1999, pp. 53 - 4.
② Marx 1999, pp. 57 - 8.

人。资本主义社会没有也不会解决男女之间的不平等关系，这种关系已被资本主义本身的运作方式所吸收。妇女被视为纯粹的商品，而不是人的主体。

在这一点上，马克思将其与资本主义社会中存在的普遍异化联系起来。如上所述，男女之间的关系对马克思来说说明了整个社会的普遍发展。马克思认为，这个案例揭露了人的自私性，因此也说明了人与人类其他部分的异化。女人只是作为财产而不是作为人类同胞而存在："忌妒的人需要一个奴隶，忌妒的人可以爱人，可是爱对他来说只是忌妒心的华丽陪衬。忌妒的人首先是私有者。"①

马克思翻译的第三个案例涉及堕胎权。一位年轻妇女找到一位医生，请求他为自己堕胎，以避免丑闻。因为她怀上了姑姑丈夫的孩子，原因是为避免失去名誉给家庭带来麻烦。尽管这位女性以自杀相逼，但医生依然拒绝了她的要求，不久之后，这名妇女就在她家附近的一条小溪里溺亡。虽然马克思没有对雅克·珀歇的原文撰写任何评论，但在这段话中，马克思以一种隐蔽的形式呈现出妇女的选择权问题。医生向雅克·珀歇描述了自己当时的担忧："尽管在许多场合下，例如碰到难产时，外科医生的问题是救母亲还是救婴儿，这时他总是毫不踌躇地自己酌情决定，或者随机应变或者坚持人道主义态度。"② 在这里，马克思错失了一个批判将抽象道德凌驾于个人决定权之上的社会的机会。

重新审视自然/文化和男人/女人二元论

在 1850 年马克思为《新莱茵报》政治经济版面撰写的一篇评论文章中，马克思对格奥尔格·弗里德里希·道默尔（Georg Friedrich Daumer）《新时代的宗教》进行了评论，这一时期马克思与恩格斯合著，并再次讨论了自然/文化和男性/女性的二元论。道默尔（一位保守的黑格尔主义者）对 1848 年革命持极端批判态度，并提出了自己版本的浪漫自然主义。马克思和恩格斯对道默尔作

---

① Marx 1999, p. 61.
② Marx 1999, p. 66.

品的许多方面提出了批评，但对本研究最有意义的是他对妇女和自然的讨论。道默尔认为，自然和女性是真正神圣的，有别于人类和男性。人类对自然的牺牲，男性对女性的牺牲是真正的、唯一真正的温顺和自我外化，是最高的，甚至是唯一的美德和虔诚。①

　　然而，马克思和恩格斯并非全然批评道默尔对妇女和自然持有的浪漫主义观点，相反，他们认为有必要回归纯粹的自然，因为道默尔不愿意接受社会必然发生的变化："在这里，我们看到一个宗教创始人的肤浅和无知变成了明显的懦弱。在历史悲剧面前，道默尔先生过于接近所谓的自然，即愚蠢的乡村田园生活，他宣扬对女性的崇拜，以掩盖自己对女性的屈从。"② 虽然马克思和恩格斯使用"女性的屈从"（可能具有讽刺意味）显然没有完全克服男人/女人二元论，但这里有一个重要的批判因素。马克思和恩格斯回到了他们对自然作为社会中介的讨论，与道默尔的"愚蠢的乡村田园诗"形成鲜明对比。在道默尔的抽象自然中"没有提到……现代自然科学与现代工业一起彻底改变了整个自然界，结束了人类对自然的幼稚态度以及其他形式的幼稚"③。

　　与道默尔抽象的、非中介性的自然观同样成问题的是他对女性地位的理解：女性是自然的一部分。

　　　　对女性的崇拜和对自然的崇拜是一样的。道默尔自然不会对女性目前
　　的社会地位妄加评论。相反，他认为这只是女性本身的问题，他试图通过
　　将女性作为空洞而又充满神秘色彩的美学崇拜对象，来安慰女性的社会地
　　位的贫乏。因此，他试图安慰她们，告诉她们婚姻会因为她们必须照顾孩
　　子而终结她们的才能（第 II 卷，第 237 页），告诉她们即使到了六十岁，她
　　们仍然有能力给婴儿喂奶（第 IL 卷，第 251 页），等等。为了在自己的祖
　　国找到理想中的女性人物，他不得不求助于 20 世纪的各种贵族淑女。因

---

① 道默尔引自 Marx and Engels 1975 – 2004b, p. 244.
② Marx and Engels 1975 – 2004b, p. 244.
③ Marx and Engels 1975 – 2004b, p. 245.

此，他对女性的崇拜沦为了一个文人对受人尊敬的女性的消沉态度。①

在上述段落中，马克思回到并进一步具体化了他在《1844 年经济学哲学手稿》和《神圣家族》中对于妇女地位的讨论。虽然这些文章在讨论改变妇女地位的必要性时可能有些抽象。在这篇文章中，马克思和恩格斯批评了道默尔将女性抽象化，而不是分析她们在社会中的具体地位。在马克思和恩格斯看来，女性的潜力远不止于照顾孩子，相反，她们可以而且应该参与公共生活。

结语

在马克思最早的一些批判资本主义的著作中，他强调了妇女非人化的处境。在《1844 年经济学哲学手稿》中，这主要表现为指出社会异化的深度。人类的异化之根深蒂固，以至于影响到生活的方方面面，包括男女之间的关系。在消除所有这些形式的压迫和异化之前，重大的社会变革也无法实现。此外，马克思还指出了自然、社会和劳动之间的辩证关系。在这个过程中，他倾向于避免自然或社会的特权，这种立场存在与女性主义的分析相一致的可能性。

随后，在《德意志意识形态》中，马克思和恩格斯对阶级社会的起源进行了更为实证的分析。在这一文本中，他们还谈到了家庭在阶级社会形成过程中的作用。不是劳动分工本身导致了阶级社会，相反，脑力劳动和体力劳动的分工才是关键。分工是必要的，尤其是在更为发达的社会。只有当出现不平等的权力关系，当少数人的权力凌驾于多数人的劳动之上时，分工才会成为问题。在这样的社会中，工作开始失去其创造性功能，资本主义社会带来的异化问题日益明显，即便其全面发展只能通过个人从社会中完全分离出来才能实现。虽然马克思和恩格斯已开始着手从理论上阐述异化与妇女的关系，但他们在这方面的工作并未完成。不过，在他们的理论框架内将这一讨论扩展到妇女身上或许是可能的。

---

① Marx and Engels 1975 - 2004b, pp. 245 - 6.

最后，马克思在《神圣家族》和《珀歇论自杀》中对资本主义社会妇女受压迫问题的论述至少在一定程度上展现了对女性主体性的理解。显然马克思不认为弗勒尔·德·玛丽或自杀的妇女完全是无助的受害者。有一段时间，弗勒尔·德·玛丽仍能够在非人的环境中保持人性与对生活的热爱。此外，自杀的妇女也并非完全没有主体性，她们受到家庭和"普世道德"的极度压迫，但最终她们还是通过结束生命的方式对自己的生活进行了一定的控制。当然，这是一种非常有限的主体性形式，但它确实说明，马克思并不认为这意味着一种全然的压迫形式：总是有逃脱的选择。然而，这也并不是一种革命的主体性形式。在这一点上，马克思无法将女性视为集体的历史主体，她们所受的历史压迫使她们的行动局限于个人的主体性行为。然而，后来马克思又开始将妇女视为有影响力的历史主体。在巴黎公社事件之后，这一点变得尤为真实，因为女性在其中发挥了重要作用。

第三章　政治经济学、性别以及家庭的“转变”

　　马克思早期对于性别和家庭的论述，倾向于描述资本主义社会经济范畴之外的女性地位，然而马克思和恩格斯在《共产党宣言》和《资本论》中，已经将性别和家庭的因素融入政治经济学的部分。在《共产党宣言》一书中，马克思和恩格斯详细论述了社会经济变化导致资产阶级家庭发生转变的过程。资产阶级家庭的存在，不仅由资本主义生产关系决定，马克思和恩格斯也看到了资产阶级家庭存在的物质条件上的必然性，尤其是无产阶级的家庭的物质条件，与资产阶级“理想版本”的家庭有很大差异。

　　马克思在《资本论》中连续发表了对于性别与家庭的论述。《共产党宣言》只包含此论述的雏形，《资本论》则进行了具体全面的阐述。马克思描述了女性在抗争资本主义工作时长的运动中所扮演的角色。机器的使用让女性有机会参加工作，而这一新的变化给工人运动带来困难的同时，也催生了机遇。一方面，女性劳动者报酬少于男性，于是劳动者和资本家之间的矛盾一定程度上被转移了，这弱化了工人运动；另一方面，女性能够参与工作，为摧毁父权制压迫创造了新的可能性。

　　我认为，马克思没有将妇女所遭受的压迫与资本主义制度的存续割裂来看，也不认为压迫妇女仅仅是资本主义用以维护自身的次要手段。女性在工人运动中的地位举足轻重，因为她们凭借明显的低薪成为男性的直接竞争者。因此，对于女性的压迫与资本主义的存续这两个议题无法分开。要深入了解资本主义社会，就要对阶级压迫与性别压迫以及它们之间的相互关系有全面的把握。进一步来说，马克思克服了传统二元论，为从女性主义的视角理解自然与社会、生产与再生产的辩证关系奠定了基础。而这种形式是前人不曾提出的。

在本章中，我将涉及马克思、恩格斯的四部著作：恩格斯的《共产主义原理》、《共产党宣言》，以及《资本论》的第一、三卷，其中《共产主义原理》是《共产党宣言》的草案。在这部草案中，恩格斯对于新型社会中的家庭与公共范畴之间的关系做了简短论述，这一草案为《共产党宣言》的终稿提供了蓝本。对比草稿和《共产党宣言》中有关传统家庭瓦解的内容，可以看到马克思和恩格斯之间关于性别与家庭的不同论述。在讨论完这两本著作后，我将探究《资本论》中工人运动中的女性地位以及家庭的转变。此外，我将介绍马克思关于生产性劳动和非生产性劳动，以及《资本论》中文明与自然二元论的论述。

恩格斯《共产主义原理》中与性别和家庭有关的内容

1847 年，恩格斯为共产主义者同盟①起草了两份文件，在文本中阐明了共产主义的基本原则。其中第二份手稿《共产主义原理》，为马克思、恩格斯撰写《共产党宣言》奠定了基础。总之，比起简短的《共产主义原理》，《共产党宣言》的内容更加细致且明确。

《共产主义原理》包含了对社会主义家庭的简短讨论，为了回应共产主义者同盟所造成的"共产主义社会秩序将影响现有家庭"的舆论，恩格斯做出了如下阐述：

> 共产主义社会制度将使两性关系成为仅仅和当事人有关而社会无须干预的纯粹私人关系。共产主义社会制度之所以能实现这一点，是由于这种社会制度将废除私有制并将由社会教育儿童，从而将消灭现代婚姻的两种

---

① 共产主义者同盟于 1847 年在伦敦成立，马克思、恩格斯是主要的领导者，目的是发起一场国际性的社会主义运动。1848 年革命后，由于政府的镇压以及同盟内部纠纷，共产主义者同盟宣告失败。

基础，即私有制所产生的妻子依赖丈夫、孩子依赖父母。这也是对道貌岸然的市侩关于共产主义公妻制的号叫的回答。公妻制完全是资产阶级社会的现象，现在的卖淫就是公妻制的充分表现。卖淫是以私有制为基础的，它将随着私有制的消失而消失。因此，共产主义组织并不实行公妻制，正好相反，它要消灭公妻制。[①]

在这里，恩格斯基于经济决定论[②]提出：男人压迫妇女和儿童的根源完全建立在对私人财产的控制之上。恩格斯认为，一旦私有财产被废除，女性将不再受男性压迫，因此，没有必要改变家庭的私人生活，因为这种压迫将会随着私有财产被废除而失去其合法性。

恩格斯的这一论点至少存在两个问题。首先，虽然恩格斯正确指出经济依赖是决定女性在社会中的地位的一个重要因素，但它并非唯一的因素。父权制可以在没有私有财产的境况下存在。在没有私有财产的工人阶级家庭中，在生产资料属于国家所有的苏联等国，包括更早期私有财产尚未得到完全发展的古希腊和古罗马，女性依旧受男性的压迫。[③]

其次，由于恩格斯认为私有财产是女性受压迫的唯一因素，他认为没有理由去跨越公共和私人领域之间的分歧，丈夫和妻子之间的关系将在私人领域得到保留。这意味着女性将继续留在家中；即便社会进行公共管理，仍有部分女性会留在家中做家务。但无论如何，家庭内部的性别分工不会发生很大的变化。因此，由于恩格斯将经济因素视为理解女性受压迫的唯一重要因素，便忽视了私人领域的问题，以及这些私人领域的问题如何时常被用作对女性实施压迫的正当理由，正如马克思曾在《珀歇论自杀》的文章/翻译中指出的那样。

许多女性主义者指出：家庭成为男性的庇护所是由于其建立在对女性一贯的压迫上。也因此，马克思指出，问题的关键不仅在于消灭资产阶级，更在于终结一切形式的压迫，阶级社会与性别压迫现象在资本主义社会出现之前就已

---

① Engels 1971, pp. 185 - 6.
② 我们并不认同此观点，但为了尊重本书作者的观点，我们保留原文的意思，不做删改。——译者注
③ 更多关于古希腊、古罗马女性地位的叙述，详见第五、六章。

经存在，因此，仅仅根除经济形式的压迫、私人财产的占有是不够的。许多其他形式的压迫与支配，也从时代与生产方式中保留下来，资本主义得以利用这些荒谬的形式来保有自己的支配地位。这是马克思在《资本论》中讨论的重要议题，我将在下文论及。

《共产党宣言》

1848 年出版的《共产党宣言》[1]，是马克思对恩格斯的《共产主义原理》进行大量修改后写成的著作。这一文本不仅论述了资本主义生产方式发展所带来的经济和政治变化，并且论述了资本主义制度在当下和未来的特征。首先，他们肯定了资本主义在历史发展中的积极作用，至少在一定程度上促进了生产和技术方面的快速进步："资产阶级在它的不到一百年的阶级统治中所创造的生产力，比过去一切世代创造的全部生产力还要多，还要大。自然力的征服，机器的采用，化学在工业和农业中的应用，轮船的行驶，铁路的通行，电报的使用，整个大陆的开垦，河川的通航，仿佛用法术从地下呼唤出来的大量人口——过去哪一个世纪料想到在社会劳动里蕴藏有这样的生产力呢?"[2]

除此之外，资产阶级因为废除了封建关系、创造了新的社会组织形式，对社会关系产生了重大影响。[3] 这种影响不仅限于某一国家内部，甚至覆盖国际范畴，贸易在某种程度上将全球历史联系在了一起，至少在全球贸易方面是这样：

> 资产阶级，由于开拓了世界市场，使一切国家的生产和消费都成为世界性的了。使反动派大为惋惜的是，资产阶级挖掉了工业脚下的民族基础。古老的民族工业被消灭了，并且每天都还在被消灭。它们被新的工业排挤掉了，新的工业的建立已经成为一切文明民族的生命攸关的问题。这些工

---

① 实际上，马克思几乎重写了整本书，《共产主义原理》只作为参考。因此，尽管恩格斯的名字在作者之列，实际上他对本书的贡献较小。Marx and Engels, 1975 - 2004c, pp. 697 - 8.
② Marx and Engels 1996, pp. 5 - 6.
③ Marx and Engels 1996, p. 3.

业所加工的，已经不是本地的原料，而是来自极其遥远的地区的原料，它们的产品不仅供本国消费，而且同时供世界各地消费。旧的、靠本国产品来满足的需要，被新的、要靠极其遥远的国家和地带的产品来满足的需要所代替了。过去那种地方的和民族的自给自足和闭关自守状态，被各民族的各方面的互相往来和各方面的互相依赖所代替了。物质的生产是如此，精神的生产也是如此。各民族的精神产品成了公共的财产。民族的片面性和局限性日益成为不可能，于是由许多种民族的和地方的文学形成了一种世界的文学。①

在资本主义的早期阶段，这种变化代表一种进步的力量，而在后期，资本主义生产方式却成为社会发展的桎梏。② 一些危机因此出现了："正是因为社会充斥了太多所谓文明，太多生存必须品，太多工商业。"③ 但同时资本主义还创造了颠覆原有制度的力量："但是，资产阶级不仅锻造了置自身于死地的武器，它还产生了将要运用这种武器的人——现代的工人，即无产者。"④ 这些生产活动本身有助于人们达成一种共识，成立了同资本主义进行各种形式斗争的反资本主义同盟。⑤

斗争的最终结果将是建立一个完全不同于资本主义社会的社会："代替那存在着阶级和阶级对立的资产阶级旧社会的，将是这样一个联合体，在那里，每个人的自由发展是一切人的自由发展的条件。"⑥ 但实现这一切的前提是进行彻底的革命："无产阶级，现今社会的最下层，如果不炸毁构成官方社会的整个上层，就不能抬起头来，挺起胸来。"⑦ 因此，要推翻的远不止资产阶级的经济体系，资产阶级社会的一切因素都需要改变，包括家庭。

《共产党宣言》中的性别与家庭

马克思和恩格斯在《共产党宣言》中简要地讨论了以下问题：妇女的社会

---

① Marx and Engels 1996, pp. 4 - 5.
② Marx and Engels 1996, pp. 6 - 7.
③ Marx and Engels 1996, p. 6.
④ Marx and Engels 1996, p. 7.
⑤ Marx and Engels 1996, p. 9.
⑥ Marx and Engels 1996, p. 20.
⑦ Marx and Engels 1996, p. 11.

地位以及家庭转变的可能性。虽然这部分论证与恩格斯在《共产主义原理》中的叙述有些相似之处，但《共产党宣言》中的论述更加细致。他们的关注点仍在于经济变化以及这些变化与家庭的关系，但这一论述却并非决定论。在论述社会发展主要趋势的基础上，不仅经济上的改变对于根除资产阶级家庭是十分必要的，其他因素也应纳入考虑范畴。

资本主义借助现代机器为剥削每一位劳动者创造了条件：

> 现代工业越发达，男工也就越受到女工和童工的排挤。对工人阶级来说，性别和年龄的差别再没有什么社会意义了。他们都只是劳动工具，不过因为年龄和性别的不同而需要不同的费用罢了。①

因此，资本主义解除了妇女和儿童仅处于家庭领域的限制，让其能够成为劳动者，从事一向被认为专属于男性的工作。这一现象的出现很大程度上是由于使用机器比使用传统工具需要的工作强度更小。但正如马克思、恩格斯所指出的那样，妇女与儿童创造出的劳动价值与男性相当，却没有得到同等酬劳。马克思没有进一步指出妇女和儿童收入相对较少的原因，只是注意到这一群体（妇女儿童）受到的对待不同于成年男性工人。对于这一问题，马克思在《资本论》中做了进一步阐述。

另外，在论述了妇女和儿童进入劳动力市场之后，马克思和恩格斯讨论了资产阶级家庭消失的过程。

> 无产者是没有财产的，他们和妻子儿女的关系同资产阶级的家庭关系再没有任何共同之处了。现代的工业劳动，现代的资本压迫，无论在英国或法国，无论在美国或德国，都是一样的，都使无产者失去了任何民族性。法律、道德、宗教在他们看来全都是资产阶级偏见，隐藏在这些偏见后面的全都是资产阶级利益。②

① Marx and Engels 1996, p. 8.
② Marx and Engels 1996, p. 11.

与恩格斯关于废除资产阶级家庭的经济本质的论述相类似，这里，马克思与恩格斯都指出无产阶级丧失私有财产是家庭解体的根源。然而，这并不是家庭解体的唯一原因，意识形态因素也发挥了作用。

随着资本主义的发展，由资产阶级社会主导的意识形态越来越失去信服力。"这一点在家庭中尤为明显：资产阶级撕下了罩在家庭关系上的温情脉脉的面纱，把这种关系变成了纯粹的金钱关系。"① 因此，资产阶级家庭的意识形态逐渐被废除，社会物质条件开始建立在商品贸易关系和货币关系的基础之上。

马克思与恩格斯继续论述家庭转变：

> 消灭②家庭！连极端的激进派也对共产党人的这种可耻的意图表示愤慨。
>
> 现代的、资产阶级的家庭是建立在什么基础上的呢？是建立在资本上面，建立在私人发财上面的。这种家庭只是在资产阶级那里才以充分发展的形式存在着，而无产者的被迫独居和公开的卖淫则是它的补充。

资产者的家庭自然会随着它的这种补充的消失而消失，两者都要随着资本的消失而消失。③

马克思与恩格斯指出，在他们进行写作的同时，资本主义社会也正在发生变化。这一时期，资产阶级家庭从封建时代沿袭而来的因素正逐渐消失。其中最典型的是，男性家长不再通过家庭经济关系实现对全部家庭成员的控制。在资本主义社会出现以前，男性家长单独掌握整个家庭的生产，因而能够有效控制家庭生活的方方面面。资本主义的出现打破了生产仅在家庭内部的限制，为

---

① Marx and Engels 1996, p. 4.
② 将 Aufhebung 这个德语词汇翻译成英语十分困难，因为这个词没有常用的英语对应词，该词语通常被翻译为"废除（abolition）"（Marx and Engels 1975 - 2004c, p. 501）、"转换（transformation）"（Carver 译，Marx and Engels 1996, p. 16）和麦克法兰（Macfarlane）早期所译的译为"毁灭家庭关系"（Black 2004, p. 155），这些只隐含之前的章节讨论过的清除和保存的意义的一部分。在上面的段落中，马克思似乎提出了两方面的运动，在这场运动中，家庭的压迫性方面被消除，而积极的方面融入了一种新型的家庭结构。
③ Marx and Engels 1996, p. 16.

削弱男性在家庭中控制妇女和儿童的权力提供了潜在可能性。

马克思和恩格斯进一步指出资产阶级理想化的家庭关系和他们的物质现实之间的张力。资产阶级家庭的物质基础来源于个人利益，甚至对无产者来说也是如此，因此凡有工作能力的人都必须这样做（寻求个人利益），才能供养家庭："无产者的一切家庭联系越是由于大工业的发展而被破坏，他们的子女越是由于这种发展而被变成单纯的商品和劳动工具，资产阶级关于家庭和教育、关于父母和子女的亲密关系的空话就越是令人作呕。"[1] 虽然马克思和恩格斯认为资产阶级家庭将随着资本主义生产方式的解体而解体，但他们并没有描述资产阶级消亡的场景，也没有描述解体的过程将如何发生。

与马克思在《1844年经济学哲学手稿》中所做的对共产主义的庸俗理解（将共产主义狭隘地理解为剥夺私有财产）的批判类似，马克思同样批判了资产阶级为指控共产党人而引入的"共妻"概念：

> 但是，你们共产党人是要实行公妻制的啊。整个资产阶级异口同声地向我们这样叫喊。
>
> 资产者是把自己的妻子看做单纯的生产工具的。他们听说生产工具将要公共使用，自然就不能不想到妇女也会遭到同样的命运。
>
> 他们想也没有想到，问题正在于使妇女不再处于单纯生产工具的地位。[2]

马克思和恩格斯指出，资产阶级男性只是将女性视为商品，因此才将女性曲解为共产主义之下一切男性的资产。资产阶级生产关系改变了一切，甚至将劳动力变为一种可出售的商品。而社会主义革命的目标是废除对（男性）工人的剥削和异化，对女性同样如此。马克思和恩格斯所呼吁的那种彻底的社会革命将提高一切社会成员的地位。

此外，马克思和恩格斯进一步讨论了恩格斯曾提到过的资产阶级出现"共

---

[1] Marx and Engels 1996, p. 17.
[2] Marx and Engels 1996, p. 17.

妻"的现象。恩格斯曾在《共产主义原理》中指出，理解私有财产概念是理解资产阶级"共妻"现象的关键，马克思和恩格斯在《宣言》中做了更详细的论述：

> 资产阶级的婚姻实际上是公妻制。人们至多只能责备共产党人，说他们想用正式的、公开的公妻制来代替伪善地掩蔽着的公妻制。其实，不言而喻，随着现在的生产关系的消灭，从这种关系中产生的公妻制，即正式的和非正式的卖淫，也就消失了。①

这里，马克思和恩格斯指出，改变"现在的生产关系"是终结"正式和非正式的卖淫"的原因。这与恩格斯早期"认为废除私有财产将终结卖淫"的观点截然不同。"生产关系"不单指私有财产，生产关系由一切社会关系构成，包括妇女所获的低薪和家庭存在的方式。

但马克思和恩格斯的观点绝非经济决定论，马克思认为生产方式十分重要，能够影响其他社会关系，但并不对其他社会关系起决定性作用。马克思重点研究了经济关系，但他指出经济关系与其他社会关系能够相互影响，却不具有因果关联。②

《资本论》中的自然与社会

如前章所述，马克思关于自然与社会关系的理论比大多数学者的理论要复杂得多。在《1844 年经济学哲学手稿》中，马克思提出了一种人性观：人与自然之间存在辩证联系，人类不能无休止地扩张直至完全支配自然。尽管《1844年经济学哲学手稿》对人与自然之间的相互关系做了清晰表述，但在马克思其他作品中，对这一观点的表述却蕴含着更深刻的内容。在《资本论》中尤其明显，有学者认为，马克思对于这一问题的看法偏向于让人类实现对自然和必然

---

① Marx and Engels 1996, p. 17.
② Ollman 2003, pp. 120 - 1.

性的超越。

持有上述观点的两位最重要的学者是阿尔弗雷德·施密特（Alfred schmidt）和克里斯汀·迪·斯蒂法诺（Christine Di Stefano）。[①] 施密特认为，尽管马克思早期的著作侧重对自然理想主义的"复兴"，但他在后期著作中却不再坚持这个观点：

> 在晚年他（马克思）不再描写自然的"复兴"，转向描写新社会造福人类，而这毋庸置疑以牺牲外部自然作为代价。强大的技术、缩短的劳动时间、减少的劳动力投入都帮助人们更好控制自然，自然是一切可想象的商品消费的物质基础，是为所有人服务的。[②]

施密特认为马克思回到了人与自然之间二元论的观点，人类可以运用技术手段，在一定程度上支配自然。这迫使自然服务于一切人类的需求，使自然难以重申自己的权威："对自然的探索在未来也不会止息，但人类对自然的侵占将被合理化，未来的后果往往是可控的。自然将被一步一步剥夺，以至于不能完成向人类胜利的复仇。"[③]

> 马克思的观点更具批判性和辩证性：必然王国不是简单地被自由王国取代，必然王国是无法消失的内在因素。正如一个更加理性的经济组织当然可以缩短再生产所需的必要劳动时间，却不能完全取消劳动。这反映了马克思辩证唯物主义的二元论观点，在非超越性中实现超越。马克思在必然性的基础上理顺了自由与必然性的关系。[④]

为了生存，人类必须始终与自然保持交换关系。科学与技术的进步让交换变得容易。因此，满足最基本的生活需求所耗费的劳动时间减少了，人们有了

---

① 参见 Schmidt 1971, Di Stefano 1991b。
② Schmidt 1971, p. 155.
③ Schmidt 1971, pp. 155 – 6.
④ Schmidt 1971, pp. 135 – 6.

更多空余时间去从事与再生产不直接相关的活动。因此，必然性往往是被扬弃，而并非被超越。

尽管施密特出色地论述了人与自然关系正如劳动一般不能被超越，他关于后资本主义社会中社会与自然关系的理论仍然存在缺陷。马克思对于自然与社会的区分是不够清晰的，施密特对此表述道：我将论证这样的区分没有出现在《资本论》中。

迪·斯蒂法诺提出了同施密特类似的观点[①]，但她用更具批判性的目光看待马克思超越自然与必然的尝试。当她描述马克思对于后资本主义社会的观点时，她写道：

> 显然，这个世界已经远离了"超越"迄今为止重要的辩证要素。这是一个人性凌驾于自然之上的世界，一个无产阶级代表着人性的世界。最后，大多数劳动者的具体形象开始与他们先前（资本主义社会中）处于商品形态中受压迫的行为相类似。也就是说，"他"必须否认自己的需求：女性生育及其隐含的亲属、自然和必然性。[②]

因此，迪·斯蒂法诺认为，马克思提出一种抽象的人性观——男性无产阶级——置于其理论中心。在这篇文章中，无产阶级将创造一个自然被人类征服，而每个人都能从中受益的社会。然而，这是一种错误观点，因为它排除了女性的生育、自然和必要性。这一论点，即马克思关于人类、劳动和自然之间关系的观点，将在下一节中讨论。

自然与劳动过程

如前文所述，马克思的劳动观念涉及人与自然的辩证关系。当人类利用并按需改造自然时，这一过程并不必须是支配性的。

> 劳动者利用物的机械的、物理的和化学的属性，以便把这些物当作发

---

① Di Stefano 1991b.
② Di Stefano 1991b, p. 119.

挥力量的手段，依照自己的目的作用于其他的物。……这样，自然物本身就成为他的活动的器官，他把这种器官加到他身体的器官上，不顾圣经的训诫，延长了他的自然的肢体。土地是他的原始的食物仓，也是他的原始的劳动资料库。①

这段《资本论》的内容与《1844 年经济学哲学手稿》惊人地相似，其中马克思认为自然可以是"人体的无机物"。② 在劳动的过程中，至少在其未被异化的非资本主义形式中，存在着人类与自然的统一。自然与人类之间没有不可逾越的鸿沟。

在人类与自然的关系中还涉及一个重要的社会因素：

> 在采掘工业中，劳动对象是天然存在的，例如采矿业、狩猎业、捕鱼业等等中的情况就是这样（在农业中，只是在最初开垦处女地时才是这样）：除采掘工业以外，一切产业部门所处理的对象都是原料，即已被劳动滤过的劳动对象，本身已经是劳动产品。例如，农业中的种子就是这样。动物和植物通常被看作自然的产物，实际上它们不仅可能是上年度劳动的产品，而且它们现在的形式也是经过许多世代、在人的控制下、借助人的劳动不断发生变化的产物。尤其是说到劳动资料，那末就是最肤浅的眼光也会发现，它们的绝大多数都有过去劳动的痕迹。③

在这里，马克思提出，把自然与社会分离本身就是一个错误的抽象概念。甚至农业育种以及驯养动物也不能完全被视作自然产物；相反，它们是经过社会改造的自然要素。先前积累的劳动与知识对农业生产是必要的，如果仅把自然视为隔阂在人类社会之外，那么这一事实就被掩盖了。

这一理论似乎引发了对自然/文化二元论概念的疑问。如果二者具有辩证关系，且在实践中不可分离，那么这样的理论就有可能超越思维二元论。此外，

---

① Marx 1976, p. 285.
② Marx 2004, p. 83.
③ Marx 1976, pp. 287 - 8.

马克思没有直接对男女二元论进行批判，但同样的逻辑也可以应用于这一问题。

必然与自由

尽管马克思很少对社会主义进行具体描述，但在《资本论》第三卷中有一重要片段，这一段落论述了社会主义社会自然与必然性之间的关系：

> 也就是说，社会的现实财富和社会再生产过程不断扩大的可能性，并不是取决于剩余劳动时间的长短，而是取决于剩余劳动的生产率和这种剩余劳动借以完成的优劣程度不等的生产条件。事实上，自由王国只是在由必需和外在目的规定要做的劳动终止的地方才开始；因而按照事物的本性来说，它存在于真正物质生产领域的彼岸。象野蛮人为了满足自己的需要，为了维持和再生产自己的生命，必须与自然进行斗争一样，文明人也必须这样做；而且在一切社会形态中，在一切可能的生产方式中，他都必须这样做。这个自然必然性的王国会随着人的发展而扩大，因为需要会扩大；但是，满足这种需要的生产力同时也会扩大。这个领域内的自由只能是：社会化的人，联合起来的生产者，将合理地调节他们和自然之间的物质变换，把它置于他们的共同控制之下，而不让它作为盲目的力量来统治自己；靠消耗最小的力量，在最无愧于和最适合于他们的人类本性的条件下来进行这种物质变换。但是不管怎样，这个领域始终是一个必然王国。在这个必然王国的彼岸，作为目的本身的人类能力的发展，真正的自由王国，就开始了。但是，这个自由王国只有建立在必然王国的基础上，才能繁荣起来。工作日的缩短是根本条件。①

马克思在这段话中指出自由与必然关系具有辩证本质。与迪·斯蒂法诺理解的观点相反，马克思并没有试图超越自然与必然，以便达到几乎完全自由的境界。② 相反，他认为在人类与自然的辩证关系中，自由和必然性是不可或缺的。马克思指出，自由王国"在于它的本质超出了物质生产本身的范围"，这并

---

① Marx 1991, pp. 958 - 9.
② Di Stefano 1991b, p. 124.

不是说自由和必然性相互对立，相反，必然是始终存在的。

在社会主义条件下，为了生产而生产将不再是社会的驱动力。相反，社会的目标是将"发展人类力量作为自身的目标"。因此，每个人通过劳动实现其个性、潜质与本能才是首要的。

然而，人类力量的发展并不意味着对自然的超越。劳动将永远存在，因为人类为了生存，就必须与自然进行交换："劳动过程，就我们在上面把它描述为它的简单的抽象的要素来说，是制造使用价值的有目的的活动，是为了人类的需要而占有自然物，是人和自然之间的物质变换的一般条件，是人类生活的永恒的自然条件，因此，它不以人类生活的任何形式为转移，倒不如说，它是人类生活的一切社会形式所共有的。"①（208）

施密特也说："他（马克思）并非意图将人类劳动的最终目标规定在发展人类力量，而超越了实际劳动。在劳动不被异化的条件下，人们将成功回归自我并消除与自身本质力量的隔阂，从而借助这一本质力量使自己在外部世界获得自由。"② 在马克思看来，任何一种形式的劳动，假设其发生在非异化条件下，都会导致与自然的认同。因此，对自然与必然性的超越，在马克思这里似乎不是必要的。相反，人类对于自然的思考与互动方式需要改变。在马克思的辩证法框架内，同一性和差异性可以共存，并非一方支配另一方。从理论上讲，这一思想可用于阐释马克思在《1844年经济学哲学手稿》中论述的男女二元论问题，即使他从未完全阐明这一立场。

《资本论》第一卷——政治经济学

劳动和商品的二重性

马克思在《资本论》中已展开了对商品及其二重性的论述。商品包含两种价值形式：使用价值和交换价值。商品的使用价值是一种定性的衡量，"使用价

---

① Marx 1976, p. 290.
② Schmidt 1971, p. 143.

值只是在使用或消费中得到实现。"① 商品的交换价值是使用价值的抽象形式，是一种定量的衡量，交换价值被用来比较交换相等的使用价值。② 此外，由于交换价值只是一种抽象概念，只能作为"可以与它相区别的某种内容的表现方式、'外观形式'"③，因此，交换价值不是商品的内在属性，而是在特定的社会环境下由社会结构所构建的事实。

马克思认为商品的二重性是由劳动二因素所决定的：

> 如果劳动自身不具备二重性，那么商品是不可能具备二重性的。正是由于劳动的矛盾性，商品中才包含了资本主义的所有矛盾。劳动二重性是理解一切的枢纽。④

因此，劳动本身也具有二重性：具体劳动和抽象劳动。具体劳动是生产使用价值的劳动；抽象劳动是劳动的一部分，它更普遍。抽象劳动是对完成一项任务所需平均时间的定量测量。⑤ 此外，资本主义中存在特定的概念："劳动产品的价值形式是资产阶级生产方式的最抽象的、但也是最一般的形式，这就使资产阶级生产方式成为一种特殊的社会生产关系类型，因而同时具有历史的特征。因此，如果把资产阶级生产方式误认为是社会生产的永恒的自然形式，那就必然会忽视价值形式的特殊性，从而忽视商品形式及其进一步发展——货币形式、资本形式等等的特殊性。"⑥

女性主义者对马克思关于生产和再生产的批判

许多女性主义理论家批评马克思和马克思主义，认为马克思和马克思主义关注的重点在于生产，而忽略了被认为是女性传统任务的消费与再生产。贾加尔（Jaggar）和哈特曼（Hartmann）以及其他女性主义学者都认为，对于生产

---

① Marx 1976, p. 126.
② Marx 1976, p. 126.
③ Marx 1976, p. 127.
④ Dunayevskaya 2000, p. 85.
⑤ Marx 1976, p. 137.
⑥ Marx 1976, p. 174.

和消费的划分，往往反映了传统意义上男性和女性工作的差别——有些人认为，马克思没有考虑到这一点，因为马克思的理论是不区分性别的。① 而贾加尔认为，马克思主义理论将生产与消费分离到这样的程度：不仅让妇女的家务劳动（即非生育部分）与市场隔绝，甚至隔绝在生产之外。②

贾加尔认为生产不应当与消费分离，并且生产的地位在消费和再生产之上："尽管生产与消费之间能够相互作用，但生产最终决定了消费。"③ 因此，应更密切地关注生产及其对消费的影响，而不是像马克思的解读那样集中考察两者之间的相互作用。贾加尔认为，这会掩盖马克思主义理解女性压迫所必需的概念资源，事实上，它（生产与消费相分离）掩盖了压迫，并有助于压迫继续存在。④

尼克尔森（Nicholson）持有与贾加尔相似的观点。她还总结，马克思的理论主要集中在一个非常狭窄的生产层面：实际上，马克思已经从他的理论中消除了许多活动，这些活动都与资本主义"经济"之外人的生存相关。马克思消除的活动不仅包括女性主义者定义的"生育"（育儿、护理），还包括与社会组织相关的活动等，诸如调节亲属关系，或者现代社会归为"政治"的活动。⑤ 根据尼克尔森的观点，马克思将生产假定为资本主义背景下理解社会关系的最主要因素，因此忽略了其他类别的因素，如血缘与政治。

尼克尔森认为，经济只有在资本主义制度下才成为首要问题。因此，马克思错误地评估了资本主义的影响而没有区分它们：尽管在所有社会中，都具有负责生产食物以及生活用品的组织，也有繁衍以及看护儿童的组织，但只有在资本主义社会中，前者的活动才与后者具有"经济"概念上的不同，前者具有优先权。因此，马克思在跨文化理念中运用了更具体的"经济"概念，马克思将资本主义社会"经济"的分离及其首要地位投射到一切人类社会。⑥ 然而，

---

① 参见 Jaggar 1983, Hartmann 1997。
② Jaggar 1983, p. 75.
③ Jaggar 1983, p. 74.
④ Jaggar 1983, p. 74.
⑤ Nicholson 1987, p. 18.
⑥ Nicholson 1987, p. 19.

我将在下文谈到，马克思关于生产、再生产、消费、生产性劳动和非生产性劳动的观点，已超越了古典经济学家所认为的纯粹经济范畴，马克思批判了古典经济学的片面性以及非历史性。

迪·斯蒂法诺认为马克思的观点没有"承认现代劳动母亲的形象、母亲的生殖劳动和劳工在历史的和社会层面的重要性"[①]。马克思和马克思主义者主要强调一种非常狭隘的"生产性"劳动，只涉及典型的男性劳动，或者说至少忽视了女性的特殊劳动。[②]

一些女性主义者在运用马克思政治经济学理论的同时，以女性主义的洞察力阐释传统女性劳动者的问题，包括两个重要的研究议题——对家庭劳动的争议以及对生育的讨论。

第一个议题产生于 1969 年，玛格丽特·本斯顿的文章《女性解放的政治经济学》引发了对于家庭劳动的争论。在这篇开创性的文章中，本斯顿认为，女性在很大程度上应被视作一个独立的工人阶级，因为她们的工作内容往往与男性的工作内容千差万别。妇女在家庭中的工作是具有前资本主义性质的，至少它只产生使用价值而不产生交换价值。[③] 家庭劳动和儿童保育是社会必需的劳动形式，但由于这些劳动形式不是以商品生产为基础的，在资本主义社会中被视为几乎不具有价值。[④] 实际上，这项工作在社会中十分重要，而只在资本主义的概念下才失去价值，因此本斯顿认为有必要把妇女的工作纳入公共领域，这样妇女劳动就会像公共领域的其他劳动一样受到重视。[⑤] 她认为，"当这类工作转移到公共部门时，歧视女性的物质基础就会消失"[⑥]。

后来，玛丽亚罗萨·达拉·科斯塔和塞尔玛·詹姆斯进一步论证了这一观

---

① Di stefano 1991b, pp. 122 - 3.
② Di stefano 1991b, p. 123.
③ Benston 1969, p. 15.
④ Benston 1969, p. 15.
⑤ Benston 1969, p. 21.
⑥ Benston 1969, p. 22.

点，声称"家庭劳动不仅创造了使用价值，而且对剩余价值的产生也至关重要"①。女性劳动将男性从家庭责任中解放出来，使他们能够专注于公共领域的工作，为资本家的利益服务。② 在资本主义条件下这种状况表现得更为明显，因为"她们在没有工资、不参与罢工的情况下，从事着家务劳动，同样，家庭也接纳了那些因为周期性经济危机而失业的男性。家庭，如母亲的摇篮，随时准备提供帮助与保护，最大限度地保障了失业者不会立刻成为流落在外的破坏性因素"③。因此，女性的工作使资本主义制度得以顺利地进行下去，因为它减少了反抗和劳资纠纷。

沃莉·塞科姆对"资本主义制度下的家庭劳动是生产性的"这一观点提出了批评，认为家庭劳动不产生剩余价值，因为它不参与市场交换，然而，不可否认它产生了某种形式的价值，因为劳动力本身具有价值。因此，家庭劳动有着自身独特的矛盾之处，即无资本主义意义上的价值，但提供着社会中的使用价值。④

第二个议题在20世纪60年代末到80年代由许多马克思女性主义者提出，这一议题关注私人生育问题。莉丝·沃格尔对早期的双系统理论的经济焦点感到不满，她试图寻求一种不再将家庭劳动单独划分进私人生产领域的理论。她认为，这种单独划分可以追溯到恩格斯《家庭、私有制及国家的起源》一书中："根据唯物主义观点，历史中的决定性因素，归根结底是直接生活的生产和再生产。但是，生产本身又有两种。一方面是生活资料……另一方面是人自身的生产。"⑤ 因此，对于恩格斯以及后来的许多马克思主义者而言，存在两个不同的领域：公共的生产领域，以及人自身的生产。在这一理论模型中，这两个领域显然互相影响，但它们在分析上略有不同。

---

① Dalla Costa and James 1971, p. 16. 这一工作和类似的运动最终发展成声讨家务工资的运动，特别是在意大利和其他欧洲国家。
② Dalla Costa and James 1971, p. 17.
③ Dalla Costa and James 1971, p. 18.
④ Seccombe 1974, p. 12.
⑤ 引自 Vogel 1983, p. 31。

为了证实一种理论能够更好地说明这两个领域间的关系，沃格尔提出了她的"社会再生产"概念，这一概念源于马克思、列宁和克拉拉·蔡特金（Clara Zetkin）。这一理论认为，女性在生育和抚养孩子的过程中扮演着独特的角色，因此在再生产方面与男性地位有所不同。女性的社会角色固然受到生物学条件限制，但同样也受到阶级社会现有矛盾的制约：当下受剥削的劳动者与下一代劳动力之间的矛盾。由于女性承担着生育，她们往往在工作中效率较低，并因此时常局限于家庭领域内。① 因此，沃格尔拓宽了人们对于社会再生产的政治经济学理解。

尽管迪·斯蒂法诺、马克思女性主义者和另外一些学者都指出，马克思尤其是其他马克思主义者，未能对传统女性劳动进行过系统的探讨，而现在是时候重新讨论女性劳动和其他有关马克思主义和女性主义的议题了，我却认为，这些学者忽略了马克思对于生产性劳动定义的细微之处。一些学者，如查托帕迪亚（Chattopadhyay），通过精细分析马克思关于再生产的论述，为我这种设想②提供了基础。马克思关于传统女性劳动的理论，主要围绕两个方面展开，一方面是马克思如何界定生产与再生产的领域，另一方面涉及马克思对"生产性劳动"这一术语的使用。在下面几节内容中，我将就这两个方面展开论述。尽管马克思关于性别的理论与关于资本主义的理论是同样重要的，但在性别方面的深入研究还有所欠缺——马克思并未直接论及女性的家庭劳动——马克思理论的最终导向是系统地批判父权制，因为父权制总是清晰地呈现在资本主义社会中。从这个意义来说，马克思的研究可以作为女性主义理论的来源，至少，在马克思对于资本主义的批判再次从众多理论中脱颖而出时，为女性主义提供了新的讨论空间。

资本主义的生产、消费和再生产

在我看来，马克思对资本主义社会的"生产性劳动"的批判以及他关于资本主义再生产和消费的理论尽管不完善，但可为理解父权制的资本主义本质提

① Vogel 1983.
② Chattopadhyay 1999.

供一个研究的出发点。我们可以在《资本论》中找到这些线索。在"简单再生产"的章节，以及早期《资本论》手稿的一些资料中，马克思开始批判古典政治经济学家对资本主义生产的歪曲理解，包括批判古典政治经济学对生产和消费之间关系的理解。

马克思认为古典政治经济学家看待生产和消费的方式是扭曲、片面的。古典政治经济学认为生产和消费之间的关系在很大程度上是相互排斥的。商品不仅被用作生产消费，也被用作非生产消费："因此，资本家及其思想家即政治经济学家认为，只有使工人阶级永久化所必需的，也就是为了使资本能消费劳动力所实际必要的那部分工人个人消费，才是生产消费。除此以外，工人为了自己享受而消费的一切都是非生产消费。"① 消费只在这样的程度上才重要：将工人阶级的消费水平保持在刚好能够维持生存，以便于最大程度上产生剩余价值。

此外，马克思还阐明：生产和消费过程的分裂蕴含着对工人的异化本质：

> 可见，工人的生产消费和个人消费是完全不同的。在前一种情况下，工人起资本动力的作用，属于资本家；在后一种情况下，他属于自己，在生产过程以外执行生活职能。前者的结果是资本家的生存，后者的结果是工人自己的生存。②

在这里，马克思意图说明，在资本主义中公共/私人的区分是如何出现的。为获得剩余价值进行的商品生产被认为完全与维持工人健康所必需的消费分离。而实际上消费是生产不可分割的一部分，尽管资本主义社会关系往往会掩盖这一点：

> 这种消费是资本家最不可少的生产资料即工人本身的生产和再生产。可见，工人的个人消费，不论在工场、工厂等以内或以外，在劳动过程以内或以外进行，都是资本生产和再生产的一个要素，正象擦洗机器，不论

---

① Marx 1976, p. 718.
② Marx 1976, p. 717.

在劳动过程中或劳动过程的一定间歇进行，总是生产和再生产的一个要素一样。虽然工人实现自己的个人消费是为自己而不是为资本家，但事情并不因此有任何变化。……工人阶级的不断维持和再生产始终是资本再生产的条件。资本家可以放心地让工人维持自己和繁殖后代的本能去实现这个条件。他所操心的只是把工人的个人消费尽量限制在必要的范围之内。①

虽然马克思认为"资本家可以放心地让工人维持自己和繁殖后代的本能去实现这个条件（日常的再生产）"，但我们不能像本斯顿那样，认为"再生产仅仅是生理反射和经济结果"②，相反，马克思在这里描述的是资本家的观点，即他们认为只有生产（包括工人的劳动能力）是重要的。对于资本家来说，生产似乎是自发的进程，这是因为他们只看到生产，却把消费置于生产之外。

这一观点显然是片面的，因为生产的过程显然包含其他社会因素：

> 如果说人以其需要的无限性和广泛性区别于其他一切动物，那么另一方面就可以说，没有任何一种动物能够把自己的需要缩小到这样不可想象的程度和把自己的生活条件限制到这样的最低限度，一言以蔽之，没有任何一种动物具有象爱尔兰人那样生活的本领。③

这种将工人消费降到"绝对最低"的"才能"，是劳动力对资本家如此有价值的一部分原因。但是，一旦劳动力成本低于维持工人阶级必须的消费水平时，就会产生严重的矛盾。因为这个原因，资本家降低购买劳动力成本的动力遭到了天然阻碍，他们必须寻找到一种提升劳动力价值的办法。

正如马克思在早期作品中所表现的那样，他强调了这种"自然的"最小值的重要性，不仅仅是生物意义上的最小值，还有许多其他因素，这些因素基于不同的社会问题，以及社会已经达到的发展水平：

---

① Marx 1976, p. 718.
② Benenson 1984, p. 14.
③ Marx 1976, p. 1068.

如果价格得到支付的生活资料是一定的社会状态下通常所必要的生活资料，从而使工人能以必要程度的力量、健康、生命力运用自己的劳动能力和通过接班人使自己永远存在下去，那么也就支付了劳动能力的交换价值。①

与古典政治经济学家不同，马克思的批判集中于生产领域，认为生产和再生产是辩证相关的。马克思把资本主义生产过程联系起来考察，或作为再生产过程来考察，它不仅生产商品和剩余价值，而且生产和再生产资本关系本身：一方面是资本家，另一方面是雇佣工人。② 当再生产被视为"完整的、连接的过程"时，它所涵盖的范围就不仅是人的再生产。相反，在资本主义制度下，再生产也涉及社会层面，即不断"再生产资本关系本身"——工人和资本家。因此，生产和再生产并非相互对立，相反，资本主义生产所必需的一切要素，包括养育子女，都存在辩证关系。

马克思在下文中继续了对资本主义再生产过程的论述，指出再生产过程不仅局限在工厂与生产本身，也对私人领域具有影响：

积累过程本身是资本主义生产过程的一个内在要素。积累过程包含着重新创造出雇佣工人，包含着实现和增大现有资本的手段，这或者是使从前尚未被资本主义生产所支配的那一部分人口，如妇女和儿童，从属于资本，或者是使由于人口自然增长而增多的大量工人从属于资本。更进一步的考察会得出，资本会根据自己的剥削需要来调节劳动力本身的生产，即受资本剥削的人群的生产。③

在这里，马克思指出，不管是物质层面还是社会关系层面的再生产，都是资本积累过程的必要特征。资本逐渐成为规范所有活动的主题，并开始主导包括妇女和儿童在内的新群体。一切都遵循"资本会根据自己的剥削需要"，而非

---

① Marx 1976, p. 1067.
② Marx 1976, p. 724.
③ Marx 1976, p. 1061.

社会的真正需求。

在这些段落中，马克思首要指出的是资本主义社会制度的再生产，而不是人类关系的再生产。马克思本人可能对这些私人领域的关系问题并不怎样感兴趣，然而，他确实提供了一种分析工具，帮助人们理解这两种不同形式的再生产是如何相互作用的。至少马克思指出，人类不会仅仅像生物学意义上的动物那样进行繁殖。相反，人们在非常具体的条件下生育，即基于特定社会中的一些物质关系。在我们的社会中，儿童在资本主义背景下出生、成长并接受教育，一旦他们进入劳动力市场，就会被要求以规定的方式行事。因此，马克思的确没有专门讨论人类的生育问题，但他关于社会再生产的观点，要求人们去理解公共与私人领域的社会关系及其相互作用，这样才能充分理解资本之主义体系的真实功能。一旦抛开资本主义生产方式，没有人能够真正理解涉及人类繁衍的家庭中的社会关系。

尽管马克思清晰地看到生产是决定家庭结构和社会整体结构的首要因素，但在这里他只讨论资本主义生产方式，在这种生产方式中，资本主义社会把它对社会关系的控制极大程度上出让给了市场。然而，这只是一种表面现象："生产具有资本主义的形式，再生产也就具有同样的形式。在资本主义生产方式下，劳动过程只表现为价值增殖过程的手段，同样，再生产也只表现为把预付价值作为资本即作为自行增殖的价值来再生产的手段。"① 在这里，马克思运用辩证方法解释这一表象，认为表象只是整体的一部分。因此，如今社会出现的生产方式并不是唯一可能的生产组织方式。在资本主义条件下，劳动过程似乎只表现为"价值增殖过程的手段"，可事实上这一过程所包含的比它所表现出的更多。正如资本主义不仅再生产它自身，也再生产包括家庭在内一切领域的生产关系，并且不断发展到超越这种形式。② 在这一点上，他（马克思）在讨论时没有涉及家庭，但我们将在后续章节看到，马克思也将这种逻辑应用到家庭形式中，认为现代西方家庭模式不可能是家庭模式的最终形式。

---

① Marx 1976, p. 711.
② Marx 1976, p. 621.

　　马克思有关再生产的概念比后续许多学者的注解要复杂得多。但是马克思在一定程度上的确忽略了分娩和围绕分娩开展的一些社会活动。马克思最大的兴趣在于理解并改造他所生活的社会中特定资本主义的社会制度。经过细致而系统的分析，马克思指出生产是社会生活一切领域的决定性因素，在资本主义社会制度下尤其如此，涉及商品的拜物关系往往统治着真实个体之间的关系。

　　因为这一原因，马克思将公共领域的生产视为必须首要关注的焦点，自然也包括私人领域那些直接与生产相关的方面。这并不意味着马克思完全忽略私人领域，将其归为非历史的"自然"领域。相反，他认为私人领域只能参照生产来理解。此外，如果这两个领域确实在很大程度上存在着相互作用，那么生产自身也要参照私人领域来理解：只有理解了人类生育的具体关系，生产才能被真正理解。这确实是从马克思理论中推导出来的一部分，但是为了与马克思思想的整体倾向相吻合：生产关系较之其他关系需要优先分析，然而，为了理解资本主义或其他生产方式，这些关系必须被理解为一个辩证相关的整体。马克思对于人类繁殖缺乏兴趣，但这不应该成为我们在他的理论框架中发掘这一议题的阻碍。

　　马克思关注到了资本通过劳动力的社会化来对自身进行再生产的特殊方式。他认为，理解任何社会现象，都要将其置于特定的生产方式和相应的社会制度下。因此，对马克思来说，有关再生产的社会因素，不仅包括物种的再生产，而且必须包含一个结合了商品与人的生产及再生产的整体系统。它们是一个辩证综合的整体（其中再生产与生产就存在辩证关系），因此，这避免了许多由双系统思维模型产生的问题，避免了将生产和再生产作为独立现象进行分析。把社会再生产和人的再生产结合起来，自然可以得出它们存在潜在相互作用的抽象结论，然而，我这里的论述只是提供了一种方法论。在关于性别与家庭的经验研究中，重点关注这两个领域的动态相互作用十分有效。资本主义关系和家庭、两性关系不是完全独立的，而是以复杂的方式相互作用。积极寻求这种互动的表现形式，而不特别关注某一"范畴"，我们就能够深入理解资本主义、性别关系以及它们之间的互动。

生产性和非生产性劳动

查托帕迪亚写道：虽然马克思定义了特定生产方式之外的生产性劳动概念①，但这并不是他（马克思）最经常讨论的生产性劳动类型。他补充说，至少我们应该更仔细地考虑到这样一个事实，即马克思强调的是资本主义生产性劳动的具体形式："由于资本主义生产的直接目的和真实的产品是剩余价值，劳动只是生产，劳动力的代表人物只是产业工人，如果它或者他直接创造了剩余价值，即唯一的生产性劳动力是在生产过程中直接消耗资本。"② 马克思在这里指出了资本主义生产的劳动力的主要特征，即它必须为资本家创造剩余价值。

正如马克思反复论证的那样，对于资本家来说，劳动的实际内容和工人的内在价值并不重要：

> 弥尔顿创造了《失乐园》，正如蚕创造了丝绸一样，是他自身本性的激活。但作为莱比锡的无产阶级文学，他在出版商的授意下创作了《政治经济学简编》等书籍，他可以说是一名产业工人，因为他的作品被资本服务，所以他的创作只是为了增加资本。唱歌像鸟一样的歌手是一个没有生产力的工作者。如果她为了钱而卖歌，那么她就是一个工薪族或商人。但是，如果同一个歌手被一个让她唱歌赚钱的企业家雇用，那么她就会成为一个多产的工作者，因为她直接产生资本。指导他人的教师不是一个产业工人。但是，一个教师如果和其他人一起在一个机构里为工资而工作，用他自己的劳动来吸引拥有这个知识传播机构的企业家的钱，那么他就是一个产业工人。③

在这里，马克思指出了资本主义明显不协调的本质，即生产性劳动的定义仅仅是片面地建立在它能给资本主义者带来物质利益的基础上，而与工作的实际质量和内容无关。能够产生使用价值的具体劳动被抽象化为常规劳动，资本

---

① Chattopadhyay 1999, p. 71.
② Marx 1976, p. 1038.
③ Marx 1976, p. 1044.

主义只与抽象的价值相关："显而易见，劳动的目的是生产，工人工作的具体内容与人们需求的质量是毫不相干的，劳动的特定效用和使用价值被物化了。"① 因此，资本主义对剩余价值的追求很可能与社会的真正需求背道而驰。

此外，在《资本论》的段落中，马克思似乎暗示了妇女的劳动只有从利益角度来看才是非生产性的。在讨论机器如何导致越来越多的工人成为"非生产性"劳动者时，马克思指出："使工人阶级中越来越大的部分有可能被用于非生产劳动，特别是使旧式家庭奴隶在'仆役阶级'（如仆人、使女、侍从等等）的名称下越来越大规模地被再生产出来。"② 为了说明在资本主义背景下只有极少数人参与了生产性活动，马克思从英国的总人口中，扣除了银行家、地主、罪犯、移民、政府工作人员、牧师、律师、士兵、那些因太年迈或年幼而不能参加劳动的人群，以及"所有'非生产性'的女性，年轻人和儿童。"③ 马克思的论述围绕"非生产性"展开，这也解释了为何只有在资本主义观点中女性家庭劳动才没有价值。然而，马克思没有对此展开进一步研究。

罗莎·卢森堡（Rosa Luxemburg）在 1912 年关于妇女选举权和阶级斗争的演讲中清楚地阐述：

处于剥削阶级的妇女在经济和社会意义上并不能算作独立人群。她们唯一的社会功能就是成为统治阶级的繁衍工具。相比之下，无产阶级妇女在经济上是独立的，她们像男性一样在社会中具有生产力。但我不认为抚养孩子或做家务对于男性依靠微薄的工资糊口有切实帮助。无论付出多少牺牲和精力、投入多少努力、产生多少成果，在资本主义看来，妇女抚养孩子、承担家务都是没有生产力的。工人的幸福只属于私人领域，对当今社会发展没有意义。用资本主义和工资制度的规则度量，只有那些产生了剩余价值，为资本主义创造了利润的工作才属于生产性工作。从这个角度看，那个给雇主口袋里赚钱的音乐厅舞者才是一个产业工人，而无产阶级

① Marx 1976, p. 1044.
② Marx 1976, p. 574.
③ Marx 1976, p. 574.

妇女和母亲在家庭中的所有劳动都被认为是没有生产力的。这听起来残酷而疯狂，恰如当今资本主义经济一般残酷而疯狂。[①]

生产模式下被边缘化的必然性

许多女性主义学者认为马克思将生产与再生产分离，将妇女劳动视为非生产性劳动。我对这一观点持有不同看法。尽管马克思没有对压迫妇女问题做出专门的理论研究，但他的辩证生产理论为探索这一问题提供了依据。马克思没有把生产和消费完全分离来看，也没有把消费看作是生产的反映，而认为生产和消费是辩证的整体。此外，马克思尝试把资本主义下的生产性劳动与普遍的生产性劳动区分开来。这为在马克思主义框架内批评资本主义的性别价值结构提供了潜在依据。

《资本论》中的性别和家庭

"工作日"与"机器和大工业"

在《资本论》"工作日"的章节中，马克思不仅记录了工人在资本主义制度下的困境，而且辩证地描述了工人为争取适当劳动时长与资本家的斗争过程。正如杜娜叶夫斯卡娅所指出的，这是理解马克思关于资本主义的整体理论方法以及理解资本主义自身关系非常重要的章节：

> 任何认为马克思花费长达 64 页笔墨来叙述"博取同情的故事"的人，都忽略了这样的事实：如果工人没有为缩短工作日进行斗争，社会本身就会崩溃。"工作日"这一章节为分析人类社会作出了独一无二的贡献。工人争取正常工作时长的一切斗争，都遭到国家权力和资本力量的敌对与压迫。这场"旷日持久的内战"遏制了资本家对人类生命的漠视。仅仅过了三代人的时间，资本主义就牺牲了九代纺织工人。工人们学会了结成同盟，组

---

① Luxemburg 2004, pp. 240 - 1.

织起来反对这种大规模屠杀。[1]

马克思首先讨论了工作时长的灵活性。工人必须拥有休息时间来"满足精神的和社会的需要",这种需要的范围由"一般的文化状况决定"。[2] 尽管工人们更愿意把工作时间尽量缩短,但资本家则试图从他购买的劳动力中尽可能多地榨取剩余价值:

> 作为资本家,他只是人格化的资本。他的灵魂就是资本的灵魂。而资本只有一种生活本能,这就是增殖自身,获取剩余价值,用自己的不变部分即生产资料吮吸尽可能多的剩余劳动。资本是死劳动,它象吸血鬼一样,只有吮吸活劳动才有生命,吮吸的活劳动越多,它的生命就越旺盛。工人劳动的时间就是资本家消费他所购买的劳动力的时间。如果工人利用他的可供支配的时间来为自己做事,那他就是偷窃了资本家。[3]

资本家与工人双方的权利相对抗,其中存在显而易见的利益冲突。资本家声称为工人的劳动支付了一整天的工资,但工人认为自己无法无休止地全天工作,他需要时间休息和从事其他活动。解决这场冲突的方式只能通过工人和资本家之间的阶级斗争:"在平等的权利之间,力量就起决定作用。所以,在资本主义生产的历史上,工作日的正常化过程表现为实现规定工作日时长而进行的斗争,这是全体资本家即资本家阶级和全体工人即工人阶级之间的斗争。"[4] 在这场斗争中,工人们发起了试图通过立法来限制工作日长度的运动:"为了'抵御'折磨他们的毒蛇,工人必须把他们的头聚在一起,作为一个阶级来强行争得一项国家法律,一个强有力的社会屏障,使自己不致再通过自愿与资本缔结的契约而把自己和后代卖出去送死和受奴役。从法律上限制工作日的朴素的大宪章,代替了'不可剥夺的人权'这种冠冕堂皇的条目,这个大宪章'终于明

---

[1] Dunayevskaya 2000, pp. 114 - 5.
[2] Marx 1976, p. 341.
[3] Marx 1976, p. 342.
[4] Marx 1976, p. 344.

确地规定了，工人出卖的时间何时结束，属于工人自己的时间何时开始'。"①

马克思就工业中机器的使用问题进行了类似的讨论。虽然机器确实有减少工人工作量的可能性，但在资本主义制度下情况却并非如此；而且作为资本，自动机在资本家身上获得了意识和意志——就具有一种欲望，力图把有反抗性但又有伸缩性的人的自然界限的反抗压到最低限度。② 这种现象在资本家追逐剩余价值的驱使下和机器的普遍使用下尤为突出。机器本身产生的价值不会超过投入的价值，只有工人才有能力创造剩余价值。因此，

> 利用机器生产剩余价值包含着一个内在的矛盾：在一定量资本所提供的剩余价值的两个因素中，机器要提高一个因素，要提高剩余价值率，就只有减少另一个因素，减少工人人数。一旦机器生产的商品的价值随着机器在一个工业部门普遍应用而成为所有同类商品的起调节作用的社会价值，这种内在的矛盾就会表现出来；但正是这种资本没有意识到的矛盾又重新推动资本拼命延长工作日，以便不仅增加相对剩余劳动，而且增加绝对剩余劳动，来弥补被剥削的工人人数的相对减少。③

资本家面临这样一种情况，他们必须裁员，才能保证机器的使用获得最大收益。机器的引入使得生产同样数量的商品需要的工人数目减少了，但是由于机器本身不产生剩余价值，工人必须比以前工作更长时间、付出更多劳动来弥补这一点：

> 部分地由于使那些被机器排挤的工人失业，制造了过剩的劳动人口，这些人不得不听命于资本强加给他们的规律。由此产生了近代工业史上一种值得注意的现象，即机器消灭了工作日的一切道德界限和自然界限。由此产生了一种经济上的反常现象，即缩短劳动时间的最有力的手段，竟成

---

① Marx 1976, p. 416.
② Marx 1976, pp. 526 - 7.
③ Marx 1976, p. 531.

为把工人及其家属的全部生活时间变成受资本支配的增殖资本价值的劳动时间的最可靠的手段。①

引入机器这一过程吸引了新的工人阶层——主要是妇女和儿童——因为操作机器需要的体力劳动更少。同样，它带来了家庭领域新的矛盾，比如传统家庭结构的转变，我们将在下一节马克思对于妇女与儿童进入工业生产的讨论中看到。

机器对女性的影响

机器的引入对许多社会关系产生了深远的影响，特别是在公共领域，但这种影响也存在于私人领域中。最为突出的影响是将妇女和儿童引入了工业生产：

就机器使肌肉力成为多余的东西来说，机器成了一种使用没有肌肉力或身体发育不成熟而四肢比较灵活的工人的手段。因此，资本主义使用机器的第一个口号是妇女劳动和儿童劳动！这样一来，这种代替劳动和工人的有力手段，就立即变成了这样一种手段，它使工人家庭全体成员不分男女老少都受资本的直接统治，从而使雇佣工人人数增加。为资本家进行的强制劳动，不仅夺去了儿童游戏的时间，而且夺去了家庭本身通常需要的、在家庭范围内从事的自由劳动的时间。②

据马克思的观点，机器的引入创造了这样一种局面，从前因为体力受限不能在工厂中进行工作的人，至少现在也拥有了一定程度的生产力。这使得工业劳动从业者人数激增，并对妇女和儿童的生活产生了重大影响：这两个群体不再局限于家庭领域，开始从事传统意义上属于男性的工作。正如马克思所指出的，这也将对妇女在家庭中的传统角色和关系产生重大影响，因为妇女在工作的同时履行其传统的家庭义务将更加困难。

莱布指出，马克思的这种说法尤其正确："对于劳动阶级的妇女来说，男

---

① Marx 1976, pp. 531 - 2.
② Marx 1976, p. 517.

性/女性（强/弱）之间的对立关系得到了强化，因为女性进入劳动力市场的前提是引进了机器。"① 因为马克思没有否认女性相对于男性的弱势地位。然而对于这一点，我们没有必要完全追随马克思的观点，因为马克思对于女性的假设从生物学方法出发，认为她们生理上较为弱势，但采取一种基于社会的方法可能会对我们的研究有所帮助。

这里的重点不在于探究将女性引入劳动力的具体原因，而在于开始使用机器后产生的变化。究竟是由于引入机器让女性克服了生理上的弱势，还是由于女性进入劳动市场后，女性不能胜任工作的意识形态就被逐步削弱了？马克思认为，女性进入劳动力市场的最大阻碍被克服了，从本质上来讲，女性不再被迫局限于家庭领域。

马克思不仅注意到了妇女和儿童正成为新的劳动力，而且发觉他们受到的待遇也与成年男性工人不同。正是那些处于社会最底层的人，即妇女和儿童，从事着最不理想的工作：

> 伦敦的各家书报印刷厂由于让成年和未成年的工人从事过度劳动而博得了"屠宰场"的美名。在订书业中也存在着这种过度劳动，这里的牺牲品主要是妇女、少女和儿童。在制绳业中，未成年的工人担负着繁重的劳动，在制盐、制蜡烛以及其他化工工场中，他们还得做夜工，在尚未采用机械动力的丝织业中，织机是由少年来推动的，这种活简直能累死人。一种最丢脸、最肮脏、报酬最低、主要是雇用少女和妇女来干的活是清理破布……这些清理破布的女工是传播天花及其他传染病的媒介，而她们自己就是这些疾病的最先的牺牲者。除金属矿和煤矿之外，砖瓦工场可以作为典型的例子，来说明过度劳动、繁重的和不适当的劳动以及那些从幼年起就被使用的工人在这方面所受到的摧残。②

---

① Leeb 2007, p. 848.
② Marx 1976, pp. 592 – 3.

不仅在工厂中，大部分妇女和儿童也在现代工场手工业中劳作。① 这些工场没有完成机械化，为与现代大规模工业化的工厂保持竞争力而毫不节制地剥削工人：

> 现代工场手工业中对廉价劳动力和未成熟劳动力的剥削，比在真正的工厂中还要无耻，因为工厂所拥有的技术基础，即代替肌肉力的机器和轻便的劳动，在现代工场手工业中大多是不存在的；同时，在现代工场手工业中，女工或未成熟工人的身体还被丧尽天良地置于毒物等等的侵害之下。而这种剥削在所谓的家庭劳动中，又比在工场手工业中更加无耻，这是因为：工人的反抗力由于分散而减弱，在真正的雇主和工人之间挤进了一大批贪婪的寄生虫，家庭劳动到处和同一生产部门的机器生产或者至少是同工场手工业生产进行竞争，贫困剥夺了工人必不可少的劳动条件——空间、光线、通风设备等等，职业越来越不稳定，最后，在这些由大工业和大农业所造成的"过剩"人口的最后避难所里，工人之间的竞争必然达到顶点。由于采用机器生产才系统地实现的生产资料的节约，一开始就同时是对劳动力的最无情的浪费和对劳动的正常条件的剥夺，而现在，在一个工业部门中，社会劳动生产力和结合的劳动过程的技术基础越不发达，这种节约就越暴露出它的对抗性的和杀人的一面。②

因此，在许多方面，资本主义能够利用现有社会的不平等之处来加剧榨取一切可能的剩余价值。正如马克思所指出的，当资本主义与其他欠发达的社会和技术体系（如封建手工业生产）混合时，工人被迫开始在现代资本主义条件下工作，成为更廉价的劳动力。由于在这里机器并不产生剩余价值，因此获取最大剩余价值的唯一途径是过度剥削劳动力。

---

① 在这里，马克思指的是小规模手工业，即在小屋或相对较小的村庄里工作。这些手工业通常只雇佣几个工人，并从较大的公司获得供应。在马克思进行写作时，这种制度受到采取劳动分工和使用机械的工厂的竞争，因而正走向衰落。这种小规模的家庭手工业只有最低限度的劳动、资金和技术，只能通过对工人的严酷剥削来竞争。
② Marx 1976, pp. 591 - 2.

除了妇女和儿童所面临的工作的危险性，他们获得的工资也比男性少："同工场手工业时期相反，现在，只要可行，分工的计划总是把基点放在使用妇女劳动、各种年龄的儿童劳动和非熟练工人劳动上，总之，就是放在使用英国人所谓的'廉价劳动'上。"① 但马克思并没有进一步提供详细解释，他只是指出资本主义努力让工人的雇佣成本降低为其最低生存水平，对于妇女尤其如此："在英国，直到现在还有时不用马而用妇女在运河上拉纤等等，因为生产马和机器所需要的劳动是一个数学上的已知量，而维持过剩人口中的妇女所需要的劳动，却是微不足道的。因此，恰恰是英国这个机器国家，比任何地方都更无耻地为了卑鄙的目的而浪费人力。"② 在这里，马克思指出了这样一个事实：资本追求剩余价值的动力是如此之大，以至于它竟会利用人力去完成一项可以由马匹或机器完成的工作。这是另外一个从中可以看出资本主义一味追求利润而不考虑工人利益的实例。

女性和道德

马克思似乎对女性进入劳动力市场持同情态度，在一些文本中，尤其是在脚注里，马克思引用了一些缺乏依据的调查委员会对于女性在工作中表现出"品行堕落"的报道。③ 比如：

> 在斯泰福郡和南威尔士，少女和妇女不但白天而且夜里都在煤矿和焦炭堆上做工。送交议会的报告经常指出，这种现象是造成尽人皆知的严重弊端的原因。这些妇女同男子一道做工，从衣服上很难区别出来；她们浑身是污泥和煤灰。这种不适于妇女的职业几乎必然使妇女丧失自尊心，因而使她们品行堕落。④

正如莱布所指出的，马克思会引用这部分调查委员会报告确实有些值得注

---

① Marx 1976, p. 590.
② Marx 1976, p. 517.
③ 资本论中关于马克思道德主义的另一种观点，参见 Wendling 2009。
④ Marx 1976, p. 368.

意之处。① 她认为，对于马克思来说，这些"非女性的"女人转变为了"不像女人的男人"，而马克思在没有质疑的情况下引用这样的报道，可能"暗示了他对男性/女性对立的不安"。② 然而，目前引用这些材料的目的尚不清晰。正如前一章所指出的，马克思认为道德标准应当基于特定的历史背景。因此，本文所描述的"品行堕落"只是经由特定的资产阶级的道德准则做出的评判，而与过往或将来的社会组织无关。因此，在本章下文关于家庭性质的变化的探讨中，我们将看到，马克思也认为"丧失自尊心"和"品行堕落"为女性获得新的、更好的社会地位创造了可能。然而，马克思在这一点上没有做出明确说明。

马克思最贴近道德讨论的篇章出现在对以年轻妇女和儿童为主的农业帮派的讨论中。在这些段落中，马克思认为自由和"不道德"的风气在这些帮伙的年轻女性中蔓延，他引用公共卫生报告："早晚都可以在路上看到他们，妇女们穿着短裙和短上衣、靴子，有时穿长裤，表面上很健壮有力，但由于放荡成性而变坏了，她们喜欢这种忙碌的独立的生活方式，而毫不考虑这会给她们家里瘦弱的子女带来多么不幸的后果。"③ 马克思接着补充了他自己的评论："工厂区的各种现象在这里又重现了，而且暗地杀害儿童和让儿童服鸦片剂的现象比工厂区还要厉害。"④ 这里，马克思似乎是想指出女性进入工作领域既有积极方面，也有消极方面。妇女们获得了独立与健康是不争的事实，但在资本主义条件下，她们疏忽了自己的子女。

莱布对这段话的解读有些不同："类似的报告中对女性的凝视不仅带有厌恶情绪，也存在渴望。在报告描述的场景中，女性形象是'完整的'，她们独立掌握自己的生活，穿着长裤，表现得健壮有力。"⑤ 实际上，莱布精确地指出了马克思的段落中存在歧义的部分。然而，莱布认为，一切对于女性的同情与渴望都被"因女性'不道德'而产生的恐惧所掩盖了"，以至于淡化了马克思对资本

---

① Leeb 2007, p. 848.
② Leeb 2007, p. 848.
③ Marx 1976, p. 522.
④ Marx 1976, p. 522.
⑤ Leeb 2007, p. 850.

主义所带来的价值观的评论。

马克思提及了一些源自维多利亚时代意识形态的评述，尤其是当他谈到帮派中存在的"粗野的放纵"时：

> 粗野的放纵，漫无节制的寻欢作乐和极端伤风败俗的猥亵行为，使帮伙具有巨大的魔力。帮头常常在下流酒馆里畅饮到囊空如洗，然后酗醉而归，左右各由一个慓悍的女人搀扶着，走在行列的前头，儿童和青少年跟在后面乱嚷乱叫，唱着嘲讽轻浮的歌曲。在回家的路上，傅立叶所说的"男女公开"已经成了习以为常的事。十三四岁的女孩因她们的年龄相仿的男伙伴而怀孕的现象屡见不鲜。帮伙所在的开放村庄变成了所多玛和蛾摩拉（所多玛和蛾摩拉是两座淫乱罪恶之城，见圣经《创世记》），这些地方的非婚生子比王国的其他地方要多一倍。①

然而，马克思对于帮伙的评论不止上述一处。在上述段落的脚注中，马克思指出了"品行堕落"的原因：

> 农村居民处在"显贵们"把他们紧紧束缚住的那种万恶的条件下，就是把他们自己的儿女吃掉，也不足为奇。真正值得惊奇的，是他们大多数人都能保持良好品德。官方报告的起草人证明，甚至在帮伙制度盛行的地区，父母们对这种制度也非常反感。②

当马克思再次触及这一系统中工人的"品德"时，从另一视角提出批评：这种制度的"阴暗面"，就是儿童和青少年要从事过度劳动，他们每天要到五六里有时甚至七里以外的庄园去劳动，往返时要长途跋涉，最后，"帮伙"内道德败坏。③ 在这里，马克思似乎得出这样的结论：只有在特定视角下"阴暗面"才成其为阴暗面。这些帮伙的头目通过驱使雇员过度劳动，无疑从体系中获

---

① Marx 1976, p. 852.
② Marx 1976, p. 854.
③ Marx 1976, p. 851.

益——至少在经济上是这样。此外，这一体系中潜在的性剥削现象也值得批判，但马克思没有清晰地说明这一点，而是在后面的章节中又回到了"在这些学校里培养的女孩的道德品质"①。

在另一章节中，马克思认为在他所处的时代，女性卖淫的原因之一是工人在工作间隙只有极短暂的休息时间，随后必须返工。

> 在十五小时工厂日内，资本一会儿把工人拉来干30分钟，一会儿拉来干1小时，然后又把他推开，接着又把他拉来，然后再把他推开，就这样一小段一小段时间地把他赶来赶去，但是在他未做满10小时之前，决不把他放掉。就象在舞台上一样，同样一些人物要在各幕戏的各个场次轮流出场。但是也正象演员在整个戏的演出中是属于舞台一样，现在，工人在15小时之内是属于工厂，其中还不包括上下工走路的时间。于是，休息时间变成了强制闲逛的时间，它把少年男工赶进酒店，把少年女工赶进妓院。②

工人们下班时间也必须在工厂附近等待着重新投入工作，因此他们打发时间的方式十分有限。在许多情况下，低收入的妇女就会转向卖淫。虽然莱布正确地指出，马克思没有在此讨论为什么女性有这样的行为③，但正如我们在前文中提到的，在《神圣家族》和其他著作中，马克思指出女性不稳定的经济地位是卖淫的原因之一。

因此，在这些文本中，马克思似乎在努力调和他自己关于各种"道德"的整体理论观点和维多利亚时代残余的社会意识形态。马克思认为妇女的道德状态在一种新的生产方式下是暂时的和变动的，但他的立场并不清晰，无论从哪一方面看，他的论述都是不明确的。至少在这个例子中，马克思被他所处的时代流行的维多利亚意识形态蒙蔽了双眼。④ 尽管受到维多利亚意识形态产生的

---

① Marx 1976, p. 852.
② Marx 1976, p. 403.
③ Leeb 2007, p. 850.
④ 卡弗1998年对《资本论》中这些段落提供了略微不同的解释，他认为从11世纪女性主义的观点来看，马克思似乎至少存在一种女性主义倾向。

影响，马克思仍以一种相对积极的态度看待家庭变化的可能性，只是他的讨论是相对抽象的。

为工作时长而斗争

马克思不仅论述了妇女在工业和工场手工业生产中的地位，而且讨论了妇女对于工人阶级运动的发展所起的作用。妇女进入工业生产为工人运动的本质带来了独特而新鲜的影响，最初，将女性引入工业促使人们开始规范对女性劳动力的过度剥削。正如马克思在涉及 1844 年的《工厂法》的文本内容所提到的：

> 它又把另一类工人，即 18 岁以上的妇女，置于法律保护之下。她们在各方面都受到与少年工相同的待遇，她们的劳动时间限制为 12 小时，禁止做夜工，等等。立法第一次被迫对成年人的劳动也进行直接的正式的监督。1844—1845 年的工厂报告讽刺地说："就我们所知，成年妇女还从未抱怨过这种侵犯她们权利的行为。"①

马克思注意到，这是工人为能够与资本家"自由地"协商工资而尝试的"干预"之一。在这个被马克思嘲讽为"自由、平等、贫穷王国"的"理想"市场环境中，存在着声称不需要劳动合同进行规范的绝对平等，但为了揭示这些现实关系，需要脱离政治经济学家构建的这种理想王国，"原来的货币所有者成了资本家，昂首前行；劳动力所有者成了他的工人，尾随于后。一个笑容满面，雄心勃勃；一个战战兢兢，畏缩不前，象在市场上出卖了自己的皮一样，只有一个前途——让人家来鞣"②。因此，无论对于男性还是女性而言，工厂中的实际情况决定了市场的平等理念无法存在。然而，就成年工人而言，尤其是妇女劳动者群体，出于各种原因难以维护自身权益。因此，至少对女性来说，对"自由市场"的监管是必要的。这类措施（监管自由市场）的出现是由于历史上妇女和儿童处于从属的社会地位，但这将为今后，甚至是为成年男性工人采取

---

① Marx 1976, p. 394.
② Marx 1976, p. 280.

这类措施开创先例。

对妇女工作的监管不仅改变了女性劳动者在工业中工作的条件，让她们受到了一定保护，而且对男工的工作条件也带来了影响：

> 我们看到，这些按照军队方式一律用钟声来指挥劳动的期间、界限和休息的详尽的规定，决不是议会设想出来的。它们是作为现代生产方式的自然规律从现存的关系中逐渐发展起来的。它们的制定、被正式承认以及由国家予以公布，是长期阶级斗争的结果。它们的直接后果之一，就是这些规定的实施使工厂的成年男工的工作日也受到同样的限制，因为在大多数生产过程中，必须有儿童、少年和妇女的协作。所以总的说来，在1844—1847年期间，受工厂立法约束的一切工业部门，都普遍一致地实行了十二小时工作日。[1]

但由于"资本是天生的平等派，……它要求在一切生产领域内剥削劳动的条件都是平等的，把这当作自己的天赋人权"[2]。正如马克思和恩格斯在《共产党宣言》中所讨论的那样，资本扮演着统一代理人的角色，希望去管控所有分歧。然而，这只是资本主义的一种内在倾向。而一些特殊待遇，尤其是对妇女、儿童和少数民族等位于权力结构末端的群体的过度剥削，是资本主义在特定条件下的积累所需要的。在这种情况下，这样的产业结构决定了管制工人中的某些部分就能够管制全部的工人。[3]

虽然在一定条件下，对于某一群体所建立的规定也能应用在其他群体中，但建立这样的规定也可能带来难以预期的后果。例如，"10小时工作制法案"规范了妇女与儿童的最长工作时间不得超过10小时，"某些地方的工厂主开始把他们雇用的少年工和女工解雇一部分，有时甚至解雇一半，同时却把几乎已经绝迹的夜工在成年男工当中恢复了。他们叫嚷说，十小时工作日法令使他们

---

① Marx 1976, pp. 394 – 5.
② Marx 1976, p. 520.
③ Marx 1976, p. 520.

别无出路！"① 因此，为了确保利益水准，资本解雇了那些工资更低却无法长时间工作的员工，转而以成年男性替代，尽管他们的工资略高，但可以合法工作更长时间，并为资本家提供更多的剩余劳动时间。

此外，随着资本家试图增加劳动长度和强度，"单靠滥用妇女劳动力和未成年劳动力，单靠掠夺一切正常的劳动条件和生活条件，单靠残酷的过度劳动和夜间劳动来实现的劳动力的便宜化，终究会遇到某些不可逾越的自然界限，而以此为基础的商品的便宜化和整个资本主义的剥削，随着也会发生这种情形。当这一点终于达到时（这需要很长的时间），采用机器和把分散的家庭劳动（还有工场手工业）迅速转变为工厂生产的时刻就来到了"②。因此，至少在某些情况下，机器被引入是为了在对工人的剥削达到最大限度时，继续从工人身上榨取剩余价值。

机器本身减轻了人们的工作负担，至少使体力较弱的人也能加入工作。此外，机器只需要更少的人力去完成和以前同样工作量的工作，而这往往会改变劳动力的整体构成：

> 新的机器工人完全是少女和年轻妇女。她们靠机械的力量消灭了男工在较重的劳动中的独霸地位，并且把大批老年妇女和未成熟儿童从较轻的劳动中赶走。这种强有力的竞争扼杀了最弱的手工劳动者。③

因此，机器使工人之间的竞争增强了。至少在一开始女性往往更有竞争力，因为她们愿意接受更低的工资。

为了争取到工作岗位，男性工人也不得不愿意接受更低的工资。"机器使儿童和妇女以压倒的多数加入结合劳动人员中，终于打破了男工在工场手工业时期还进行的对资本专制的反抗。"④ 因此，将妇女和儿童引进生产之中至少在一

① Marx 1976, p. 398.
② Marx 1976, p. 599.
③ Marx 1976, p. 601.
④ Marx 1976, p. 529.

定程度上降低了工人阶级生活水平，并潜在地使工人们彼此对立。这些工人群体由于历史因素和现实因素而受到压迫，资本能够利用群体的差异在一定条件下分化工人阶级，然而，这种分化并非不可避免。如果男性工人们将妇女和儿童纳入工会，团结为一个阶级，就能形成新的抗争形式。这也是马克思乐见其成的，我们会在下一章讲到。

此外，许多资本家利用了女性更富有教养的天性和女性害怕失去工作而无法抚养孩子的心理，去培养出更有纪律性和更听话的工人。

> 工厂主伊·先生对我说，他只使用妇女来操纵他的机械织机；他喜欢使用已婚的妇女，特别是必须养家活口的妇女；这种妇女比未婚的妇女更专心更听话，她们不得不尽最大努力去取得必要的生活资料。这样一来，美德，女性特有的美德，反而害了她们自己，她们恭顺温柔的天性，竟成为使她们受奴役和受苦难的手段。[①]

在这里，马克思引用了艾释黎勋爵（Ashley）认为女性的"天性"更恭顺温柔的说法，而没有质疑女性以这种方式行事是否真的"自然"，或者这种"自然"状态是否也经过了社会塑造。

虽然许多女性主义者批评马克思在他的著作中（至少在最有影响力的书中）没有充分处理性别问题。

实际上，马克思不仅追踪了男性工人不断变化的工作条件，也重点研究了这个变化过程中的女性角色，尽管他有时采用家长式或父权的假设，如上文提到的女性的"天性"。在"工作日"和"机器和大工业"这两章中，马克思记录了那一时期的女性在劳动力市场上所面临的不同情况。此外，马克思还将工作条件与工人运动联系起来讨论。尽管在这一方面，马克思不像在分析美国奴隶制对于工人运动的影响时那样作了明确表述：受压迫最深的群体得不到解放，

---

① 马克思引用艾释黎勋爵的话，同上。

整个工人运动也不能积蓄起反抗资本主义的有效力量①——但他对于这两个问题的论述实质上是相似的。为了保证工人运动有效抗争资本主义，如果不能彻底将妇女与儿童摒除在劳动力市场之外（由于资本主义的性质，这种做法不可能永久实现），就必须让男性与女性平等合作。在某种程度上，资本已经通过降低工资和增加所有工人的工时做到了这一点。因此，必须让妇女在争取劳工权利的斗争中发挥重要作用。

《资本论》对于家庭转变的再论

与《共产党宣言》中讨论的家庭转变相同，马克思在《资本论》中也写到资产阶级家庭是如何在资本主义条件下被转变的。随着资本主义工业扩展到原来由家庭手工业占据的区域，传统家庭开始解体：

> 当工厂法规定工厂、工场手工业等的劳动时，这最初仅仅表现为对资本的剥削权利的干涉。相反地，对所谓家庭劳动的任何规定都立即表现为对父权（用现代语言来说是父母权力）的直接侵犯。温和的英国议会对于采取这一步骤长期来一直装腔作势，畏缩不前。但是事实的力量终于迫使人们承认，大工业在瓦解旧家庭制度的经济基础以及与之相适应的家庭劳动的同时，也瓦解了旧的家庭关系本身。②

在这里，马克思指出，至少在资本主义早期阶段，曾经存在的分隔公共和私人领域的壁垒正在被打破。资本主义生产扩展到由户主控制的纯粹家庭劳动范畴，于是破坏了男性户主所维护的绝对权威。这种转变首先发生在家庭工业的生产率提高时，也见于国家对这一领域的立法中。因为任何人都不再认为男性户主在家庭范围内合法拥有绝对权威，国家不得不在一些经济方面做出干预，以保护家庭体系免受崩溃。

---

① "在北美合众国，只要奴隶制使共和国的一部分还处于残废状态，任何独立的工人运动都是瘫痪的。在黑人的劳动打上屈辱烙印的地方，白人的劳动也不能得到解放。但是，从奴隶制的死亡中，立刻萌发出一个重新变得年青的生命。" Marx 1976, p. 414.
② Marx 1976, pp. 619 - 20.

这是由于妇女和儿童进入劳动力市场的过程削弱了男性户主的权力，因为有工作能力的家庭成员都必须养活整个家庭，而不仅仅是父亲：

> 劳动力的价值不只是决定于维持成年工人个人所必需的劳动时间，而且决定于维持工人家庭所必需的劳动时间。机器把工人家庭的全体成员都抛到劳动市场上，就把男劳动力的价值分到他全家人身上了。因此，机器使男劳动力贬值了。购买例如有四个劳动力的一家，也许比以前购买家长一个劳动力花费得多些，但现在四个工作日代替了原来的一个工作日，劳动力的价格按照四个工作日的剩余劳动超过一个工作日的剩余劳动的比例而下降了。现在，一家人要维持生活，四口人不仅要给资本提供劳动，而且要给资本提供剩余劳动。因此，机器从一开始，在增加人身剥削材料，即扩大资本固有的剥削领域的同时，也提高了剥削程度。[①]

贝南森（Benenson）认为以上文本可以作为马克思支持家庭工资的有力证据。在马克思看来，资本主义的首要问题是工人和资本家之间存在剥削关系，在这样的关系下，必须反对对工人的过度剥削：

> 这种剥削关系决定了资本主义和工人之间的利益冲突，决定了工人阶级斗争的根本目的。出于这个目的，工人们联合起来抗争为降低他们所受的剥削程度（即他们提供给资本的无偿剩余劳动）。这一目标引发了《资本论》中讨论的主要工人阶级运动：英国工人确立《工厂法》的运动。马克思指出，他们成功地缩短了工作日，实际上降低了他们的生产劳动创造的剩余价值的绝对比率。[②]

根据贝南森的说法，由于剥削水平是马克思对资本主义批判的一个非常重要的因素，他得出结论，马克思间接地支持家庭工资制度：

---

① Marx 1976, p. 518.
② Benenson 1986, p. 14.

他（马克思）的论述委婉地支持了工人对于"维系家庭"的工资要求。这一标准通过限制工人阶级中为资本家劳动的家庭成员的数量来遏制剥削。马克思指出，缩短的工作日体现了工人阶级"政治经济的原则"。以此类推，在马克思的构想中，理想家庭经济模式由男性独力养家糊口。①

马克思在"工作日"一章中深入地讨论了工人为缩短工作日所进行的斗争，他认为这是消除不平等的必要条件。另一方面，马克思明确指出，仅要求缩短工作日是不够的。只要资本主义制度仍然存在，工人和资本家之间就会不断地斗争，因为资本家

> 作为资本家，他只是人格化的资本。他的灵魂就是资本的灵魂。而资本只有一种生活本能，这就是增殖自身，获取剩余价值，用自己的不变部分即生产资料吮吸尽可能多的剩余劳动。资本是死劳动，它象吸血鬼一样，只有吮吸活劳动才有生命，吮吸的活劳动越多，它的生命就越旺盛。工人劳动的时间就是资本家消费他所购买的劳动力的时间。如果工人利用他的可供支配的时间来为自己做事，那他就是偷窃了资本家。②

因此，仅改变资本主义制度的剥削程度不会缓和这种冲突。

与贝南森相反，马克思在讨论工人阶级遭受日益加重的剥削问题时，提出了一种经验而非规范的主张。剥削程度确实在增加，因为资本家可以同时获得4个工人的劳动时间而非1个，资本家也许为总的劳动力支付了更多的费用，但他也通过雇佣更多的劳动力获得了4倍的剩余价值。马克思没有对这种现象作出是非的定性。此外，贝南森忽略了马克思论述中的辩证性质。正如马克思在下文所述，这种剥削形式也存在一些潜在的积极影响：

> 然而，不是父母权力的滥用造成了资本对未成熟劳动力的直接或间接的剥削，相反，正是资本主义的剥削方式通过消灭与父母权力相适应的经

---

① Benenson 1986, p. 14.
② Marx 1976, p. 342.

济基础，造成了父母权力的滥用。不论旧家庭制度在资本主义制度内部的解体表现得多么可怕和可厌，但是由于大工业使妇女、男女少年和儿童在家庭范围以外，在社会地组织起来的生产过程中起着决定性的作用，它也就为家庭和两性关系的更高级的形式创造了新的经济基础。当然，把基督教日耳曼家庭形式看成绝对的东西，就象把古罗马家庭形式、古希腊家庭形式和东方家庭形式看成绝对的东西一样，都是荒谬的。这些形式依次构成一个历史的发展序列。同样很明白，由各种年龄的男女组成的结合工人这一事实，尽管在其自发的、野蛮的、资本主义的形式中，也就是在工人为生产过程而存在，不是生产过程为工人而存在的那种形式中，是造成毁灭和奴役的祸根，但在适当的条件下，必然会反过来变成人类发展的源泉。[1]

在这里，马克思总结了他先前关于资本主义对家庭的影响的许多论点。旧的家庭制度建立在旧的经济基础上，而在旧的经济体系中，大部分生产发生在家庭领域，随着生产从私人家庭领域开始转向公共工业领域，旧的家庭制度随之瓦解。生产只是条件，而不决定家庭的形式，但生产方式的重大变化对封建基础的家庭——及其父权结构——产生了显著影响。

如上所述，生产方式的改变导致了一种情况，即父亲的家长式权威变得无足轻重。过去，父亲控制着家里的劳动力，但随着生产转移到不受家长控制的工厂，父权就减弱了。他不再掌握生产资料，而且随着时间的推移，也无法仅靠自己的工资养活全家人。但是他仍然有很大的权力，至少在法律上，他可以强迫其他家庭成员工作。这种剥削，以及马克思所讨论的"道德堕落"，说明了"旧家庭制度在资本主义制度内部的解体表现得多么可怕和可厌"[2]。

然而，莱布只关注马克思对传统家庭解体所造成的"可怕和可厌"状况的强调，忽略了这一过程中蕴含的第二个要素：历史发展的结果所表现出来的辩

---

[1] Marx 1976, pp. 620-1.
[2] Marx 1976, p. 620.

证矛盾。① 虽然马克思指出了资本主义生产关系能够创立"更高形式的家庭与两性关系的新经济基础"②，但是莱布更侧重于这段话中马克思是如何进行"道德干预"的：

> 然而，在同一文本中，马克思指出进入劳动力市场会导致对旧的家庭结构造成"可怕和可厌"的侵蚀。这与马克思对资产阶级家庭结构的尖锐批判相矛盾，而正如我前文解释的那样，马克思认为资本主义家庭结构是对女性的奴役。在我看来，这种矛盾与其说是马克思对传统结构遭受侵蚀感到恐惧的结果，不如说是源于对威胁到男性/女性的传统稳定关系的恐惧。正是在这里，我们面临着马克思政治哲学中的一个不同寻常的因素：道德干预。③

不同于莱布认为马克思在进行道德干预的论点，我认为马克思至少在引用资本主义制度下妇女"道德堕落"的引文中展现出了某种矛盾心理。虽然在该文的早些时候，他引用了部分工厂报告，但没有加以评论，在这里，马克思写了"可怕和可厌"的表象。这一表象只是反映复杂现实的因素之一，包含了进一步发展的可能性。马克思关注的是这种发展的潜力，而并非它对妇女的负面影响。因此，马克思没有背离他早期对资产阶级家庭的批判；相反，他对批判进行了扩展，指出资本主义制度对非压迫型家庭结构的发展起到了积极作用。

马克思关于家庭历史观的意义正在于此。根据马克思的观点，资产阶级形式的家庭只是众多形式中的一种，没有理由认为它将是家庭发展的最终形式。早在《共产党宣言》中，马克思就呼吁对家庭进行激进的改革。当然，资本主义只能是"腐败和奴隶制的瘟疫之源"，因为它的主要目的是通过牺牲人类的需要来完成越来越多的资本再生产并固化劳资关系；但是资本主义不仅生产它自身，它还创造了新的生产方式，为全人类的发展创造了物质条件。

---

① Leeb 2007, p. 849 .
② Leeb 2007, p. 849.
③ Leeb 2007, p. 849.

诚然，这是对家庭结构潜在变化的一个简短而抽象的讨论，但值得注意的是，马克思认为这种变化是包括妇女和青年在内的所有工人合作的结果。在这里，马克思并非对将妇女引入劳动力市场进行质疑，更不是呼吁建立家庭工资制度。相反，他指出了在"不受约束的、野蛮的资本主义形式中，这种制度的运作方式"与工人的发展背道而驰。此外，他以辩证的方式指出了这些制度如何在正确的条件下转化为它们的对立面——一种新的家庭形式。

因此，资本主义的发展和妇女进入劳动队伍具有两面性：一方面，它把家庭结构从封建的形式转变为以利润和利益为主要目的的资产阶级形式；另一方面，以封建为基础的父权制家庭的解体，为发展一种妇女地位不再低微的新家庭形式创造了必要的客观条件。

结语

尽管马克思的工作主要集中在政治经济学领域，但他并未完全忽视对女性地位的研究，相反，马克思看到了随资本主义发展而在家庭方面正发生着不可逆的变化。随着妇女和儿童开始在资本主义生产中发挥重要作用，旧的家庭制度开始瓦解。虽然马克思高估了家庭制度的变化程度以及消除家庭中父权制的潜力，但他是那个时代为数不多的假设家庭具有历史性质的学者之一。

资产阶级家庭只是一系列历史形式中的一种，它并非一成不变。马克思看到了资本主义社会中形成新的家庭制度的潜力，尽管这一点还很不清楚。妇女被吸引到劳动力大军中，从而获得了某种独立，因此父亲或丈夫不再能够完全控制家庭收入。此外，尽管传统的意识形态认为妇女属于家庭，但她们证明了自己完全有能力成为合格的工人。

然而，家庭的解体也存在消极的一面，对妇女和儿童来说尤其如此。马克思指出，尽管妇女进入了劳动力市场，但她们仍然应当承担照顾孩子的责任。家庭的解体却导致了儿童得不到照料的情况，有时母亲甚至会使用鸦片剂杀死她们的孩子。

马克思关于新的家庭形式的描述非常简短和抽象。他对资本主义制度下妇女道德地位的矛盾心理可能在一定程度上影响了他关于新社会的观点。与其他人一样，马克思属于特定时代，也会受制于时代偏见。然而，在后面章节讨论到的一些著作中，马克思似乎在一定程度上减弱了这种偏见。

最后，马克思对资本主义的总体分析至少间接地指向对妇女劳动贬值的批判。虽然马克思没有直接论述妇女劳动贬值，但他确实讨论了古典政治经济学和资本主义关系本身如何局限于一种片面的劳动力使用观点，即只考虑到生产剩余价值的能力，而忽视了妇女的独特贡献。这一观点具有历史局限性，因此是暂时的。马克思的历史唯物主义批判为一种新的性别关系模式留下了空间，这种模式成功地将阶级与性别因素整合到一起。

第四章　马克思的媒介与政治活动

虽然马克思以他关于资本主义制度、社会和政治变革的理论而闻名，但即使在这些著作中，他也从未将理论与实践活动分离开来。在政治层面，马克思在很多方面都参与了工人的斗争。这一点可以通过他在"国际工人联合会"（即第一国际）及其地方区域组织的活动得到证明。需要说明的是，马克思并非仅仅对于劳工的一般斗争感兴趣。

正如上一章所指出的，马克思研究了资本主义制度对女性工人的特殊影响，而在《资本论》以及他的其他政治经济学作品中，马克思确实注意到一些对女性和劳工运动损害极大的因素，但他并未在父权制的理论与资本主义经济体系之间建立联系。马克思发现，女性是工人阶级中收入最低、所受剥削程度最深的成员之一，由此，马克思清楚地认识到，劳工运动要获得任何有意义的成果，必须让女性也平等地参与进来。如果说，上述观点在《资本论》中还是隐含而未充分展开的，那么在他后来的一些政治著作中，诸如《法国工人党纲领导言》以及他写给革命同仁的信件中，这样的观点就愈发显豁了。

一方面，《资本论》中关于女性劳工的实证性研究的确引起了马克思对上述议题的兴趣，另一方面，1871 年的革命起义——巴黎公社运动使得许多女性卷入其中，这引发了马克思在这个问题上的进一步思考。在巴黎公社运动中，女性不仅参与了公社活动，而且明确地提出改善女工处境和身份地位的具体要求，在巴黎公社之后，马克思开始在第一国际内部更直接地推动男女平等。

本章主要讨论马克思的政治著作，包括从 1850 年代直至他生命的最后所写的相关著作。从这些作品中我们可以清楚地看到，马克思严肃地对待女性群体所面临的压迫，并试图对如何改善女性的处境进行理论分析。在写给《纽约每日论坛报》的文章中，马克思提出了两个与女性所受压迫直接相关的案例：一个案例是纺织工厂女工的状况，以及她们在 1853 年普雷斯顿大罢工中所扮演的角色。另一个是一个贵族妇女因公开反对她的丈夫而被关进了精神病院。此外，马克思看到了巴黎公社中女性的伟大作用，派一位年轻的俄国流亡者伊丽莎白·德米特里叶夫（此人在巴黎公社最后的艰难日子表现得非常勇敢）作为第一国际派往巴黎的代表，她在那里组织了极为重要的巴黎公社妇女组织。巴黎公社失败之后，马克思还努力在第一个国际组织和其他劳工组织中纳入男女平等地位的条款。

普雷斯顿大罢工与女工

英国普雷斯顿的纺织工人大罢工从 1853 年 6 月 5 日持续至 1854 年 5 月 15 日，是当时最重要的罢工之一。工人的工资在 1847 年经济衰退中被迫削减了 10%，于是工人们罢工要求所得工资恢复到之前水平。在 19 世纪 60 年代初期，英国的经济已经完全复苏，这部分得益于在加利福尼亚和澳大利亚发现了黄金，但结果是，纺织工人的工资无法负担持续上涨的食品价格。[1] 1853 年春在斯托克波特爆发了一场持续两个月的棉纺织工人罢工，尔后那里工人的工资提高了 10%。[2] 然而，中国国内爆发的太平天国运动让英国工人对于高工资的要求再次落空，在这一时期，中国是英国最重要的棉花进口国之一，但由于农民战争，中国国内的棉花进口大幅度收紧，从 1853 年的 9800 万码锐减到 1854 年的 4100 万码。[3]

1853 年 10 月 15 日，工厂主们组成了普雷斯顿雇主协会，并让工人们停

---

① Marx 1975 - 2004a, p. 436.
② Taplin 1983, p. 452.
③ Smith 1982, p. 51.

工。① 每个雇主协会的成员交款 5000 磅以确保严格遵守停工协议。② 这次停工大概牵涉 2.5 万—3 万工人，而罢工能持续 36 周之久得益于其他行业仍在工厂上班的工人的资助。③ 僵持中，工厂主们甚至从爱尔兰以及英国救济院中招来工人，其中包括妇女和儿童。但是罢工一直坚持到 1854 年 5 月，此时工人尽管没有达到增加 10% 工资的目标，但依然不得不复工。④

在写给《纽约每日论坛报》的文章中，马克思讨论了这一议题，他把大罢工看作劳工运动的重大事件："现在工人阶级睁大了眼睛，它开始说：'我们的圣彼得堡是在普雷斯顿⑤！'的确，近 8 个月来，这个城市是一些奇异事件的见证人：14000 名男女常备军在联合王国各地的工联主义者和工厂工人的物质支援下，开始了向资本家争取权力的伟大的社会斗争，而普雷斯顿的资本家也得到郎卡郡资本家的帮助。"⑥

这些事件使马克思在这段时期更具体地考虑工人的状况，他特别关注的一个问题是将妇女和儿童引入工厂。⑦ 就像他在《资本论》中所作的关于工厂的讨论一样，马克思对这个边缘群体特别感兴趣。马克思就工人的状况给《纽约每日论坛报》写了一篇文章："1852 年 9 月的最后一个星期，在离……四英里的……镇，属于……先生的一家名叫……的漂洗整理店里，下述人员连续工作了六十个小时，只有……"他接着指出，许多工作人员是幼童：

> 九十岁的孩子连续工作 60 小时，中间只有三个小时的休息时间！其中有个九岁的小女孩安，60 个小时的工作使她精疲力竭地累晕在地板上，紧接着就被叫醒，大哭着继续做工！现在，让雇主对通常所说的对待童工仅

---

① Taplin 1983, p. 451.
② Smith 1982, p. 51.
③ Marx 1975 - 2004b, p. 682.
④ Marx 1975 - 2004b, p. 682.
⑤ 在这一时期，俄罗斯被视为欧洲最保守的力量，通常直接或间接地支持欧洲大陆上的保守君主力量。
⑥ Marx 1975 - 2004c, pp. 664 - 5.
⑦ Marx 1975 - 2004d, p. 469.

仅是忽视教育这一借口闭嘴吧。①

在这篇早期的文章中，马克思指出童工所遭受的严重压迫，在后来写给该报的一篇文章中，他把童工的被边缘化和被压迫更直接地与资本主义联系起来，至少间接地与父权制联系在一起。讽刺的是，英国精英热烈关怀天主教修道院中女人们的命运，却对马克思提到的被困在工厂里的人极度冷漠甚至完全无视。

尽管爱尔兰议员强烈反对，看来下院还是通过了决议，要审查钱伯斯先生的提案，并指定调查女修道院的活动和管理制度的委员会。钱伯斯先生的提案所依据的主要理由，是要把强行从父母和法定监护人身边夺走的女孩同外界隔绝开来。英国资产阶级一想到为修道院抢女孩的可能性就发抖。但是，资产阶级在这种情况下所表现的正义感，到了为满足贵族的情欲和棉织业巨头的古怪念头而抢走女孩的时候，却非常迟钝。上周有人诱骗一个十六岁的少女离开了父母，把她勾引到郎卡郡工厂，昼夜扣在那里，如同锁在监狱一样，强迫在那里睡觉、吃饭。当父亲知道他的女儿出了事时，甚至不许他见她，而且警察把他撵出了工厂。这就违犯了工厂法、人身自由法、父亲有权保护自己未成年子女法，从而使人身保护法所提供的权利一文不值。出现了粗暴的令人发指的抢小孩的事。但是，当不幸的父亲到地方当局寻求正义时，它采取什么态度呢？回答是："我们无能为力。"②

因此，马克思注意到，尽管英国精英阶层的新教徒们自称愿意采取措施保护女孩不受天主教会影响，然而，一旦当侵犯者是资本家或其他有良好地位的男性时，情况就不再是这样。他认为，这一时期的女孩被资产阶级和贵族视为商品，因此，女孩们显然不是出于宗教目的被绑架，而是被用作劳工或者被迫提供其他服务。

---

① Marx 1975 - 2004d, p. 469.
② Marx 1975 - 2004b, p. 119.

　　在以上讨论资产阶级剥削儿童的文章中，马克思提到了普雷斯顿大罢工以及女性在其中所扮演的角色，在此，马克思注意到了参与普雷斯顿罢工的妇女的主体性。尽管他们的一些行动可能会被当今的女性主义者批评为过于温和，甚至可能被批评为是反女性主义的，但是，我们必须记住当时英国的社会历史环境，资本主义才刚刚开始将妇女和儿童纳入工厂，男性养家糊口的模式在大多数情况下都没有受到质疑。在 1853 年 11 月 15 日的文章中，马克思报道了妇女为确保男性获得"家庭工资"所做的努力，为此他引用了 1853 年 11 月 5 日《人民报》的一篇文章，文章说：玛格丽特·弗莱彻夫人在大会上发言指出已婚妇女在工厂工作，忽视了孩子和家务，这有失体统。每一个男性干一天的活，都有资格得到一天的工钱，她的意思是，他的劳动应该得到一定的报酬来使他足够维持自己以及家庭的舒适，让他的妻子留在家里做家务。① 她们进一步决定，这个小镇的已婚女性不打算再去工作，直到她们的丈夫们获得了公平和全额的报酬。② 更进一步，既然男人获得公平的薪金对于妇女来说非常重要，那么，她们就不会仅仅满足于此。她们还决定"当提高薪金 10% 的问题解决之后，还会有一场关于工厂女工获得职业尊重权的斗争，这已经完全出乎这个国家的工厂主的预料"③。由此可以看出，一方面女性为了改变自己在家庭中的地位而开始提出家庭工资、履行自己的家庭职责时，另一方面她们也开始意识到推进自己在工厂中的权益的重要性，虽然第二点比起第一点来说是相对次要的，随着运动的发展，这一点将会改变，女性将开始主张她们个人的权力。

　　在这里，马克思只是引用了这一演讲，而没有加以评论，恰如其分地展示了在工厂工作的已婚妇女的一些矛盾心理，以及可能忽视了她们的孩子。马克思在以后的著作中对这一点有所发展。正如前章所讨论的，在《资本论》中马克思对于女性劳动力的主张比许多女性主义者纷繁的争论要明确得多。马克思对于资本主义社会关系下女性在职工中的"道义"地位表现出了一些模棱两可的态度，他指出，这只是一个过渡阶段。在资本主义的统治下，女性进入劳动

---

① Marx 1975 - 2004d, p. 469.
② Marx 1975 - 2004d, p. 469.
③ Marx 1975 - 2004d, p. 470.

力市场导致了资产阶级家庭的瓦解，这一点看起来是"可怕而令人厌恶的"，这些关系的瓦解采取一种"自发的、野蛮的、资本主义的形式"，因此"在工人为生产过程而存在，不是生产过程为工人而存在的那种形式中，是造成毁灭和奴役的祸根，但在适当的条件下，必然会反过来变成人类发展的源泉"①。然而，不同的社会条件"也就为家庭和两性关系的更高级的形式创造了新的经济基础"②。因此，马克思在《资本论》中似乎公开指明了这样一个可能性，即随着社会的发展，为男性提供一份足以养活全家的工资这一概念和实践将会终结。

此外，正如我们将在下文以及后面的章节中看到，马克思关于女性进入劳动力市场的立场在进一步发展。从第一国际成立到马克思生命的最后阶段，他都支持把妇女平等地纳入到劳动力大军中，这一点将在本章稍后部分加以讨论。此外，在他的人类学笔记中（在第五章和第六章中讨论），马克思批评了一些学者认为家庭是静态的、基于"自然"的男人和女人角色的观念，马克思对家庭的历史化似乎偏离了"家庭工资"，因为后者在意识形态上基于性别刻板印象。

在普雷斯顿大罢工期间，给《纽约每日论坛报》(*New York Daily Tribune*)的另一篇文章中，马克思论及女性教育问题，指出主流意识形态限制了教育对于资产阶级所发挥的作用，对于资产阶级的妇女而言，尤其如此：

> 如果说资产阶级的目的不在学习古典学科，那并不就是说，它在研究现代科学和现代文学。总账、账房和买卖——它认为这个教育已经够了。尽管在资产阶级小姐们的教育上花费了不少钱，但是她们得到的只是"世俗教育"的片鳞只爪，根本谈不上真正的智育或以科学丰富头脑。③

马克思指出，对于男性而言，教育的目的仅仅是学习如何成为一个好的资本家，至于女性受教育也仅仅是为了更好地承担妻子的职责。在这两种情况下，教育基本上都是用来保护"现有社会"的，而不是为了提升个人和社会这一更

---

① Marx 1976, p. 621.
② Marx 1976, p. 621.
③ Marx 1975 - 2004c, pp. 663 - 4.

宏伟的目标。

对资产阶级来说，这种非常有限的教育形式导致了一种情况，在这种情况下，这一阶级是"骄傲自负、口是心非、横行霸道和粗鲁无知的人；而文明世界用一针见血的讽刺诗印证了这一判决。这首诗就是：'上司跟前，奴性活现；对待下属，暴君一般。'"① 在这里，马克思并没有简单地把妇女在家庭中的压迫归于"奴性"和"暴政"，尽管在他看来，这两点在中产阶级中很普遍。

然而，正如在第二章所讨论的那样，他在关于自杀的文章中对这一问题进行了详细的讨论，关于父权权威"最胆怯最无抵抗能力的人一当能行使父母的绝对权威，他们就会变成铁石心肠。这种滥施权威好象是对他们在资产阶级社会中自愿或不自愿地表现出来的许多屈服性和依赖性的一种粗野的补偿"②。

布尔韦尔-利顿丑闻

马克思于 1849 年到 1862 年担任《纽约每日论坛报》首席记者期间，撰写了上百篇关于欧洲以及其对印度和中国政策的文章。其中最有趣的，是他关于罗西纳·布尔韦尔-利顿夫人（Bulwer-Lytton）被监禁的系列文章。马克思发表了两篇文章，写的是罗西纳·布尔韦尔-利顿夫人被她的丈夫和儿子关进了一个收容所，《布尔韦尔-利顿夫人的囚禁》（7 月 23 日）和《魔幻的现实：布尔囚禁妻子，关于精神错乱的虚假指控，妥协后的释放》（"Romance in real life：Bulwer imprisons his wife, a false charge of insanity, the compromise of her release"）（8 月 7 日）。③ 在这两篇文章中，马克思尖锐地批评了布尔韦尔-利顿家庭错误地监禁了布尔韦尔-利顿女士，他也严厉地批评了英国媒体没有充分报道这些事件。

---

① Marx 1975 – 2004c，p. 664.
② Marx 1999，pp. 3 – 4.
③ 这篇 8 月 7 日的文章最初是 7 月 16 日写的，没有发表在《纽约每日论坛报》上。相反，它与 7 月 23 日的那篇文章一起发表在《纽约论坛周刊》（*New York Weekly Tribune*）上。这篇文章没有出现在马克思和恩格斯的作品集（MECM），但被鲍姆加特（Baumgart）于 1989 年确定为马克思所写。

这两篇文章对于理解马克思关于女性地位的主张都很重要。首先，在关于自杀的文章中，马克思注意到了工人阶级之外的家庭压迫，特别是与女性有关的问题。第二，切斯勒（Chesler）这样的女性主义理论家注意到，女性被贴上"疯狂"的标签，部分原因是她们不愿意表现出社会所规训的性别角色。[①] 马克思并没有明确在布尔韦尔-利顿夫人被禁闭的行为中性别因素的影响程度，但他的确对把一个人说成是疯子从而控制一个家庭成员的做法提出了强烈的批评。第三，这两篇文章都没有被详细讨论过，8 月 7 日的文章也没有出现在《马克思恩格斯选集》中。[②]

爱德华·布尔韦尔-利顿是当时著名的作家和保守党政治家。他的小说《一个绅士的大冒险》《庞贝城的末日》《最后的礼物》等都获得了一些好评。他以华丽的写作风格而闻名于世。他在《保罗·克利福德》中的一段滑稽的致词是这样开始的："这是一个黑暗的暴风雨之夜"，圣约斯州立大学为小说最糟糕的开场白给他颁发了一个年度奖项。除这种讽刺性之外，在他自己的时代，布尔韦尔-利顿是一位畅销书作家，也是一位有影响力的政治人物，他在 1832 年至 1841 年期间担任国会议员，并在 1858 年被授予了殖民地秘书一职。[③]

爱德华·布尔韦尔-利顿和罗西纳于 1827 年结婚，1836 年分居，这主要是由于爱德华的不忠。[④] 在二人分手之后，敌意仍在继续。为了增加收入，罗西纳开始写作小说，其中一些小说对她的丈夫进行了含蓄的攻击。[⑤] 然而，二人之间最严重的冲突事件发生在 1858 年，当爱德华为殖民地秘书一职争取连任的时候，罗西纳打断了演说进程，并指责她的丈夫说："爱德华先生不是应该被任命为殖民地秘书，而是应该很早以前就被航运至殖民地，以减少国家的损失。"

[①] Chesler 1972.

[②] 除了 Baumgart （1989）和 Dunayevskan （1985, p. 194）简要提到这两篇文章外，我不知道还有其他作者评论过这些重要的文章。Padover 在 1975 年出版的 *The Karl Marx Library* 第六卷中引用了第一篇文章，但没有进行讨论。

[③] Brown 2004, pp. 983 - 5.

[④] Brown 2004, p. 984.

[⑤] Mulvey-Roberts 2004, p. 994.

简言之，爱德华应当被处以劳役拘禁。^① 之后，她找到哈特福市长——爱德华正在这里争取一个国会议员的席位——想要在市政厅租一个演讲室，但遭到拒绝。^②

这件事让爱德华和他的儿子罗伯特非常尴尬，父子二人合谋将她宣布为精神失常，并允许被送入精神病院。按照协议，在罗西纳回到伦敦与爱德华的一位朋友讨论该协议之后，她将进入精神病院。协议上说，爱德华将会还清她的债务，她的收入也将每年增加到 500 欧元。她之前见过那位朋友，但没有收到任何回复。她告诉布尔韦尔-利顿，她将返回伦敦讨论相关事宜。而当她到达的时候，爱德华和他的儿子已经从两个医生那里获得了必要的签名，宣布她患了精神病，并准备好把她押送进精神病院。^③

在 7 月 23 日的文章中，马克思批评了英国媒体对这一明显不公案例的缄默。其原因很大程度上由于布尔韦尔-利顿作为一个作家兼政治家的公众地位，媒体不愿意攻击他的角色：

> 轰动一时的布尔韦尔家庭纠纷，在伦敦"泰晤士报"看来，已经通过友善的家庭协议而得到"圆满"解决，但实际上还远没有平息下来。的确，尽管这场纠纷严重地涉及党派利益，首都各家报纸，除极少数外，都用尽一切办法通同一气保持缄默，以图暗中了结这一事件。^④

除了在各大报纸上刊登几段简短的文章外，"所有这些冠冕堂皇的人身自由捍卫者都表示满意之至，不愿意再莽撞地干涉这一'沉痛事件'"^⑤。在他们看来，这只是反对派那些"不受尊敬的媒体"为了政治目的而蓄意利用的事件。^⑥ 如果这一事件因不涉及政治人物，从而不能进行政治操作而达到某些目

---

① Marx 1975 - 2004e.
② Marx 1975 - 2004e.
③ Marx 1975 - 2004e.
④ Marx 1975 - 2004e, p. 596.
⑤ Marx 1975 - 2004e, p. 596.
⑥ Marx 1975 - 2004e, p. 597.

的，那么利顿夫人依然会呆在疯人院。"至于那些大无畏的舞文弄墨的骑士，则不论布尔韦尔夫人是永远呆在伦敦的疯人收容所里，还是被人家比在圣彼得堡或维也纳更加巧妙、更加神不知鬼不觉地收拾掉，实际上他们都是毫不在乎的；要不是她运气好，被帕麦斯顿一眼看中，认为可以借她来作为分裂托利政府的工具，文化界因袭守旧的礼仪是会使她没有任何可能进行申述的。"①

在这里，马克思借助被宣布为疯人提出了一个关于英国自由主义局限性有趣的批判视角。在这一案例中表现出的法律同俄罗斯及奥地利一般，已然将个人自由压缩到了极致。此外，此案例与无数潜在的其他类似的女性被错误地宣布为精神错乱的情况不同，其受到一些关注的唯一原因是这一事件在政治上对帕麦斯顿有利。否则，这个坚定的自由捍卫者会忽略这一明显的私人和政府压迫的例子。

也许出于政治原因，马克思除了批评媒体没有充分揭示这个问题，也对英国法律提出批评，因为英国法律将某人送到精神病院的判断标准已经低至随意的程度。

> 要想把一个令人讨厌的人藏在疯人院里，英国的法律只要求一个亲戚的声明和两个医务人员的签名（对于这些人，费用和个人影响会左右他们的意见），此外什么也不需要。事实上，修改后的法律承认，如果这个人的朋友们要为他伸张正义，并坚持进行法律调查，那么，为了公众调查起见，可以将个人扣押。如果这样的程序回应了正义的要求，为什么不把一个被怀疑为重罪的人提交给普通监狱？而不是通过第三方的秘密声明，由两名律师签署，之后，如果嫌疑人朋友提出异议，则需要强制性进行调查。让一个人发疯的最可靠的方法就是送他去疯人院。②

马克思没有直接说明人们往往倾向于认为患精神病的多数是女性，英国政府也倾向于把精神病患者的烙印打在女性身上。

---

① Marx 1975 - 2004e，p. 597.
② Marx 1975 - 2004e.

另外，马克思在此提出了一个类似于福柯后来的观点，即机构和精神错乱之间的相互关系，指出了心理健康机构所发挥的潜在负面作用。

　　　靠"精神错乱症"吃饭，自担风险的希尔医生①也出来辩解，他说：布尔韦尔夫人完全没有受到禁闭，相反地，她可以使用马车，而且在她被迫留住期间，几乎每天晚上都乘车到里士满、阿克顿、汉威耳或艾兹卢艾尔特去散心。希尔先生忘记告诉公众，他实行的这种"对疯人的改良待遇"完全符合精神病委员会的明文规定。装模作样的亲热、耐着性子的笑脸、哄小孩般的劝导、曲意逢迎的废话、机巧投递的眼色、一群训练有素的护理人员的故作镇静，——这一切，都像灌水法、紧束衣、粗暴的监视人和黑暗的病房一样，能有效地把任何一个头脑正常的女人逼疯。②

在这里，马克思试图说明，至少在某种程度上，精神病院起到的效果不是治愈精神病，而是使得精神错乱更加严重，即便采用了较新的、更温和的治疗方法，这一点也不会例外。马克思认为，当一个人被看做精神病并不被认真对待时，可能会导致精神错乱，或者至少让一个人相信他们自己的不正常。

在某种程度上，这反映了福柯后来在《癫狂与文明》中所写的东西，即法国现代精神病院的文明以及使用它来观察和判断维持精神错乱的行为：

　　　癫癫逃脱了那种武断的处置，其结果却是进入了一种无休止的审判。疯人院为这种审判配置了警察、法官和刑吏。在这种审判中，根据疯人院所要求的生活美德，任何生活中的过失都变成了社会罪行，应受到监视、谴责和惩罚。这种审判的唯一后果是，病人在内心永远不断地悔悟。……如果说他们已不再被视为罪犯或与罪犯相联系，他们仍每时每刻受到谴责。

---

① 在这里，马克思指的是罗伯特·加德纳·希尔，他在林肯疯人院以无所顾忌的治疗方法而闻名。后来，在 1851 年，他为妇女开设了一家私人疯人院，布尔韦尔-利顿夫人在那里接受治疗。
② Marx 1975－2004e, p. 598.

他们受到指控，却从未见到指控的正文，因为他们在疯人院的全部生活就构成了这种指控的正文。①

因此，在看似温和的治疗过程中，精神病院能够潜移默化地说服病人相信自己患病。此外，患者也会逐渐将他者的印象内化为对自身的规制，总是身不由己地把自己看成是一个不正常的人。

在8月7日的一篇鲜为人知的后续文章中（该篇没有被《马克思恩格斯选集》收录），马克思认为布尔韦尔-利顿夫人并不疯狂；相反，她的行为是相对理性的。自从她发现自己的零钱根本不够用时，她一直在尝试从她丈夫那里得到一笔更大的费用。当她发现布尔韦尔-利顿不做任何让步时，她决定加大攻势。而且，随着布尔韦尔-利顿在政治上的成功，她相信自己有资格获得更多的津贴，因为在她看来，这种成功至少是他们一起努力的结果。她也相信布尔韦尔-利顿利用了他的政治影响力来阻止她的小说出版和销售：

> 她婚前拥有一笔约每年400欧元的小数额财产，那时，爱德华爵士尚未继承他现在的大笔财富。为了帮助他取得国会议员所需要的财产资格，她把自己的财产转到他名下。在1838年，他们闹离婚时，布尔韦尔同意在余生里每年支付给她400欧元，后来由于债务问题，这笔钱变为每年180欧元。她试图通过文学刊物的出版费维持自己的收入，但在她看来，布尔韦尔左右了出版商和评论家的意见，最终使得她的小说被排除在图书市场之外，这加剧了她的经济窘迫。②

在此，布尔韦尔-利顿夫人的做法展示出她强大的理性计算能力，而布尔韦尔-利顿的反应则缺乏必要的理性：

> 她一再努力争取从丈夫那里多获得一些津贴，此时，她丈夫的收入已经上升到8000或10000欧元了，但她的努力仍然失败了。最终，她以赫特

---

① Foucault 1984, p. 158.
② Marx 1975 - 2004e.

福德事件作为一个契机，从而使得她的案子引起公众注意。事实证明，她的心机实际上远不是"疯狂"所能涵盖的。被曝光于众的愤怒和对于崭新获得的权力的迷恋混合在一起，使得布尔韦尔举止失当，用一句谚语来说就是，岂止是过失，更是犯罪。①

显然，布尔韦尔-利顿有足够的财力来多给她一些零用钱，或者至少不影响她的出版工作，但他采取的做法却是通过法律来让妻子闭嘴。

在这两篇文章中，马克思尤其批评了爱德华和他的儿子罗伯特处理问题的方式，他们用精神病方面的法律来迫使罗西纳沉默。罗伯特·布尔韦尔-利顿先生首先声明，对他的"老实话"应该"深信不疑"，因为他"作为布尔韦尔-利顿夫人的儿子，比任何人都更有权利出来保护她，自然，对全部情况也比任何其他人了解得更真切"。但是这个孝子不仅不关心他的母亲，不仅不同她通信，甚至将近17年没有见过她的面。②

此外，罗伯特本人提供的理由表明他们并没有考虑到利顿夫人的利益。他说："我的父亲自从不得已而同意使用那些为许多人曲解的办法时起，就极力征询最有经验和最权威的医生的意见，以求对我母亲的自由的约束绝不超出绝对必要的期限。他对我的嘱咐就是这样的。"③ 这种说法看起来是合情合理的，但"其实这不过是诡辩"④。正如马克思所指出的，利顿父子重点不在于为囚禁罗西纳一事寻求正当性，而是更关心罗西纳不会很快被释放。"从这一整段硬编出来的笨拙的遁辞中可以看出，爱德华·布尔韦尔爵士之所以需要权威医生提供意见，似乎不是为了把他的夫人作为疯子隔离起来，倒像是为了把她作为 mentis compos〔精神正常的人〕来恢复她的自由。"⑤ 然而，对于马克思而言，这并不重要，"需要向公众证明的不是可以恢复布尔韦尔夫人的自由，相反地，是剥

---

① 这句话一般被认为出自拿破仑一世的一位官员 Joseph Fouché，意指对 Enghien 公爵的草率处决，他被错误地判为与 1804 年暗杀拿破仑的行动有关。通常被翻译为 "比犯罪更糟糕，大错特错"。
② Marx 1975 – 2004e, pp. 597 – 8.
③ Marx 1975 – 2004e, p. 599.
④ Marx 1975 – 2004e, p. 599.
⑤ Marx 1975 – 2004e, pp. 599 – 600.

夺她的自由是否合法"①。在此，马克思想要表达的是利顿父子关心的并非利顿夫人的安全，而是如何让她沉默，而且，既然他们无法提供真实的证据证明她有精神病，那么利顿夫人被关押起来就是不合法的。

即使在她被释放后，布尔韦尔-利顿夫人远没有完全获得自由。根据释放她的协议条款，她将不得不与儿子住在一起，如果她要旅游，则要么必须由儿子陪同，或者由"还有她自己选择的一位女伴和亲戚做一次短期旅行"陪伴。② 马克思接着指出了这个协议之下的权力的不平等，以及这个协议是如何成功地使罗西纳保持缄默的：

> 这不就是说他们已经把布尔韦尔夫人从布伦特弗德的拘禁处转移到伦敦一个新的拘禁处，完全把她送到凶狠敌人的掌心中去了吗？有谁保证她的"行动不受限制"呢？至少，她在交给她的和解书上签字时不是自由的，而是在经受着希尔医生的改良治疗法的折磨。这个事件中最重要的一点是：爱德华爵士讲话的时候，布尔韦尔夫人总是沉默的。虽然人们都知道她长于文字，可是公众没有见到过一篇她所写的声明。她写了一份关于自己所受到的待遇的报告，却被人巧妙地从接到这份报告的人那里弄走了。③

布尔韦尔-利顿夫人虽然能够离开精神卫生所，然而，她的自由受到极大限制。正如马克思所指出的，她同意和解的决定发生在她还在精神病院的时候，除了同意之外，没有别的选择。此外，她是在儿子的监管下，无法讲述自己的故事。相比之下，爱德华没有这样的限制，爱德华和罗伯特能够利用国家的力量，以及利用被认为是疯狂的女性的遭受的不平等待遇来让一个麻烦的女人闭嘴。

---

① Marx 1975 - 2004e, p. 600.
② Marx 1975 - 2004e, p. 600.
③ Marx 1975 - 2004e, p. 600.

女性与第一国际

　　第一国际于 1864 年在伦敦成立，至 1876 年因内部纷争而解散，是左翼政治团体组织和工会组织，在存在的 12 年里，它是协助工人运动的一个重要组织。马克思在第一国际中担任重要工作。此外，第一国际大多数成员也参加了 1871 年巴黎公社。虽然在第一国际成立前两年间（1864—1865），几乎没有文件提及女性工人，但马克思在 1866 年起草的《临时中央委员会就若干问题给代表的指示》一文中对女性劳动者的评论具有重要分析价值，此时马克思刚完成《资本论》第一卷，这一指示是马克思为协会第一次代表大会的代表们写的，这次代表大会于 1866 年 9 月 3—8 日在日内瓦举行，讨论了关于国际联合行动、缩短工作日、儿童劳动与妇女劳动等问题。[①] 这一论点与马克思《资本论》中关于工作日的讨论相互呼应。

　　正如我们在《资本论》中所看到的，马克思在这一文本中展现出对于女工的矛盾心理，总体来说，由于具有潜在的进步性，马克思更倾向于将其纳入劳动力市场。在马克思讨论限制工作日时长时，他说"限制工作日是一个先决条件，没有这个条件，一切进一步谋求改善工人状况和工人解放的尝试，都将遭到失败"。[②] 所有成年人的工作时长都应限制在 8 小时以内，女性也不例外："这一节只涉及成年男女的情况，必须绝对禁止妇女从事任何夜工，也禁止她们从事对妇女较弱的身体有害的，以及可能使她们受到有毒物质及其他有害物质影响的各种劳动。所谓成年是指年满 18 岁的人。"[③] 在此，马克思仍然秉持着那个时代的维多利亚道德观，无论这是出于政治原因还是自身理念。

　　与此同时，马克思看到了限制资本主义制度对于女性的剥削，同时就意味着限制对男性工人的剥削。这一点比较清楚地表现在上述征引语句的前一句中："夜工只能在法律上明文规定的生产行业或生产部门中当做一种例外。必须力争

---

① GCM. 1964a.
② GCM. 1964a, p. 342.
③ GCM. 1964a, p. 343.

完全废除夜工。"① 与《资本论》中关于通过立法来对工作时长加以限定的讨论相似，马克思似乎认为，一旦限制了女性劳动者的劳动时长，成年男性劳动者也会受益。然而，尚不清楚的是，这是否以及在何种程度上适用于其他限制，但由于马克思看到了资本主义内部所有劳动都将对等的趋势，因此，对于男性来说危险的工作也有可能通过法律加以限制。从长远来看，"现在，谁也不会否认需要国家来维护妇女和儿童的利益了；而对他们的劳动时间的限制，在大多数场合也会导致男子工作日的缩短"②。

马克思关于童工的讨论对于理解其关于家庭压迫的观点很有帮助。马克思认为，不应该反对儿童参加劳动；真正的问题在于资本主义形式之下对于童工的剥削：我们认为，现代工业吸引男女儿童和少年来参加伟大的社会生产事业，是一种进步的、健康的和合乎规律的趋势，虽然在资本主义制度下它是畸形的。在合理的社会制度下，每个儿童从 9 岁起都应当像每个有劳动能力的成人那样成为生产工作者，应当服从普遍的自然规律，这个规律就是：为了吃饭，他必须劳动，不仅用脑劳动，而且用双手劳动。但目前我们的任务只是关怀工人阶级的儿童和少年。③ 在这里，马克思强调创造性工作的重要性，这似乎回到了他在《1844 年经济学哲学手稿》和《德意志意识形态》中的观点，即认为劳动是生命的一部分，是人的类本质。根据马克思的观点，所有的孩子都应该为发挥自己精神上和身体上的潜能而劳动，但是这一过程在资本主义社会中变得"畸形"，已然成为与人相对立的异己力量。

马克思进一步讨论了资本主义的影响，诸如管理儿童工作时不对孩子的性别进行区分④，以及在家庭中压迫儿童的现象：

> 不过我们这里所谈的只是一种最必要的抗毒素，它被用来抵制下述社会制度的各种趋势，这种制度把工人降低为积累资本的简单工具，把那些

---

① GCM. 1964a, p. 343.
② GCM. 1964b, p. 244.
③ GCM. 1964a, pp. 343 - 4.
④ GCM. 1964a, p. 344.

被贫困压得喘不过气来的父母变成出卖亲生儿女的奴隶主。儿童和少年的权利应当得到保护。他们自己没有能力保护自己。因此社会有责任保护他们。①

然而，对儿童和少年的权利的讨论并没有以家长式的立法结束，"智力教育""体力教育""技术教育"的结合激发出创造一个新的工人阶级的潜力，正在成长的工人一代比他们的父辈更有能力控制自己的命运：

> 工人的行动不自由。他们在很多场合甚至十分无知，不能理解自己孩子的真正利益或人类发展的正常条件。但不管怎样，最先进的工人完全了解，他们阶级的未来，从而也是人类的未来，完全取决于正在成长的工人一代的教育。他们知道，首先应当使工作的儿童和少年不受现代制度破坏作用的危害。这只有通过变社会意识为社会力量的途径才能办到，而在目前条件下，只有通过国家政权施行的普遍法律才能办到。工人阶级要求施行这种法律，决不是巩固政府的权力。相反，工人阶级正在把目前被用来反对他们的政权变为自己的武器。工人阶级通过普遍的立法行为能够得到靠许多分散的个人努力所无法得到的东西。②

在这里，马克思指出了社会变革的必要性。"社会观念"必须转变为工人的阶级行动，即"社会力量"。此外，马克思认为教育与行动相结合能够超越当下的意识形态。尽管尚不清楚这是否适用于妇女在工作场所的地位，马克思也没有在童工问题上作出性别区分，但他关于成人夜间工作的陈述似乎表明新一代工人之间由于性别而产生的分裂可能会减少。

与他在《资本论》中对机器的讨论（如第三章中所讨论的）类似，在1868年7月的总委员会会议上，马克思讨论了妇女与儿童相关的问题，从辩证的角度看待使用机器在将妇女和儿童引入劳动力方面的影响：

---

① GCM. 1964a, p. 344.
② GCM. 1964a, p. 345.

使用机器的另一后果，是把妇女和儿童驱入工厂。这样妇女就成了我们的社会生产的积极参加者。从前，妇女和儿童的劳动是在家庭范围内使用的。我不认为，妇女和儿童参加我们的社会生产是一件坏事。我以为，每个 9 岁以上的儿童应当有一部分时间来从事生产劳动；但是，迫使儿童在现在这种条件下从事劳动，那是太骇人听闻了。①

正如第三章所讨论的，马克思认为引入机器是让妇女和儿童加入劳动力队伍的一个重要因素。通过使用机器，某些需要大量体力的工作几乎可以由任何人来完成。马克思认为，这带来了积极和消极的影响。在这里，马克思不仅支持妇女进入劳动力市场，而且指出了资本主义特有的"骇人听闻"的工作条件。此外，马克思还指出了这样一个事实：妇女参与社会生产并不是什么新鲜事。相反，值得注意的是现在的生产发生在家庭之外而非仅在家庭内部。此外，与他在《共产党宣言》中的讨论类似，马克思在结论中指出了机器的积极作用，他指出"有组织的劳动是使用机器的最重要的后果之一，而这迟早又会产生自己的各种后果"②。

1868 年和 1869 年的罢工和劳工运动相对活跃。1868 年底，一群缫丝工和丝带制造商在法国里昂举行了罢工。在《总委员会向国际工人协会第四次年度代表大会的报告》中，马克思指出了许多女性工人在罢工中扮演的角色，尽管经济困难并且面临着警察镇压，她们仍然坚持罢工："在里卡马里大屠杀以后，里昂的缫丝工（其中大部分是妇女）很快就开始了一系列的经济战斗。……在里昂，也像以前在卢昂一样，女工起了崇高的卓越的作用。"③ 在这里，马克思再次指出了女性在工人运动中的重要性。

马克思与库格曼

1862 年 12 月，为向一位德国妇科医生路德维希·库格曼（Ludwig

① GCM. 1964b, p. 232.
② GCM. 1964b, p. 233.
③ GCM. 1964c, p. 336.

Kugelman）询问经济学研究相关事宜，马克思与库格曼开始了一系列有关经济学和德国革命前途的通信。① 后来，1867 年《资本论》出版时，马克思在汉诺威与库格曼一家住在一起，而到了 1869 年晚些时候则与他的女儿珍妮一起。虽然这期间的会面似乎一切如常，但后来在奥地利卡尔斯巴德的一次会面最终导致他们的友谊因家庭纠纷而彻底破裂。

　　1874 年 5 月，生病的马克思要求库格曼在当年晚些时候去卡尔斯巴德与他会合，马克思在医生要求下，即将前往卡尔斯巴德小镇据说具有疗养作用的温泉。② 库格曼安排了这次旅程的大部分细节，包括住宿，并于 9 月与马克思会面。在卡尔斯巴德逗留期间，当马克思透过旅馆的墙壁听到库格曼夫妇之间的争吵时，他目睹了库格曼对妻子的性别歧视，并在 1874 年 9 月 18 日给恩格斯的信中详细叙述了这一点，他写道：

　　　　很长时期来库格曼使我难以忍受。出于好意，他把我的房间安排在他和杜西的房间之间，这样，不仅当我和他在一起的时候，而且当我单独一人的时候，我都感到有他在场。我对他那种用热情的声调郑重其事地发表的滔滔不绝的无稽之谈还能忍受，而对那帮纠缠不休的汉堡-不来梅-汉诺威的庸俗男女，已经有些不耐烦了。但当他因闹家庭纠纷使我过于厌烦时，我就再也忍受不住了。这个学究气十足的资产阶级浅薄之徒认为，他的妻子似乎不懂得、不理解他那专注于最高宇宙问题的浮士德式的禀性，因而以极其恶劣的方式来折磨这个在各方面都比他强的女人。因此，我们之间终于发生了一场争吵；我搬到了上一层楼，完全摆脱了他（他使我的治疗受到很大妨碍），直到他启程（上星期日）之前我们才重新和好。但我向他坚决表示，我不去汉诺威了。③

　　在这里，马克思指出，库格曼出于其沙文主义立场不断批评他的妻子，马

---

① Draper 1985, p. 114.
② Kapp 1972, p. 166.
③ Marx, 1975－2004g, p. 46.

克思似乎比库格曼更尊重他的妻子。马克思曾多次向他询问德国革命的前景，也与他讨论最重要的政治经济学研究内容。卡尔（Karl）和埃莉诺·马克思（Eleanor Marx）在这场争吵中站在了库格曼夫人和她的女儿一边，这场争吵源于一件不起眼的小事："因为 K 夫人在尘土飞扬的一天没有掀起她的裙子，这盛大的场面就此开始！"①

这无疑是导致马克思和库格曼决裂的最重要事件，但一些证据表明，马克思在此之前就已经意识到了库格曼存在性别歧视。马克思从前没有在写给恩格斯或其他人的信中表露过他对库格曼的这种看法，但在写给库格曼的信中，马克思暗示他们之间在看待妇女社会角色问题上存在些许分歧。这一点在 1868 年12 月的两封信中尤其明显。在 12 月 5 日的信中，马克思向库格曼发问："您的夫人是否也参加了伟大的德国妇女解放运动？我认为，德国妇女应当从推动自己的丈夫去为自身解放而斗争开始。"② 在这里，马克思似乎是在说，德国妇女也许比她们的丈夫更具革命性。但是马克思这段话的意图并不明确，也可能是为了让库格曼更尊重地对待他的妻子。此外，在他的下一封信（12 月 12 日）中，马克思似乎至少部分收回了这一评论："请转告您亲爱的夫人，我从来没有'猜疑'她听命于白痴将军夫人。"③

然而，这封信中对妇女的讨论还没有结束。马克思继续写道："我提的问题只是开开玩笑。何况妇女对于国际是无可抱怨的，因为它选了一位妇女罗夫人担任总委员会委员。说正经的吧。美国'劳工同盟'最近一次代表大会有很大进步，别的不说，这也表现在它对待女工完全平等，而英国人在这一方面还受某种狭隘观点的束缚，多情的法国人更是如此。"④ 尽管用词有些倨傲，但马克思认为美国工会运动正在走向女性平等，并且指出，一名妇女已被选入国际最高级别机构。对于马克思来说，这是进步的重要衡量标准，特别是女性参与国

---

① E. Marx 1982, p. 117.
② Marx, 1975 - 2004h, p. 173.
③ Marx 1975 - 2004i, p. 184. 此处，马克思似乎是指瑞士社会主义者玛丽·戈格（Marie Goegg），她是当时国际妇女部的主席。Padover 1975, p. 144.
④ Marx 1975 - 2004i, p. 184.

际组织一事。

马克思继续强调女性的参与对于整个劳工运动和社会主义运动的重要性："每个了解一点历史的人也都知道，没有妇女的酵素就不可能有伟大的社会变革。社会的进步可以用女性（丑的也包括在内）的社会地位来精确地衡量。"① 在这里，马克思认为女性是社会变革的重要参与者，并且女性必须平等地参与任何进一步的社会变革。而这封信寄出的三年后，情况确实如此：女性积极参与巴黎公社的活动，在凡尔赛政府军队进攻时英勇保卫这座城市。此外，马克思在括号中说到"丑的"，虽然这一说辞十分直白，但这也许在试图向库格曼说明，女性的能力远不止作为男性的性对象。相反，无论是在智力上还是在实践上，女性本身可以成为积极的主体。

马克思与库格曼的关系的有趣之处很多。首先，马克思在给库格曼的信中详细介绍了他手头正在进行的工作，特别是撰写《资本论》。其次，也是更重要的一点，在这项研究中，马克思讨论了女性在当时社会变革中的作用，这似乎与库格曼性别歧视的观点相悖。1874 年他们在卡尔斯巴德度假期间这一矛盾尤为明显，正如我们所见，马克思在卡尔斯巴德与库格曼的争论中为库格曼的妻子辩护，这导致与库格曼关系的彻底中断。②

妇女与巴黎公社

1870 年 7 月，拿破仑三世领导下的法国政府向普鲁士宣战。许多工人从一开始就反对这场战争，随着战争形势的恶化，工人们已不愿为自己不支持的战争担负补给，民众间的异议越来越多。③ 当波拿巴被普鲁士俘获的消息传出时，人们于 1870 年 9 月 4 日发动了政变，共和国再次宣告成立。然而除了左派之外，当时的领导层十分保守。④ 战争只持续了很短一段时间，巴黎于 9 月 19 日

---

① Marx 1975 – 2004i, p. 184.
② Kapp 1972, p. 167.
③ Thomas 2007, pp. 35 – 6.
④ Thomas 2007, p. 36.

被围困。①

巴黎持续遭受基本物资短缺和价格飞涨之苦，而法国政府几乎不对此采取任何应对措施。1871 年 1 月，较之于被普鲁士统治，法国政府显然更担心城市内部社会动荡，于是法国政府向普鲁士投降，随后与普鲁士缔结了和平条约。② 法国被迫支付 50 亿法郎，并将阿尔萨斯全部地区（贝尔福除外）和洛林的一部分交给德国人。③ 通过位于巴黎郊外凡尔赛宫的国民议会的运作，政府迅速开始镇压巴黎 "名人议会"，并采取了最反动的措施：立即支付 1870 年 8 月 13 日至 11 月 13 日期间到期的账单，取消支付租金和国民警卫队的工资。在巴黎，商会和工业因围城而陷入瘫痪，饥荒肆虐，许多人变得一贫如洗。④

虽然这些措施的确对巴黎市民产生了消极影响，但关于武器的争议也促进了巴黎公社成立。首相阿道夫·梯也尔（Adol-phe Thiers）⑤ 希望归还给政府的大炮被视为巴黎人民的财产。巴黎人民向国民警卫队缴纳费用来使用这些武器，甚至在与普鲁士人的协议中也明确了这一点。⑥ 当警卫队进入巴黎蒙马特区取回大炮时，妇女和儿童聚集在一起，与士兵们相处融洽。当向人群开枪的命令下达时，士兵们拒绝听命并逮捕了将军。⑦ 大炮仍然掌握在巴黎人手中。8 天后，即 3 月 26 日，公社正式成立。⑧

这个存在时间极短的公社远非理想的社会主义模式，但其实施了多方面改革，包括实行普选权、实行民主统治并发放 "工人工资"、为工人提供重要保护和全民免费教育。⑨ 然而，1871 年 5 月，随着凡尔赛政府的军队进入该市，公社遭到残酷镇压。对市民，尤其是那些被认为参与战斗并煽动人们行动的妇

① Thomas 2007，p. 38.
② Eichner 2004，p. 21.
③ Thomas 2007，p. 50.
④ Thomas 2007，p. 51.
⑤ 梯也尔当时是凡尔赛法国新共和政府的领导人，该政府已与普鲁士签署停战协定。梯也尔后来呼吁残酷镇压公社。
⑥ Marx 1996a，p. 173.
⑦ Thomas 2007，p. 54.
⑧ Thomas 2007，p. 56.
⑨ Marx 1996a，pp. 184 - 5.

女——"纵火犯"——的处决随处可见。① 至少有两万人在这场巴黎之战中丧生，更多人经过审判后被流放或送进监狱。②

1871 年 5 月，马克思为第一国际理事会写了一篇题为《法兰西内战》的演讲。③ 1871 年 5 月 30 日，理事会决定以该文本作为对法国发生的事件的声明。④ 在这篇演讲中，马克思分析了该事件的政治背景，重点讨论了巴黎公社的成就。对于马克思来说，公社本身的治理结构是他关注的重点。在巴黎公社中，国家并不凌驾于社会之上，相反，它是为整个社会服务的：

> 公社不应当是议会式的，而应当是同时兼管行政和立法的工作机关。一向作为中央政府的工具的警察，立刻失去了一切政治职能，而变为公社的随时可以撤换的负责机关。其他各行政部门的官吏也是一样。从公社委员起，自上至下一切公职人员，都只应领取相当于工人工资的薪金。国家高级官吏所享有的一切特权以及支付给他们的办公费，都随着这些官吏的消失而消失了。社会公职已不再是中央政府走卒们的私有物。不仅城市的管理，而且连先前属于国家的全部创议权都已转归公社。⑤

此外，虽然巴黎公社的制度并非完美无缺，但它体现了当时无产阶级实现经济解放所必需的制度：

> 公社的真正秘密就在于：它实质上是工人阶级的政府，是生产者阶级同占有者阶级斗争的产物，是终于发现的、可以使劳动在经济上获得解放的政治形式。如果没有最后这个条件，公社制度就没有实现的可能，而是一个骗局。生产者的政治统治不能与他们的社会奴隶地位的永久不变状态同时并存。因此，公社应当为根除阶级的存在所赖以维持、从而阶级统治

---

① Thomas 2007, p. 160.
② Gullickson 1996.
③ Marx 1975 – 2004j, p. 308.
④ Marx 1975 – 2004j, p. 666.
⑤ Marx 1996a, p. 184.

的存在所赖以维持的那些经济基础的工具。劳动一被解放，大家都会变成工人，于是生产劳动就不再是某一个阶级的属性了。①

正如马克思所说，巴黎公社建立的制度并不是社会主义的最终目标，它仅仅是斗争得以持续的形式：

> 工人阶级并没有期望公社做出奇迹。他们并没有想 par décret du peu-ple〔靠人民的法令〕来实现现成的乌托邦。他们知道，为了谋得自己的解放，同时达到现代社会由于本身经济发展而不可遏制地趋向着的更高形式，他们必须经过长期的斗争，必须经过一系列将把环境和人都完全改变的历史过程。工人阶级不是要实现什么理想，而只是要解放那些在旧的正在崩溃的资产阶级社会里孕育着的新社会因素。②

巴黎公社最重要的人物之一伊丽莎白·德米特里耶夫（又称托马诺夫斯卡娅）是马克思的同事，她作为国际总委员会代表被派往巴黎。③ 托马诺夫斯卡娅是一位 20 岁的俄罗斯人，她在派往公社期间使用了她祖母的姓：德米特里耶夫。托马诺夫斯卡娅深受马克思和俄罗斯民粹主义者尼古拉斯·车尔尼雪夫斯基的影响，车尔尼雪夫斯基主张"将社会彻底重组为工作与生活的合作社，将俄罗斯农民公社作为一种天然的社会主义形式的基础"。④

德米特里耶夫第一次见到马克思时，她正作为俄罗斯革命特使前往伦敦，当时马克思被俄罗斯方面邀请担任总委员会代表。⑤ 1870 年 12 月，她抵达伦敦，很快就给马克思和他的女儿们留下了深刻的印象，他们成了朋友。⑥ 马克思充分尊重她的能力，并要求她提供有关俄罗斯农村公社可行性的信息，为实现共产主义的革命实践做准备。⑦ 马克思后来在给查苏利奇的草稿中写道：如

---

① Marx 1996a, p. 187.
② Marx 1996a, p. 188.
③ Eichner 2004, p. 65.
④ Eichner 2004, p. 63.
⑤ Eichner 2004, p. 64.
⑥ Eichner 2004, p. 64.
⑦ Eichner 2004, p. 64.

果进行革命，农村公社可能会生存下来。而德米特里耶夫对公社制度的看法则不如马克思那样乐观：

> 不幸的是，它转变为个人所有制的可能性极大。所有政府措施……都有一个单一目标，即通过压制集体责任来引入私有财产。去年通过的一项法律已经废除了将近四十个公社［集体所有制］的灵魂（只是男性灵魂，因为不幸的是女人没有灵魂）。①

虽然马克思只讨论了妇女为保卫城市而采取的行动，而非她们在巴黎公社期间的其他政治行动，但妇女在很大程度上参与了城市的治理。妇女支持公社一部分原因是因为它在经济上支持了她们及其家庭：

> 公社的男人们从来没有预见到妇女可能拥有公民权利，就像1789年和1793年的"伟大祖先"或1848年的革命者一样。但是某些措施，比如减免租金或停止出售存放在蒙德皮特的物品，都直接影响了妇女。任何为捍卫人民权利而被杀的国民警卫队成员的妻子，无论合法与否，都将获得600法郎的养老金，而她的每个孩子经过调查确认后，无论婚生与否，都可以领取365法郎的养老金直到十八岁。在公社的资助下，孤儿将接受"在社会中谋求自己的出路"所必需的教育。②

正如托马斯指出的，"这是对工人阶级家庭结构的隐晦的承认，因为它存在于宗教和资产阶级法律的背景之外：承认工会自由（自由工会）③、儿童的权利，法规的抑或自然的，而不涉及罗马法、教会和民法典"④。

巴黎公社期间，妇女们在公社中建言献策，创设了许多组织以改善她们的地位，确保公社中的所有人都分配到食物，并帮助策划防御工事。其中最重要

---

① 引自 Eichner 2004，p. 64.
② Thomas 2007，pp. 63 - 4.
③ 这是当时工人阶级中常见的婚姻形式。许多工人阶级成员不愿或无力支付教堂费用来结婚，因此法国政府不承认他们的合法婚姻。Eichner 2004，p. 29.
④ Thomas 2007，p. 64.

的一位是德米特里耶夫。她从伦敦到巴黎后，于 1871 年 4 月协助国际组织创设了法国支部的妇女组织（即"保卫巴黎和援助伤员妇女联盟"）。① 该组织是公社规模最大、作用最明确、最有效率的组织之一。② 德米特里耶夫为妇女联盟制定的议程包括"重新调整生产关系为合作社归全体生产者所有，终结雇主与劳工的剥削关系"，并试图消除女性工作权利相关的阶级与性别冲突。③

该组织最重要的任务是在巴黎公社被围困期间为失业妇女提供工作。④ 虽然德米特里耶夫在公社期间的规划不包括消除性别分工，但她确实试图"改变妇女工作的社会和经济价值"⑤。德米特里耶夫格外重视"与服装相关的行业（这些行业被称为'妇女的工作'，同时也被人们贬低），她努力将控制权和经济利益从雇主手中转移到生产者/所有者/工人手中。德米特里耶夫通过让妇女控制她们自身的劳动和产品来重新评估这些技能的价值"⑥。

由于公社只存续了 72 天，德米特里耶夫未能实现提升人们对妇女工作重视的长期目标。不过，她的组织确实在这一时期为许多失业者提供了工作，也为未来的劳工组织创造了典范。她以及许多法国共产党中女性的作为，至少让法国乃至国际上的部分人重新思考他们对待妇女的立场。这一点在法国工人党1880 年的纲领中表现得尤为明显：该群体投票支持马克思和茹尔·盖得（Jules Guesde）撰写的政党纲领，其中包含相对强有力的妇女平等条款。

虽然妇女在极大程度上参与了巴黎公社，但马克思对妇女在公社中的贡献关注较少。然而，在一些文本中马克思确实讨论公社妇女。马克思声称，一旦富有的巴黎妇女离开这座城市，真正的巴黎工人阶级女性的作用就变得更加明显：

---

① Thomas 2007, p. 70.

② Eichner 2004, p. 70.

③ Eichner 2004, p. 70.

④ Eichner 2004, p. 70.

⑤ Eichner 2004, p. 70.

⑥ Eichner 2004, p. 70.

　　荡妇们①已经跟着自己的庇护者，跟着那些保卫家庭、宗教、尤其是保卫财产的人一起逃光了。现在又由真正的巴黎妇女出现在最前列，她们和古希腊罗马时代的妇女一样英勇、高尚和奋不顾身。努力劳动、用心思索、艰苦奋斗、流血牺牲而又精神奋发地意识到自己的历史创造使命的巴黎，几乎忘记了站在它城墙外面的食人生番，满腔热忱地一心致力于新社会的建设！②

　　参加公社的无产阶级女性及其他女性（包括下层妓女）都明白，尽管资产阶级男人话语上表示着对家庭和财产的支持，但这与他们的实际利益存在着很大的冲突。许多巴黎妇女为公社而战，正是因为她们认为公社可以更好地保护她们的利益，并引领社会走向一个新的、更平等的方向。在这里，马克思特别提到了古希腊罗马时代的妇女。联系原文，马克思似乎并不是实指希腊和罗马社会中常常受到高度压迫的妇女（尤其是在希腊，她们通常被禁止离开家）。相反，马克思很可能指的是神话中的女性，如雅典娜和其他希腊神话中的女性，马克思认为她们为妇女提供了一种自由模式，而巴黎妇女正在为自身自由与社会复兴而努力。

　　从某种程度上讲，这一设想是可能实现的，公社期间巴黎的犯罪率显著下降。虽然马克思没有直接说明这一点，但这实际上给了公社妇女更大的自由，让她们不用担心自己的人身安全：

　　　　公社简直是奇迹般地改变了巴黎的面貌！第二帝国的那个荒淫无度的巴黎已经消失得无影无踪了。……在陈尸场内一具尸首也没有了，夜间抢劫事件不发生了，偷窃现象也几乎绝迹了。自从1848年2月以来，巴黎街道第一次变得平安无事，虽然街道上连一个警察也没有。有一个公社委员说："我们再也听不到什么杀人事件、抢劫事件和袭击个人的事情……"③

　　虽然没有明确的证据，但可以推测强奸案件的犯罪率应当也下降了。然而，

① 上流社会的妓女们或权贵的情妇。
② Marx 1996a, p. 194.
③ Marx 1996a, p. 194.

随着凡尔赛遭到入侵，这种情况就不复从前。

当凡尔赛政府的军队进入巴黎并开始夺回这座城市时，对公社的镇压最先针对女性。在公社存在的最后几天里，女性常被指控在城市中纵火。而纵火实际上可以作为确保凡尔赛人无法以建筑物作为掩体的战略措施，认为妇女对此负有主要责任是毫无依据的，公社的男人们出于同样理由引发了许多火灾，凡尔赛政府的军队纵火的可能性也不能被排除。①

女性（特别是那些在公社成立之前因其经济状况而被迫卖淫的工人阶级女性）很可能成为被判罚的目标。这不单是惩罚犯罪者的问题，同时意味着社会对女性的规制。许多保守派担心女性的转变。例如，当时的一篇新闻文章指出，女人们忘记了自己的性别，抛弃温柔，而去暗杀、毒害士兵、焚烧和屠杀；小孩子变成了毁灭的恶魔，向屋内泼洒汽油；士兵们忘记所有性别和年龄的区别，像害虫一样射杀囚犯，有时几十个，有时数百个。② 妇女犯下"危害女性特质的罪行"，根据这些保守派作者的说法，她们需要受到严厉的惩罚。而保守派自认为这样的"非自然"行为是为了拯救社会。③

对于那些讽刺参与保卫公社的妇女的评论家们，马克思表示极不认同。马克思看到参与捍卫公社的妇女（当然也包括男性）作为历史主体去寻求创造一个更公平社会的条件，而评论家只看到他们的行为与现存社会秩序背道而驰的方面。公社的男人和女人不过是罪犯，而那些试图在街垒上打架的女人则是棘手的麻烦：

> 这个建立在劳动奴役制上的罪恶的文明社会，每次取得血腥的胜利时，都要发出受到世界各处响应的毁谤的狂吠，来淹没它的受害者即为争取美好的新社会而英勇牺牲的战士们的喊声。工人们的平静的巴黎，公社的巴黎，突然被这批维护"秩序"的嗜血恶狗们变成了一个魔窟。这场骇人听闻的变化在世界各国资产阶级的意识中证明什么呢？不过是证明公社搞了

---

① Thomas 2007, p. 169.
② 引自 Gullickson 1996, p. 178。
③ Gullickson 1996, p. 178.

一次反对文明社会的阴谋！巴黎人民满腔热血地为公社牺牲生命，自古以来没有一次战斗有这么多人自我牺牲。这证明什么呢？不过是证明这个公社不是人民自己的政府，而是一小撮罪犯用暴力夺取的政权！巴黎妇女在街垒里和刑场上都是视死如归。这证明什么呢？不过是证明公社的邪恶魔鬼把她们变成麦格拉和赫加特！① 公社在实行绝对统治的两个月内采取的温和态度，只能同它进行保卫时表现的英勇精神相比拟。这证明什么呢？不过是证明公社在两个月内用温和态度和人道精神遮盖了它那恶魔般的嗜血本性，好让这种嗜血本性能在临死挣扎时随意发泄！②

正如马克思在 1868 年写给库格曼的信中说的那样，他认为，事实上女性是进步变革的重要力量，尽管大多数男性对此并不认同。并且，他谴责保守派批评家认为女性捍卫公社的行为是"非自然的"。

公社遭到血腥镇压，德米特里耶夫秘密逃离巴黎，回到俄罗斯后，她开始使用她的真名托马诺夫斯卡娅，于是她在公社中的真实身份就不为人知了。从此她极少参与政治。不过，她的确在涉及她丈夫的法律事务上请求过马克思的帮助。马克思帮助托马诺夫斯卡娅的丈夫米哈伊洛维奇·达维多夫斯基找到了一位律师，为他辩护，免受谋杀指控。然而，达维多夫斯基仍然被定罪并被送往西伯利亚，于是托马诺夫斯卡娅也陪同丈夫前往。③

公社之后

《哥达纲领批判》

马克思没有详细描写未来的社会主义社会应该是什么样，但他于 1875 年写

---

① 麦格拉（Magaera），希腊女神，以引起嫉妒以及惩罚婚姻不忠而闻名。虽然赫加特在希腊神话中主要扮演家庭守护者和新生儿保护者的积极角色，但随着时间的推移，人们主要以她的第三种角色——巫术女神来看待。在这种情况下，马克思似乎指的是她作为女巫的角色，暗指其批评者对公社妇女的负面描述。
② Marx 1996a, p. 202.
③ Thomas 2007, p. 211.

的《哥达纲领批判》中提供了最清楚的解释。这篇文章是为了回应德国工人党提出的纲领而写的。马克思在 1875 年代表大会召开之前将这些批评意见发给威廉·白拉克（Wilhelm Bracke），后于 1891 年出版。[①] 马克思对当时的党章持批判态度，并看到这一章程的许多方面都是运动的倒退，例如片面强调分配问题而不是更深入地改变实际的生产关系。发展到共产主义不是一个简单的过程，需要大量的时间和精力，资本主义社会不可能直接从资本主义进入共产主义：需要经历共产主义的初级阶段以充分改变社会关系。[②]

除了这些普遍性的论述，马克思在笔记中有两处提到了性别。第一处涉及马克思关于资产阶级权利概念有限性的讨论，以及它们在共产主义初级阶段的地位。《哥达纲领》谈到需要"公平分配（劳动所得）"，但是，正如马克思所指出的，公平分配的标准只能建立在现今的生产方式基础上，而不能以抽象的正义概念来衡量，因为资产者总是断定当前的分配是公平的。[③]

马克思认为，要制定革命的方式，必须考虑到当下的实际条件以及让革命变得困难的社会的矛盾性质。关于这个纲领，必须记住的是："我们这里所说的是这样的共产主义社会，它不是在它自身基础上已经发展了的，恰好相反，是刚刚从资本主义社会中产生出来的，因此它在各方面，在经济、道德和精神方面都还带着它脱胎出来的那个旧社会的痕迹。"[④] 因此，任何新制度在一开始都远非完美，特别是就任何已发展的权利概念而言。

马克思在讨论使用资产阶级权利概念的问题时提到的一个例子涉及家庭中的劳动分配问题，以及这如何导致整体上的不平等分配：

> 其次，一个劳动者已经结婚，另一个则没有；一个劳动者的子女较多，另一个的子女较少，如此等等。因此，在提供的劳动相同，从而由社会消费基金中分得的份额相同的条件下，某一个人事实上所得到的比另一个人

---

① Marx 1975 - 2004k, p. 75.
② Marx 1996b, p. 214.
③ Marx 1996b, p. 211.
④ Marx 1996b, p. 213.

多些，也就比另一个人富些，如此等等。要避免所有这些弊病，权利就不应当是平等的，而应当是不平等的。①

正如前面提到的，马克思认为社会生产需要让所有身体健全的成年人，以及在某种程度上让儿童都参与进来。如果所有人都因他们所做的工作而获得同等的报酬，那么家庭把所有的资源集中起来，分配仍然可能是不平等的。因此，在这里，马克思似乎指出了在以抽象个体为基础的社会中不去使用资本主义权利和同等酬劳的概念的困难。然而，在更发达的社会主义社会中，这可能会发生变化："只有在那个时候，才能完全超出资产阶级权利的狭隘眼界，社会才能在自己的旗帜上写上：各尽所能，按需分配！"②

此外，由于马克思在这里讨论的是一个从资本主义向社会主义过渡的社会，他表明家务劳动也应该受到重视。虽然家务劳动局限于家庭领域而不具有交换价值，但它具有重要的使用价值。必须有人做饭、打扫卫生并抚养孩子，那些独居的人除了在公共领域从事自己的劳动外，还必须完成这些劳动。因此，已婚工人（任何性别）的家庭伴侣如果获得类似的家务报酬，那么他们就会具备一定优势。然而，在更发达的社会主义社会中，家务劳动也可以进一步社会化，消除这种安排所产生的不平等。虽然马克思本人不会意识到这一讨论可能产生的根本性影响，但他的评论显然不会摒弃家庭中出现新的、性别区分较少的社会分工的可能性。

马克思还批评了《哥达纲领》中涉及妇女劳动的模糊规定。这个纲领只要求"限制妇女劳动和禁止儿童劳动"③。此外，马克思认为："如果限制妇女劳动指的是劳动日的长短和工间休息等等，那末劳动日的正常化就应当已经包括了这个问题；否则，限制妇女劳动只能意味着在那些对妇女身体特别有害或者对女性不道德的劳动部门中禁止妇女劳动。如果指的就是这点，那就应当加以说明。"④ 在这里，马克思指出，在大多数情况下，没有理由限制妇女劳动，因

---

① Marx 1996b, p. 214.
② Marx 1996b, p. 215.
③ Marx 1996b, p. 225.
④ Marx 1996b, p. 225.

为她们同样有能力参加工作，不需要特殊规定。而某些工作可能对女性有害，因此应该禁止她们从事这项工作。然而，这一观点是存在矛盾的，马克思仍然有所保留。对于马克思来说，这是否规范妇女工作的正当理由，目前还不清楚。正如前一章所讨论的，马克思认为道德至少在某种程度上是基于生产方式的，但是他从未阐明资本主义社会中对女性来说"在道德上令人反感"的工作在未来的社会中是否会变得不那么令人反感。

《哥达纲领批判》中的劳动、自然与财富

马克思在《哥达纲领批判》的开头几行似乎是应了他在《1844年经济学哲学手稿》中关于人类劳动与自然关系问题的论述，他写道："劳动是一切财富和一切文化的源泉。"① 在这里，马克思将财富与自然的关系区分开来，劳动是资本家榨取剩余价值的源泉，但只有在资本主义制度下，剩余价值才被视为财富。劳动价值可以成为社会上所有人的财富，但其并不仅仅以劳动为基础："劳动不是一切财富的源泉。自然界和劳动一样也是使用价值（而物质财富本来就是由使用价值构成的！）的源泉，劳动本身不过是一种自然力的表现，即人的劳动力的表现。"② 正如在《1844年经济学哲学手稿》（见第二章）中一样，在这里，马克思同样在说明人与自然的相互关系。人的劳动与自然不是一种对立关系，相反，两者实质上是相同的，因为人的劳动力本身就是"自然力"。

马克思并非站在唯心主义立场来分析自然与劳动的关系，他认为人类依赖于自然界："只有一个人事先就以所有者的身分来对待自然界这个一切劳动资料和劳动对象的第一源泉，把自然界当做隶属于他的东西来处置，他的劳动才成为使用价值的源泉，因而也成为财富的源泉。"③ 因此，虽然劳动过程包含着意识和智力，但人类改造自然的能力仍然是有限的。此外，马克思指出，人并非独立于自然界之外，在劳动过程中个人"把自然界当做隶属于他的东西"。马克思试图通过阐述自然与社会在人类发展过程中的相互联系来克服自然/文化二元论。但他没有对妇女再生产劳动问题进行类似的充分论证，而这一问题似乎不

① Marx 1996b, p. 208.
② Marx 1996b, p. 208.
③ Marx 1996b, p. 208.

会与他的社会理论不相容。

法国工人党纲领

在马克思所著的一篇纲领中能够看出：马克思把妇女视为促成社会变革的力量。这篇著作写于 1880 年，由两个主要部分构成，第一部分由马克思独自完成，第二部分由茹尔·盖得与马克思在马克思的女婿保罗·拉法格（Pual Lafargue）和恩格斯帮助下合著完成。① 该纲领在同年经过部分修正后予以通过。② 马克思在后来的一封信提到了这一文件："这一简短文件的经济部分只包括实际上由工人运动本身自发产生的要求，是对共产主义目标加以界定的介绍性段落的补充。"③ 在这里，马克思似乎指出了巴黎公社在制定这一纲领过程中的重要性。此外，这个纲领包含了对两种截然不同的经济和政治形势的要求。序言谈到了推翻资本主义后的共产主义社会的样子，而在正文部分谈到了资本主义可能带来的改革。

纲领的第二部分是由马克思和茹尔·盖得在其他人的帮助下起草的，因此这部分的具体作者无法得到确证。④ 然而，在纲领通过后，茹尔·盖得开始质疑最低纲领部分所要求的改革，他认为这些改革过于激进，并声称，拒绝这些改革将"使无产阶级摆脱最后的改良主义幻想"⑤。马克思认为这些改革为强大的工人运动创造了条件，而盖得和其他人则认为这些改革有可能拉拢工人。

总的来说，序言在呼吁采取革命行动以控制生产资料的同时，也对妇女在未来社会主义社会中的地位作了相对有力的陈述。"生产者阶级的解放是不分性别和种族的全人类的解放。"⑥ 这两处文本中关于低限度的要求表明了解放包括妇女在内的整个工人阶级的重要性。此外，马克思更加支持重视妇女权利的国家，如英国和美国，这些国家往往受蒲鲁东主义的影响较小。虽然马克思支持妇女权利也许是为了反对蒲鲁东主义，但这应当不是唯一原因。

① Marx 1992, p. 376.
② Marx 1992, p. 376.
③ Marx 1975 - 20041, p. 44.
④ Moss 1976, p. 107.
⑤ Marx 1992, p. 376.
⑥ Marx 1880 and Marx 1976, p. 1538.

实际上最低纲领的要求更加具体，而且包含保护妇女利益的非常有力的条款。例如，描述党的政治要求的部分不仅包括公共领域的更多权利条款，如充分的新闻自由和废除反对第一国际的法律，而且呼吁"废除《法典》（拿破仑）中所有关于工人与老板地位关系、妇女与男性地位关系的条款"。这是具有重要意义的决定，因为《拿破仑法典》严重压迫着已婚妇女。正如波伏娃所指出的：

> 妻子应当服从丈夫，他能够以通奸罪将她关禁闭，然后离婚，如果他当场杀死她，在法律上是可以原谅的；而丈夫只有在带小妾回家时才需要受到惩罚，只有在这种情况下，妻子才能和他离婚。由男性决定在哪里定居，丈夫所掌握的权力比妻子大得多。除非妻子经营商业，否则她必须得到丈夫授权才能承担义务。她的人身和财产都受到严格的婚姻控制。①

因此，马克思和工人党要求废除那些使男性在家庭领域完全主宰妇女的法律。此外，经济部分列出了一些有利于所有工人的政策，如每周工作 6 天，每天最多工作 8 小时，法律规定按当地的食品价格每年确定一次最低工资，工资由工人理事会②确定，为雇员提供事故保险，并且由最好的工人们掌握工厂的控制权。③ 在这些更一般的政策中，主要包括维护妇女的利益，比如让社会来承担照顾老年人和残疾人的责任，而这两项任务——在当时和现在看来——往往被认为是妇女的责任。然而，这其中最重要的是男女工人的工资平等的规定。④ 与后来的马克思主义者不同，马克思清楚地看到妇女权利问题对工人运动的重要性，且并不认为这些问题非得等到革命成功后再解决。

考虑到当时在法国几乎不存在的性别政治（包括社会主义者），这些措施的颁布就更令人印象深刻了。一些法国社会主义者受到了蒲鲁东主义影响，带有

---

① De Beauvoir 1989, p. 111.

② 然而，马克思对这种规定的效力表示怀疑，他在给索尔热（Sorge）的一封信中说，这种规定是"尽管我提出抗议，盖得还是认为有必要抛给法国工人这些琐事"。（我对他说："如果法国无产阶级还幼稚到需要这样的诱饵，那就不值得制定任何纲领了。"）Marx 1975 - 2004l, p. 44.

③ Marx 1880 and Marx 1992，p. 337.

④ Marx 1992, p. 337.

极端的性别歧视。① 例如，参加 1866 年布鲁塞尔国际会议的法国代表团出版了一本小册子，声称"没有家庭，妇女就没有理由存在于地球上""如果对公共问题的奉献，对集体利益的关注是男人的品质，那么这就是女性不该涉足的领域，科学早就证明这种反常会给孩子带来不可避免的后果：枯萎、佝偻病，最后是阳痿"。这种涉及女性天性从而将她们困于家庭领域的争论，常见于法国社会的大多数群体。

结语

马克思如其所著，在政治活动中也致力于提高妇女的生产和社会地位。在许多情况下，马克思的措词较为模糊，如《资本论》的某些章节。然而，随着妇女越来越多地参与工人运动，马克思的地位变得越来越重要。这一点在马克思为国际组织所做的工作中表现得尤为明显，他在工人运动中主张妇女平等，并谈到机器对家庭和妇女地位的影响。此外，马克思在巴黎公社期间认识到妇女的经济和社会需求的重要性，支持将这些需求纳入法国工人党的纲领。他在公社事件后持续支持妇女解放，推动国际组织的成员国吸收女性成员，并呼吁将女性的需求纳入其主要计划。

---

① 其中包括妇女权利活动家，如 1840 年的芙罗拉·特里斯坦，以及安德烈·利奥、保尔·明克和路易丝·米歇尔，也有一些支持妇女权利的男性公社成员如贝努瓦·马龙、利奥·弗兰克尔和尤金·瓦尔林。

第五章　男权社会中女性的被压迫和反抗：马克思与恩格斯关于前资本主义社会性别与家庭观的差异

在生命的最后几年，马克思回过头来研究早些年曾涉足的两个重要议题：前资本主义社会和性别。虽然马克思没能将这些研究成果整理成文并发行，但是他的手稿足够我们窥探这一时期他的思想。马克思对包括路易斯·亨利·摩尔根（Lewis Henry Morgan）、亨利·萨姆纳·梅恩、路德维希·兰格、约翰·巴德·菲尔（John Budd Phear）、约翰·卢伯克（John Lubbock）和马克西姆·科瓦列夫斯基（Maxim Kovalevsky）等人类学家的研究做了大量笔记。这一章节只讨论其中第一位学者（摩尔根），并对比马克思关于性别问题的笔记与恩格斯《家庭、私有制和国家的起源》，在恩格斯的这本著作中就参考了马克思关于摩尔根的笔记。下一章节我们将讨论马克思关于梅恩和兰格涉及性别和家庭论述的笔记。

这说明了在这些笔记中，马克思重提了他在《政治经济学批判（1857—1858 年手稿）》中，特别是"资本主义生产以前的各种形式"（Pre-Capitalist Economic Formations）章节中提出的某些议题，尤其重要的是关于私有财产发展对人类分化的影响这一议题。马克思在某种程度上解决了这个问题并且阐述了这种分化在性别和家庭方面呈现的具体方式。在马克思看来，这些笔记体现出在历史上阶级社会的发展和女性压迫是相伴随的，这与之后恩格斯在《家庭、私有制和国家的起源》中所阐述的有些出入。在马克思看来，不存在"女性世界历史的失败"，女性的社会处境是不断变化的，这一点不会因是否进入男权社会而改变。马克思没有以线性的方式，而是以辩证的思维看待这段历史的发展。

这一章节将考察马克思有关摩尔根的笔记，并介绍马克思分析所遵循的大致线索。在探索马克思的笔记之前，我将简要介绍马克思这些笔记的历史和笔记及其与恩格斯《家庭、私有制和国家的起源》的关系。简短地总览摩尔根的基本观点之后，我将讨论马克思关于摩尔根的笔记中与性别和家庭有关的要点。最后，我会结合马克思和恩格斯著作中对女性主义的批评，对比他们两人的观点。

马克思的笔记与恩格斯《家庭、私有制和国家的起源》的渊源

马克思所有 19 世纪 80 年代的笔记中，有关摩尔根《古代社会》（*Ancient society*）的内容最为重要。马克思辞世后，恩格斯发掘并最终使用了笔记内容，结合自己对摩尔根著作的理解，著成了《家庭、私有制和国家的起源》。在 1884 年 2 月 16 日写给卡尔·考茨基（Karl Kautsky）的信中，恩格斯强调了这本书的重要性：

在论述社会的原始状况方面，现在有一本象达尔文学说对于生物学那样具有决定意义的书，这本书当然也是被马克思发现的，这就是摩尔根的《古代社会》（1877 年版）。马克思曾经谈到过这本书，但是，当时我正在思考别的事情，而以后他也没有再回头研究；看来，他是很想回头再研究的，因为根据他从该书中所做的十分详细的摘录中可以看出，他自己曾打算把该书介绍给德国读者。摩尔根在他自己的研究领域内独立地重新发现了马克思的唯物主义历史观，并且最后还对现代社会提出了直接的共产主义的要求。他根据蒙昧人的、尤其是美洲印第安人的氏族组织，第一次充分地阐明了罗马人和希腊人的氏族，从而为上古史奠定了牢固的基础。假如我有时间，我倒想利用马克思的札记来把这些材料加加工，为《社会民主党人报》的杂文栏或《新时代》写点东西，但是，目前不可能去考虑

这一点。①

这里有必要指出的是，恩格斯很肯定地指出了马克思对摩尔根的著作做过大量笔记，而不单单是一个简短的摘要。后来，恩格斯在这本书的序言里也暗示了这一点。此外，"摩尔根在他自己的研究领域内独立地重新发现了马克思的唯物主义历史观"是恩格斯的观点，并未在马克思为摩尔根所做笔记中提及。

恩格斯认为这些具有重要价值的文献值得我们继续研究，在《家庭、私有制和国家的起源》一书的序言中，他将其视为马克思留下的一种遗言："不是别人，正是卡尔·马克思曾打算联系着他的——在某种限度内我可以说是我们两人的——唯物主义的历史研究所得出的结论来阐述摩尔根的研究成果，并且只是这样来阐明这些成果的全部意义。"② 尽管恩格斯表明他试图更全面地理清马克思有关摩尔根《古代社会》和性别、家庭的观点，但他仍然感受到了自己研究的局限："我这本书，只能稍稍补偿我的亡友未能完成的工作。不过，我手中有他写在摩尔根一书的详细摘要中的批语，这些批语我在本书中有关的地方就加以引用。"③

尽管这本书成为许多马克思主义研究者信奉的经典，但恩格斯的看法却不尽相同。如上所述，恩格斯的初衷是为德国读者有关摩尔根作品提供一些批判性评论，而不是致力于传播有关性别与社会阶级关系的成熟理论。而且，这本书整理成文，他还表示将在以后的某一天重新探讨这个问题，但他从未这样做过。④ 因此，即使是恩格斯也认为这不是对阶级与性别关系的最后阐述。

尽管恩格斯明确要继续马克思的研究，并详尽阐述马克思的观点，但随着马克思针对摩尔根所作笔记的发行，众所周知，恩格斯只取得了部分成功。例如，杜娜叶夫斯卡娅就注意到实际上恩格斯较少引用马克思的笔记，并认为他只能在有限的范围内反映马克思的观点：

---

① Engels 1975 - 2004, p. 13.
② Engels 1986, p. 35.
③ Engels 1986, p. 35.
④ Barrett 1986, p. 12.

　　马克思的精神在恩格斯的著作《家庭、私有制和国家的起源》中体现到何种地步？他曾认为这是马克思馈赠的珍贵遗作。既然我们有马克思的《人类学笔记》手抄本，我们便可以自行做出评价。这并非一个定量问题，尽管这本身很大程度上可以从定量角度考虑：马克思对摩尔根一人的摘录和注释就至少有 98 页，然而恩格斯对摘录的引用却仅仅只有几段。这绝非恩格斯忽略了其他总结性人类学作品（梅恩、菲尔、卢伯克）。绝不是，一个严肃的、全然的、逐渐清晰的事实是：从恩格斯《家庭、私有制和国家的起源》和马克思笔记中可以看到他们观念的显著分歧，不仅是关于原始社会的公有制、男女关系的问题，乃至在相关问题上对达尔文的态度。①

　　据我了解，目前还没有研究从更细节的层面讨论这些笔记中马克思对于性别和家庭的立场。②

从恩格斯的论述中分离马克思的思想

　　在认为马克思与恩格斯有相同观点的前提下，大部分女性主义者对于马克思主义的讨论集中在恩格斯的有关性别和家庭的著作《家庭、私有制和国家的起源》中。恩格斯有关性别和家庭的研究成果正是《家庭、私有制和国家的起源》，然而当马克思有关这一话题的文字分散在这本书当中，后人没有理由武断地认为马克思与恩格斯的观点一致，或者两者的观点谁更好。事实上，如今的马克思主义作品越来越多地论证出恩格斯的作品相比于马克思的更具有决定论、

① Raya Dunayevskaya, 1991, p. 179.

② Raya Dunayevskaya (1985, 1991) 继续研究了马克思的民族学笔记，但是没有对笔记进行全面、系统的讨论。此外，Krader (1972) 在引言中更细致地讨论了这些笔记，但没有触及马克思的性别观念，他也没有论述马克思和恩格斯的观念差别有多大。Rich (2001)、Rosemont (1989) 简短地讨论了这些笔记与性别有关的内容，但是没有对比马克思和恩格斯的观点。Smith (2002) 论证了马克思意图分析从西欧拓展到前资本主义社会，以理解资本主义体系通过殖民进行传播时将会面临什么。Anderson (2010) 简要地探讨了性别问题，认为马克思在努力构建批判资本主义的新理论。

一元论的论调，并且相对缺少辩证性。

近几十年来，马克思主义研究领域呈现出将马克思与恩格斯部分或者完全分开研究的趋势。例如政治学理论的领军者特雷尔·卡弗讨论了马克思和恩格斯在辩证法观点上的差别，相比之下，恩格斯对社会和社会变迁的理解没有马克思那样具有哲理和科学性。① 格奥尔格·卢卡奇（Georg Lukács）在《历史和阶级意识》一书中首次将恩格斯批评成一个机械的宿命论者。② 卢卡奇对恩格斯将自然科学方法应用在辩证的、哲学的认知上提出了深刻的批判。③ 科学主义经验主义模型并不是理解政治社会的恰当方法，而是倾向于将社会抽象化并忽略相互影响的不同模型："科学实验是纯净的思索，这个'行为'的主体同样越来越对这些——人为地抽象了的——过程采取纯观察员，纯试验员的态度。"④ 恩格斯挪用了经验主义模型，倾向于只关注了社会、经济的某一方面，错失了其他重要领域，《家庭、私有制和国家的起源》更是如此。

对于卢卡奇来说，恩格斯对实验科学模型的应用有巨大问题，因为这几乎没有给主体性发挥留下空间：

> 他认为，辩证法是由一个规定转变为另一个规定的连续不断的过程，是矛盾的不断扬弃，不断相互转换，因此片面的和僵化的因果关系必定为相互作用所取代。但是他对最根本的相互作用，即历史过程中的主体和客体之间的辩证关系连提都没有提到，更不要说把它置于与它相称的方法论的中心地位了。然而没有这一因素，辩证方法就不再是革命的方法，不管如何想（终归是妄想）保持"流动的"概念。⑤

根据卢卡奇所说，尽管恩格斯依靠"对立的统一性"概念来纠正这种因果解释的单向性，但他论证得还不够充分，因为对立统一只是辩证法的一方面，

---

① Terrell Carver, 1983.
② Georg Lukács, 1971.
③ Georg Lukács, 1971, p. 132.
④ Georg Lukács, 1971, p. 132.
⑤ Georg Lukács, 1971, p. 3.

更重要的是"主体和客体之间的辩证关系"。在卢卡奇看来，主体与客体之间具有辩证统一关系，换句话说，它们是辩证地联系在一起，因而在一对关系中，某物既可以是作用的主体，也可以是被作用的客体。因此，劳动阶层或者其他社会阶层即使受制于现有的社会关系，也具有在一定社会环境中能动地改变这些条件的能力。

无视主客体间的关系将阻碍理论结构与现实之间的相互中介①，这是因为分裂主客体间的关系意味着"方法与现实、思想与存在的分离"②。卢卡奇指出，如果没有方法与现实之间重要的辩证关系，理论要么走向宿命论，要么走向唯意志论。

然而，令人惊讶的是，几乎所有相关研究都没有区分马克思和恩格斯的性别和家庭观念，在大多数情况下，因为二人的观点几乎一致，所以主流马克思主义学者和其他学者也一致认为分开研究二人没有必要。卡弗更全面地研究了马克思政治经济学，指出了分离二人的主要难点：

　　一旦关注点发生了转移，恩格斯晚期的观点就会模糊马克思对政治经济学批判的主旨和重要性，因为恩格斯给我们展现出的马克思所做工作和马克思重要的理论命题是与恩格斯倡导的唯物主义相一致的，而这种唯物主义是根据恩格斯的自然科学观定义的（而且存在一定模糊性）。恩格斯认为自然科学的适用范围是普遍的、归纳性的、体现因果逻辑的，特别是与"普遍法则"的建立有关。自然而然地，恩格斯获得了与马克思同等的地位，获得了"科学的"理论家的称号。但是，这些"结论"都需要检验：无论是恩格斯还是其他评论所说的都不能证明这些"结论"。此外，这些"结论"所暗示的对马恩二人关系的看法充满矛盾，如果我们用恩格斯的思想去代表马克思所作的批判，用恩格斯的宿命论思想代表马克思的"主线"，用恩格斯注释性文字代替马克思的原作，那么二人谁才是本真，就如

---

① Georg Lukács, 1971, p. 3.
② Georg Lukács, 1971, p. 3.

恩格斯所说的"主旋律"（first violin）?[①]

这里，卡弗指出了马克思与恩格斯二人在方法论上的显著区别，恩格斯更加依赖社会科学的实证主义和科学主义模型，而马克思倾向于辩证法。[②] 因此，为了理解马克思的贡献，我们必须把恩格斯对马克思的评论从马克思的作品中剥离。

马尼克斯（Manicas）继卡弗之后，同样看到了马克思与恩格斯在认识论上的显著区别。[③] 马克思看到"唯心主义和唯物主义都存在真理，他的观点，无论是自然主义的还是人文主义的，都是对所谓分歧的解决方式"，而恩格斯看来"一个人要么是唯心主义，要么是唯物主义者"[④]。恩格斯是一个坚定的唯物主义者，他将理论视为现实的完全镜面反映。[⑤] 马克思更细致思辨的人文主义观点与恩格斯较粗糙的唯物主义观念下的反差，将在二人对摩尔根的《古代社会》的评论中得到更明显的体现。

马克思，女性主义和辩证法

在讨论马克思有关性别和家庭的笔记之前，有必要先对马克思的辩证法以及它与女性主义的关系做一简述。除了杜娜叶夫斯卡娅，至少有两位学者讨论了马克思的辩证法对促进女性主义理论化的潜在价值：詹妮弗·林（Jennifer

---

① Carver 1983, p. XV.

② 这里我们先略讲些卡弗 1983 年文章的题外话。卡弗认为恩格斯给马克思的著作增添了黑格尔辩证法，尽管卡弗认为马克思与恩格斯二人存在方法论上的重要差异这点是绝对正确的，但卡弗忽略了马克思的指示：他使用的黑格尔辩证法是自己的版本。马克思不仅"使用一种辩证的概念来在社会现象分析中规范矛盾变化的因素"（114 页），他还用辩证法把握真实世界的发展规律。相比于恩格斯，马克思也只算是使用了折中的方法论，因为恩格斯的辩证法条件要严格得多，并且在一些情况下数据必须符合特定的情境。马克思自己关于黑格尔辩证法重要性的讨论可见《黑格尔法哲学批判》（1844 年手稿）。有关马克思在性别问题中对黑格尔辩证法的使用的讨论，见 Dunayevskaya 1985, 1991。此外，列宁在《哲学笔记》中讲道："如果没有研究和理解黑格尔的《逻辑学》，就无法充分理解马克思的《资本论》，特别是第一章节。因此，过去半个世纪里没有马克思主义学者理解马克思！"（引自 Anderson 1995, p. 65）可见，列宁已经认识到黑格尔对于马克思的巨大影响，并认为恩格斯和其他马克思主义学者曲解了马克思的辩证法。

③ Manicas 1999.

④ Manicas 1999, pp. 62 - 3.

⑤ Manicas 1999, p. 66.

Ring）和玛莎·吉梅内斯（Martha Gimenez）①。虽然她们都在不同程度上脱离了马克思有关性别（吉梅内斯）和社会总体性（林）的理论，但二人为了克服实证主义和后现代主义的某些局限，都在有关性别的研究中有力地捍卫了某种形式的辩证法。我并不认为马克思的辩证法要从他关于性别的理论中全部剔除，这些学者在性别研究领域极力发扬了马克思的辩证法。

　　林致力于用辩证法创造一个去马克思化的性别和社会理论。② 她论证了将马克思-黑格尔辩证法从独裁主义政治后果中分离出来的重要性，这一政治后果往往被描述为马克思主义的社会主义。由于不满黑格尔-马克思辩证法带有的目的论特征，林力求让辩证法去掉黑格尔思想的理想主义特质和马克思思想的唯物主义特质，她将这种辩证法命名为"极简主义辩证法"（minimalist dialectics）。为契合实用主义思潮，林寻求创造一种去历史向度的辩证法，这种辩证法与黑格尔和马克思基于历史语境、以自由为最终目标的辩证法不同，她的辩证法不预设任何特定目标性结果。在林看来，他们（黑格尔和马克思）的目的论框架至少含有一种走向权威主义的可能性，因为在马克思和黑格尔那里，为维持意识形态立场，力量之间的辩证作用很早就被切断了。③

　　尽管与马克思和黑格尔的观点不同，林还是阐述了对女权理论进行辩证思考的必要性。她的两个论点极其重要。她正确地指出了女性主义理论、非女性主义理论和其他社会科学大体上都存在的分裂主客观联系的问题。历史上，男性与客观性相关，而女性则与主观性相关，这将引致另一个更基本的分裂：男性的特质是好的，而女性是坏的。在林看来，毫无疑问，女权理论要么偏向主观性，要么偏向客观性，或者说无一例外地忽略了主观性和客观性的分别。她发现这两种立场（主观的或客观的立场）都是不可采纳的，因为"以为其中一种立场全然正确而排斥另一种立场，是一种自我分裂，这将导致政治意义和哲学意义上的危机"④。

---

① 见 Ring 1991 和 Gimenez 2005。
② Ring 1991.
③ Ring 1991, pp. 21 - 2.
④ Ring 1991, p. 121.

尽管林认可构建兼顾主观性和客观性的性别观，但她认为倾向主体性的后现代主义和解构主义思想"矫枉过正"（surrenders too much）①，呈现了太多的相对论特点，因为"在一个解构的世界里，在一个没有标准来权衡作者和读者责任的世界里，一切皆有可能……它没有提供任何依据，事实上，它有意识地拒绝了给过往一个可靠选择的可能"②。因此，这种方法很大程度上使女权理论缺乏变革能力，因为它的相对性扼杀了构建理论方案以及促进变革的可能性。

林进一步写道，黑格尔和马克思的辩证法为这两种可能性提供了出路，因为它在质疑静止的主客观观点时没有偏废主客观：

> 主观和客观具有辩证意义，它们在同一时刻不是彼此分离的。更恰当地说，它们是一个硬币的两面，只有在与另一方的联系中，一方才是可描述的和具有意义的。客观性不是独立实体，它描述的是人与世界之间的关系，主观性也是如此。③

因此，林强调了辩证思维中的固有运动，以及用联系而不是将整体原子化的视角观察世界的重要性。这点至少使得超越二分法的运动变得可能。

第二，林也强调了辩证法的矛盾方面。历史发展和人类对历史的理解是一个过程，事实不止存在于世界之外。知识绝非能够轻易获得，也没有终结。"辩证法着重于构建主客体互动的边界，这产生了'更多'的知识，或者更准确地说，创造了对现实不断变化的感知。"④

林虽然有力论证了将辩证法引入女权理论的必要性，但在阐述"极简主义辩证法"（这种辩证法剥离了马克思和黑格尔辩证法体现历史现实的、社会现实的、本体论的内容）时却相对缺乏说服力。她恰当地批评了马克思和黑格尔对女权问题探索的有限，马克思和黑格尔都没有提出性别压迫的完整理论，但就像我在本书所讨论的，马克思对这一理论的完成度更高。

---

① Ring 1991, p. 121.
② Ring 1991, p. 20.
③ Ring 1991, p. 123.
④ Ring 1991, p. 23.

然而，林首创了一种二分法，试图将辩证法从黑格尔和马克思的成果中分离出来。她讲到"纯净的辩证法没有终点，因此没有最终本质的东西，无论是物质的还是观念的"①，因此，她反对任何形式的最终本质和终极真理。在她看来，历史研究只是"事后之见"(hindsight)②。她导向一个几乎完全社会化的结构世界，这个世界的真理由"相互理解、认知和协议（这些会在人与物质世界呼应的时刻产生）"③ 形成。因此，她虽然极力避免走向唯物或者唯心主义，但最后却发展出一种几乎完全是唯心的自由主义辩证法。

与林的辩证法版本相比，黑格尔和马克思眼中的历史演变与辩证法本身是紧密相连的。黑格尔和马克思支持者认为，并非是马克思和恩格斯将辩证法强行嵌入到历史研究中，而是因为思想和人类发展的历史在本质上就是辩证的，如路易斯·杜普瑞（Louis Dupré）在谈到马克思时认为，马克思方法的真正性质是强调经验世界和意识的相互中介：

> 人与自然关系的辩证特点并不被视作推测中的先验因果（先于具体关系本身存在并规定着它的最终形态）。辩证法是通过对真实关系的经验性观察发现的——它是真实存在的，而并非借助意识联系才成为现实。辩证关系是一个不拥有神秘性，不需要观念支撑的现实基础，并且不能被简化成一个更高层次、一致性原则。

上述观点与林认为马克思辩证法存在目的论的观点形成对比。杜普瑞指出，由于马克思研究方法的辩证特点，分离经验和理论是不可能的：

> 由于在马克思看来事物的辩证关系是一个基本事实，人们或许会把它的哲学表述看作是纯经验观察，而不是先验的原则，但这样做本身就背离了辩证法。因为辩证法本身作为一个有关人与自然辩证对立关系的，精神

---

① Ring 1991, pp. 191 - 2.
② Ring 1991, p. 188.
③ Ring 1991, p. 187.

上自由的存在，必将像自然影响意识那样影响自然。将辩证法作为对于事实纯粹的经验上的观察，人们就把辩证法的一个术语"意识"（consciousness）简化为另一个术语"客观"（nature）的派生物，辩证法就因失去了它的对立性而不复存在了。马克思在驳斥费尔巴哈的"唯物主义"时明确指出了这一点，因为这将否定人与自然之间的任何相互作用。[①]

让这种方法达到合理性的必要条件是它必须保持"与人实践的密切关系"[②]。因此，正如卢卡奇所讲，马克思理论的重要意义不仅在于他的结论，而是基于当前情况，反复考察过程并调整自身的辩证法。[③] 人类有意识的能动活动和它向更广阔自由方向的共同运动正是林在研究马克思时最为忽视的，导致她走向了一种不可知论。这种没有任何明确规范化标准的辩证法限制了林的理论推动社会变革的能力。这一缺陷在她论述真理产生于思想达成一致的过程时体现得尤为明显。她的意思是，任何一致性的达成，也包括强权促成的共识，都是真理产生的时刻。当然，主观意念是在不断变化，但是林忽视了影响真理达成的物质因素以及这些因素如何使当权者受益。此外，她没有提出任何具有历史方向性的号召，就更加证实了她的辩证法的缺陷。

尽管存在缺陷，但林从女性主义视角系统研究了马克思和黑格尔的辩证法，这些工作具有重要意义。她阐明了主客体辩证联系的重要性，以及动态、非连续可变方法论（而非静态、连续不变的方法论）的意义，这些贡献作为对女性主义这个解放事业的馈赠，是许多研究辩证法的马克思主义学者，例如卢卡奇、杜普瑞、马尔库塞（Marcuse）、奥尔曼所没有达到的层次（至少在性别问题上没有达到）。[④]

另一位重要女性主义学者玛莎·吉梅内斯关注马克思的方法论在性别研究中的适用性。与大多数女性主义学者相同，她很大程度上也认为马克思并未在性别和家庭问题上做过多研究[⑤]，她指出了马克思方法论中或许对女性主义有

---

① Ring 1991, p. 187.

② Dupré 1966, p. 216.

③ Lukács 1971, p. 1.

④ 参见 Lukács 1971；Dupré 1966；Marcuse 1999；Ollman 1971, 2003。

⑤ Gimenze 2005, p. 14.

价值的一些方面，像这个假设："只要资本主义生产方式占主导地位，如果不重视马克思的分析，就不可能充分理解压迫女性以及塑造男女性之间关系的力量"①。吉梅内斯论证了马克思方法为何重要的两个原因：第一，马克思关注到了真实存在的社会关系以及它不断变化的特点，这与静态的先验因果关系形成对比。这一点的重要性在于，如今大量的女性社会学文献存在脱离历史讨论两性问题的抽象化倾向：

> 在这些文献的表述中，父权制假定男性的品性或意愿是压迫女性的原因，这种思维方式阻断了将女性面临的社会关系理论化的能力，正是这些社会关系才将女性置于不利地位，通过各种方式让男性成为压迫女性的罪魁祸首。然而，男性在历史上的优势地位不是天然存在的，逐渐形成的优势地位使得他们有能力不受社会现实影响地依照有利于自己的方式持续塑造社会关系。男人也同女人一样属于社会的一部分，他们的特征反映着特定的社会结构，成为社会关系的代言者。②

因此，有必要将男性和女性的自我意识以及他们的外部世界视作社会关系造就的，而非两性关系强加的。

第二，吉梅内斯重视了马克思基于社会关系视角的抽象概念。③ 吉梅内斯讲道，理解马克思，就一定要重新核定那些以往不假思索接受的、看似简单的概念，甚至像男人、女人、家庭的含义，这些简单的分类也产生于"复杂的历史环境，而如果缺乏深入的理论和历史分析是无法理解的"④。此外，"每一个抽象概念和分类分析都只反映了一个复杂总体的一个时刻或者一个方面；事物

---

① Gimenze 2005, pp. 11 - 2.

② Gimenze 2005, p. 14.

③ Bertell（2003）或许是解释马克思抽象概念最出名的人——从真实世界的分析出发再步入理念世界，作为分析社会的一种方法。此外，这些抽象概念"着力于并帮助阐明资本主义社会特定形势下发生的变化和相互作用（Ollman 2003, pp. 63 - 4）"，因此他们并非静态的脱离历史的概念，而是不断变化的、可变的。但奥尔曼并没有讨论性别观念形成的抽象过程。若想了解更多马克思的抽象化过程，可见 Ollman 2003, ch. 5。

④ Gimenze 2005, p. 15.

因与其他事物联系而被定义，这一点并不总能被立刻感知到，但如果我们不把经验上观察到的事物视为理所当然，而是探究其可能性和变化的条件，那么它们是可以被识别的"[1]。因此，马克思的方法是极其符合女性主义理解的，因为这种方法力图历史性地解构那些习以为常的类别概念，并通过寻找现有体系中的矛盾来孕育变革。

与阿尔都塞（Louis Althusser）的观点类似，吉梅内斯提供了一个新的方式，使得马克思的分析可以重新定义原本存在问题的男女性的概念。马克思在其他社会领域的历史分析和相互关系分析可以延伸到性别和家庭研究当中。尽管这无异是对马克思方法论所做的重要分析，但吉梅内斯还是低估了马克思将这种分析应用到性别和家庭有关领域的程度。虽然马克思的分析在一些领域是存在问题的，但我认为马克思已经开始构思一种性别和家庭理论，这种理论并未将女性视作不重要的研究议题，至少试探性地讨论阶级与性别间的相互依存关系，只是这在他的研究中没有优先考虑。

杜娜叶夫斯卡娅是为数不多尝试将马克思有关女性的观点从恩格斯的观点中分离的学者，在她的大部分作品中，从创作《罗莎·卢森堡妇女解放和马克思的革命哲学》（*Rosa Luxemburg, Women's Liberation and Marx's Philosophy of Revolution*）开始，她重思马克思和那些被她称作"后马克思的马克思主义者"（post-Marx Marxists，包括恩格斯在内）之间的区别。[2] 她论证许多马克思主义学者（包括恩格斯在内）都误解了马克思的思想，她发现包括恩格斯在内的后马克思主义者与马克思本人间的一个关键的区别是，马克思更强调辩证法，特别是人类的主体性：

> 这不仅仅是一个辩证的概念框架，而是一个不能将经济政治与主观能动性分裂的统一整体：运动中的群众——一个共同生活、感知、思考和行动的整体。因此，在马克思的思想中，历史不仅仅是"经济发展阶段"

---

[1] Gimenze 2005, p. 16.
[2] Dunayevskaya 1991.

（economic period），而是群众"创造"了历史。由于辩证的过程决定了主客观的力量，因此马克思的辩证哲学使得马克思的历史观能将历史叙述转变为历史原因。①

正如我们看到的那样，恩格斯将去人化的经济和社会力量作为推动历史进程的主要动力，这一方法是片面的，而马克思则不同，他关注到人类主体能动地改造客观世界的过程。

在杜娜叶夫斯卡娅看来，当比较马克思与恩格斯有关摩尔根史前和古代社会的观点时，上述区别格外明显：

> 无论是讨论原始社会的共产主义还是摩尔根氏族的男女平等理论，马克思的关注点都是革命性的实践，人类从原始共产主义社会经由变革过程自我发展到当今阶段……马克思没有急于做简单的一般化归纳，不像恩格斯将未来社会刻画成原始共产主义的"更高阶段"（higher stage）那样，而是展望了全新的男性、全新的女性以及一个全新的生活方式（肯定不局限在婚姻层面）——简而言之，一个全新的社会。②

综上所述，在杜娜叶夫斯卡娅看来，马克思对摩尔根作品的反馈与恩格斯的区别之处是，马克思对自我发展的重视和新的出发点：恩格斯从决定论基调来看待摩尔根的著作，而马克思辩证地分析了氏族中阶层的演变，以及女性社会地位的变化，马克思的辩证分析使得主客观得以相互联系。此外，马克思可以透过现代社会观察古代社会，这样他可以既客观又批判地看待这些社会形态，这些早期社会形态或许能提供一个崭新的视角来清晰刻画一个轻个人主义、重集体的新社会。然而，新社会不仅仅是在拥有现代科技的情况下向旧世界的折返，而是必然有着"全新"（totally new）的社会关系产生。

---

① Dunayevskaya 1991, p. 119.
② Dunayevskaya 1991, pp. 185 - 6.

历史背景下的马克思笔记

尽管学界近年来着力整理研究马克思的作品，但其中仍有许多尚未问世，包括马克思的大量笔记。下面将介绍马克思阅读摩尔根《古代社会》时的笔记，该版本由劳伦斯·克拉德摘录并发行。①

虽然这些笔记让我们得以洞察马克思对于早期社会形态以及对这些社会两性关系的看法，但是鲜有学者深入研究了他这部分笔记。② 造成这种情况的原因有很多：首先，很多学者低估了这项工作的价值。例如，俄罗斯学者大卫·梁赞诺夫（David Ryazanov），他第一个发现了马克思这些笔记，并出版了马克思许多其他早期作品，但似乎没有意识到这些文献的重要性：

> 马克思在生命的最后几年一直保持这种有条不紊的工作方式，尽管在1881—1882 年马克思已经不能进行耗费心神、独立的智力创作了，但是他笔耕不辍地研究文献。有时候，我们会有疑问：为什么马克思要花费如此多的时间在系统性的、基础性的研究中，为什么他要在 1881 年还要耗费如此精力阅读一本地质学基础作品，并一章一章进行总结呢？马克思在 63 岁在做这些微不足道的工作是种不可理解甚至值得批评的研究方式。再如，1878 年他（马克思）得到了一本摩尔根作品的翻版，在这本书的第 98 页，马克思用极小的字迹做了对摩尔根的详实总结（他写的这一页的内容就相当于至少 2.2 页的印刷品的内容），事实就是如此。③

一定程度上由于轻视马克思这些工作的思想的存在，马克思有关摩尔根的

---

① Krader 1972. 在克拉德的《民族学笔记》中还包括马克思在阅读以下书目所记笔记：约翰·巴德·菲尔（John Budd Phear）的《雅利安村庄》（*The Aryan Village*）、约翰·卢伯克（John Lubbock）的《文明的起源》（*The Origin of Civilization*）、亨利·萨姆奈·梅恩（Henry Sumner Maine）的《早期制度史讲稿》（*Lectures on the History of Early Institutions*）。

② 虽然这些笔记在 1972 年就已出版，先于马克思理论在女权理论中兴盛的时间，但是几乎没有女性主义者讲到了这些重要的笔记，甚至细致研究马克思笔记的莱布（Leeb 2007）也是如此。

③ 杜娜叶夫斯卡娅对梁赞诺夫的引用，见 Dunayevskaya 1991, pp. 177 – 8.

笔记直到 1972 年才出版，而马克思其他关于人类学的笔记仍未见天日。①

　　针对梁赞诺夫的观点，我认为这些笔记使用辩证法来研究人类社会的发展，体现了他最具创造性的尝试。虽然这些只是笔记，其中大多包含他对正在研究的作者的摘录，但研究的总体方向可以通过分析他在各个位置添加的评论和他摘录的摩尔根的文字来推测。

　　除了马克思的笔记难以获取和部分学者对马克思这项工作的轻视之外，还有一个主要原因导致了有关马克思这些笔记的研究很少：马克思的《人类学笔记》是用英语、德语、希腊语和拉丁语混写的。因此，虽然克拉德的整理十分有价值，但这些笔记对于那些没有接受过专业语言训练的学者来说仍然有些难以理解。目前，大卫·诺曼·史密斯正在准备一份全英译本，其中对这些笔记做了大量的注释，并慷慨地允许我将这些内容用在本文。

摩尔根的《古代社会》

　　摩尔根的《古代社会》力图追溯社会进步以及从原始时期到文明时期（摩尔根的"civilisation"，在拥有文明的地方建立了国家，如希腊和罗马）社会习俗的演变。在摩尔根看来，原始部落出现的个人与个人之间的关系没有很多社会组织性。以婚姻为基础的共同体逐渐发展并在氏族组织中发展到顶峰，社会组织也依靠血缘关系得以建立，首先出现母系氏族，随后发展到父系氏族。随后，私有财产的出现和发展瓦解了依靠平等主义原则维系的氏族社会，国家取代了原始的社会组织形式。

　　摩尔根的社会发展模型本质上是分阶段的，每一个社会都必须经历特定的发展阶段才能进入下一阶段。虽然通过与更高发展阶段社会的交流可以缩短停

---

① 马克思 1879—1882 年阅读有关前资本主义社会著作的笔记将保留他们原始语言，出版在即将发行的《马克思恩格斯全集》（*Marx Engels Gesamtausgabe*）（历史考证版第二版）的第五卷的第 27 部分（MEGA2 IV/27）。很多相关内容也将以英文发表在即将出版的《史密森杂志》（*Smith*）上，并较早地以其原始语言被克拉德（1972）发表。

留在某个阶段的时间（摩尔根提到了西欧对北美原住民的影响①），但在社会进步中每个必须的阶段都无法跨越，虽然速度不同，但所有社会都需要遵循相同的进化路径。② 因此，在摩尔根看来，将北美印第安人和仍处在早期发展阶段的社会作为欧洲早期社会形态的参照在理论上是可能的。

关于家庭概念，摩尔根描述了五种类型，分别是血缘家庭（consanguine）、普那路亚家庭（punaluan）、对偶制家庭（syndyasmian）、父权制家庭（patriarchal）、专偶制家庭（monogamian）。最早的时候，血缘家庭指的是兄弟和姊妹群婚。③ 普那路亚家庭允许与其他氏族通婚，它是以几个兄弟及其彼此的妻子的群婚或几个姊妹及其彼此的丈夫的群婚为基础的。④ 对偶家庭"的基础是一男一女结成配偶，但并不是独占的同居"⑤。父权制家庭为"一夫多妻制"⑥ 且妻子们不能与其他男性接触。最后，专偶制家庭与对偶家庭类似，但它是一男一女实行独占同居的婚姻。⑦

马克思做了许多摩尔根的笔记并摘录了很多，尽管很多笔记都直接引用了摩尔根的原文，但在一些地方马克思也做了一些评论。马克思似乎同意摩尔根的大部分观点，但有多处马克思还是明显地表露出不认同。最引人注目的就是在摩尔根的分阶段社会发展模型中，马克思在此基础上补充了一些细节，示意社会发展要比摩尔根在模型中解释的更为复杂，这在马克思对社会总体发展过程和不同时期女性地位的讨论中也有体现。

马克思有关摩尔根的笔记

劳伦斯·克拉德首次有意义地讨论了马克思对摩尔根做的笔记。在马克思

---

① Morgan 1877, p. 177.
② Morgan 1877, p. 3.
③ Morgan 1977, p. 393.
④ Morgan 1977, p. 393.
⑤ Morgan 1877, p. 394.
⑥ Morgan 1877, p. 394.
⑦ Morgan 1877, p. 394.

人类学笔记誊写版的引言中，克拉德论述了马克思做摩尔根的笔记至少有三个目标：

首先，马克思的大量笔记似乎在借鉴，有时不加批判地挪用摩尔根有关人类社会如何从原始共产社会（更高层级的氏族社会）向私有产权和国家发展的观点。① 然而，相较于恩格斯，马克思更加批判地看待摩尔根的著作："马克思基本上认可摩尔根的论述，但他没有给出恩格斯那样高的评价：《古代社会》是一个划时代的作品，摩尔根'重新发现了母系氏族社会先于父系氏族社会存在，这与达尔文的生物进化论和马克思的剩余价值理论同等重要'。"②

马克思挪用了摩尔根的氏族社会（而不是父权制家庭）才是最早的社会形态的观点，这导致他在后面所做的笔记中将摩尔根的作品作为基础来批判其他持父权社会起点论假设的学者，如梅恩、尼布尔（Niebuhr）、格罗特（Grote）和蒙森（Mommsen）。③

第三，摩尔根的作品让马克思看到了一个轻个人主义色彩、重集体的社会是什么样的。④ 这绝非对原始主义不加批判的接受——相反，后资本主义社会（与原始共产社会相比）是不同的，至少在一定程度上人类将能发挥更重要的主体作用。

马克思运用了摩尔根的观点，即古代共有社会留存的社会特征必须重新建构，来克服文明社会给男性带来的性格的扭曲。马克思比摩尔根更清晰地阐述了这一论点：这一重构过程将会在与以往不同的层面进行，这是一种人类为自己和自我的努力，文明间的冲突不是静态的或被动的，而是受支持和反对重构结果双方的社会利益驱动，这将以积极和动态的方式确定。⑤

杜娜叶夫斯卡娅关于马克思人类学笔记的论述集中于辩证结构，在有关原始共产主义的讨论上更是如此，这一部分马克思的重点在于二重性而非原始公

---

① Krader 1972, pp. 8 - 11.
② Krader 1972, p. 11.
③ Krader 1972, p. 11.
④ Krader 1972, p. 6.
⑤ Krader 1972, p. 14.

社的平等。"正如公社发展到顶峰的时候出现了战利品，一个部落击败了另一个时，奴隶制出现了，因此两个部落之间剩余物品的交换开始出现，同时出现了氏族间的冲突。这些冲突都在解体过程中又发生融合，这也是为何马克思笔记中一直强调原始公社的二重性。"① 原始公有社会理论是建立在所有成员平等的基础上的，征服、奴隶制和商品贸易的出现则说明了氏族的另一面，以及解体的可能性。

在杜娜叶夫斯卡娅看来，这些笔记在延续了马克思早期思想的同时又有了新的发展："这些笔记的创新一方面在于马克思像在《1844 年经济学哲学手稿》中那样重新将两性关系单独讨论，认为它也是所有关系中最发人深省的；另一方面，他提出了一个全新的概念'永久性革命'（revolution in permanence），指的是他在 1882 年一个惊人的构想：革命在落后地区比发达国家率先进行的可能性。"② 因此，杜娜叶夫斯卡娅将马克思这些笔记视作"两性关系"（Man/ Woman relationship）重要性的重新审视，试图将他早些时候提出的抽象概念进一步具体化。如恩格斯那样，杜娜叶夫斯卡娅也将性别视作马克思笔记中最重要的要素之一，这与近年来轻视马克思笔记中性别内容的相关研究（如克拉德和史密森）形成对比。③ 这些笔记像他的其他作品那样建立在对人类自主发展的辩证理解之上。

史密斯将马克思人类学的笔记置于当时的政治背景中④，因此，他将马克思的笔记作为在早期社会运动中争夺重要地位的有力武器，以反对权威主义和决定论的因素，"困境中的社会工人运动（可追溯到 1864 年第一国际的建立和 1871 年的巴黎公社）仍十分年轻。马克思希望从两个方向来影响工人运动：在政治上以公社激进民主来反对集权主义；经济上，捍卫并发扬他在《资本论》第一卷对资本主义分析的要义"⑤。

---

① Dunayevskaya 1991, p. 184.
② Dunayevskaya 1991, p. 194.
③ 参见 Krader 1972 和 Smith 2002。
④ Smith 2002.
⑤ Smith 2002, p. 75.

马克思进行这项研究的动机并非全部为政治性的，马克思非常重视资本主义社会不断变化的本质，以及研究未被资本主义渗透地区的必要性。因此，马克思努力扩展对欧洲以外地区（特指将要被西方资本主义影响但目前还未受西方影响地区）的认识，通过对这些地区的认识，马克思将提供全新的视角来理解资本主义扩张到这些社会时将会面临什么境况：

> 现在他需要了解具体的文化细节，了解资本在其全球扩张中会面临什么，因此马克思选择在此时研究非西方社会也就不足为奇了。欧美资本正加速进入一个文化多元的世界，为了理解这种差异，以及它对资本的影响，马克思需要尽可能多地了解非资本主义社会结构……因此，马克思称之为"商品价值"（德文 Waremwelt）或"商品世界"（commodity world）的新全球化社会体系注定要踏上非资本主义世界的艰辛旅程。①

安德森在他的整体理论中提到了马克思的人类文化学笔记，他认为，这些笔记体现出马克思尝试将他的政治经济学拓展到欧洲之外，使其能够更好地解释资本主义在扩张过程中遇到的阻碍："马克思1880—1882年的笔记并不怎么关心社会阶级的起源，相比之下更关心在资本社会外围社会中的关系。"② 当马克思归纳出资本主义发展方式的基本法则之后，他意识到他需要搜寻一种可能的抵抗手段，来阻止或者至少以另一种方式来替代资本主义的发展方式。因为资本强大的不断扩张的本质，马克思将资本主义视为能给其他社会带来巨变的颠覆性力量，但这种力量并非不可抗拒的，前资本主义社会提供了一种可能的应对资本扩张的抵抗方式。因此，若想理解资本主义未来的发展，马克思需要更深入地了解这些社会形态。

家庭辩证法

不同于其他以静态的、脱离历史的和生物学视角看待马克思关于家庭的观点的学者，我将尝试说明，马克思有关摩尔根的笔记，至少在某种程度上以更

---

① Smith 2002，pp. 79 – 80.

② Anderson 2010，p. 201.

为动态的眼光，将家庭视为一个可变的并在不断变化中的社会构成。与《政治经济学批判》（*Contribution to the Critique of Political Economy*）中所假定静态因果推断模型不同，马克思基于经济基础/上层建筑分析模型，似乎在论证经济基础相较于生产方式所包含的经济要素更加多样化：

> 家庭是一个能动的要素，它从来不是静止不动的，而是随着社会从较低阶段向较高阶段的发展，从较低的形式进到较高的形式。反之，亲属制度却是被动的；它只是把家庭经过一个长久时期所发生的进步记录下来，并且只是在家庭已经根本变化了的时候，它才发生根本的变化。（同样，政治的、法律的、宗教的、哲学的体系，一般都是如此。）①

在这里，马克思没有局限在纯粹的经济基础，而是假定物质基础的范围扩展到所有以实践为基础的社会结构，包括家庭。在这种情况下，上层建筑将包含法律、宗教和其他基于意识形态的体系。无论是否有人认为经济基础/上层建筑模型更具辩证性，因而基于两者的相互作用；或认为更具因果性的形式，似乎更加强调家庭在历史过程中的能动作用。

在许多地方，马克思批评了那些研究古代社会但没有将氏族视为真正的社会制度的学者，因为他们将父权制家庭视为社会的基本单位。例如，马克思批评了格罗特认为氏族组织只是一个虚构的主体（myth）的观点：

> "可是，比较卑微的氏族也有其共同的宗教仪式（这是怪事吗，格罗特先生?），有一个共同的超人的祖先和系谱，象比较有名的氏族那样（格罗特先生，这在比较卑微的氏族那里真十分奇怪啊!）；根本的结构和观念的基础（亲爱的先生！不是观念的，是物质的，用德语说是肉欲的!）在一切氏族中都是相同的。"与原始形态的氏族——希腊人象其他凡人一样也曾有

---

① Marx 1972, p. 112. 在这里和下文，我使用的是史密斯未出版的译文，大部分内容遵循了他的文本格式。引号中的是马克思直接引用摩尔根的章节（还包括其他学者的直接引用——译者注）。不带引号的引用文本或圆括号中的文本指马克思的补充或释义。方括号、尖括号为编辑的补充。如不特别说明，所有斜体字都是马克思的重点，克拉德抄本中的页码已包括在内，以供参考。

过这种形态的氏族——相适应的血缘亲属制度，保存了关于全体氏族成员彼此之间的亲属关系的知识。[他们从童年时代起，就在实践上熟悉了这种对他们极其重要的事物。]随着专偶制家庭的产生，这种事物就湮没无闻了。氏族名称创造了一个系谱，相形之下，家庭的系谱便显得没有意义。①

与格罗特不同，马克思突出氏族的物质性本质，并不将氏族看作一个甚至影响了真实世界的精神结构。然而格罗特在内的许多学者都没有看到这点，因为在他们看来父权制和专偶制的意识形态"推动着［氏族］超越了现实世界，［并因而］表现出［一种］神话般幻象的存在"。

虽然马克思对约翰·巴霍芬（Johann Jakob Bachofen）的母权论产生了共鸣，但马克思同样批评了巴霍芬有关原始家庭的一些假说，在马克思所作的有关古希腊家庭向专偶制转型的笔记中有着最为清晰的体现：

　　雅典一夫一妻制的出现可能不早于处于上层地位的野蛮人，因此很多迂腐的德国人，正如巴霍芬，参与了这个话题。我们可以从下面这一段略见一二：

　　在希腊人中间，在他们达到野蛮时代高级阶段之前大概还没有产生专偶婚制。（从下面一段话可以看到，甚至巴霍芬这位真正德国的学究是如何实用主义地对待这个问题的。）

　　"的确，在塞克罗普斯②时代以前，子女只知有母，不知有父；他们只有一个亲系。妇女不专属于一个男子，因此她所生的只是私生（!）子女。塞克罗普斯〈首次〉（!）结束了（!）这种状态；他把两性非法的（!）结合引回到（!）专偶婚，他给予子女一父（!）和一母（!），从而使他们由单〈亲〉系改为双〈亲〉系。"（使他们实行男系世系的单系!）③

这里，马克思似乎在附加感叹号来质疑巴霍芬的大量观点，马克思至少注

---

① Marx 1972, p. 202.
② 传说中雅典第一位国王——译者注。
③ Marx1972, p. 236.

意到他表述中的三个问题。首先，马克思指出使用"私生子女"（spurious chil-dren）、"非法的结合"（lawless unions）这些词语描述早期社会并不准确。真实情况是，在当时对可被接受的正当的子女的认知是建立在共同习俗的基础上的。使用现代社会的法律标准去评判早期社会是不合适的。第二，马克思反对巴霍芬认为专偶制"给予子女一父和一母"的观点。从生物学的角度来讲，每个孩子都有双亲；然而，专偶制同时改变了社会关系。与早期的社会体系不同，父母——特别是父亲，相比于氏族的其他成员开始在孩子的生活中扮演越来越不可替代的角色。第三，马克思批评巴霍芬的专偶制下孩子为夫妻双方家庭共同拥有的表述。马克思认为孩子只成为父系族谱的后代，女方家庭重新获得有关子女的权力是很晚之后的事了。

除了对历史上家庭地位的概括性陈述，和批评其他学者对早期社会家庭的错误理解之外，马克思还将摩尔根的观点纳入他的笔记，摩尔根认为家庭可以进一步演化："既然专偶制家庭从文明时代开始以来，已经改进了，而在现代特别显著，那末至少可以推测，它能够有更进一步的改进，直至达到两性的平等为止。如果专偶制家庭在遥远的将来不能满足社会的需要，那就不能事先预言，它的后继者将具有什么性质了。"① 马克思通过用下划线强调"性别平等［将会］实现"的必要性和可能性。

奴隶制、父权制家庭和一夫一妻制

除了特殊性和原始社会家庭变革的概括讨论，马克思还非常重视摩尔根如何看待父权制家庭以及父权制家庭与奴隶制之间的关系。尽管摩尔根描述了父权家庭的大量细节特征，但他几乎没有讨论这种家庭模式是如何联系他的一般发展理论的。马克思记录了摩尔根在这方面的几点工作，并把它延伸到自己的发展理论框架中。

马克思把氏族的解体、私有财产的发展以及奴隶制的发展等作为专偶制家庭发展的必要条件。为此，马克思在他与恩格斯的《德意志意识形态》一书中

---

① Marx 1972, p. 124.

补充了更多有关奴隶制观点的细节，认为"家庭隐蔽地具有奴隶制的影子"①。当部落战争期间将妇女儿童作为人质或从别的部落购买女性时，奴隶制就出现了：

> 一旦氏族得到充分发展并且对社会发挥了充分的影响，"妻子的数量便不象以前那样充足而变得稀少了"，因为在〈氏族〉趋向于"缩小普那路亚集团的范围，终于使它完全消灭"。氏族组织在古代社会占了统治地位以后，对偶制家庭便逐渐在普那路亚家庭内部产生。当对偶制家庭开始出现，普那路亚集团开始消亡时，就用购买和抢劫的办法来寻找妻子。氏族组织在普那路亚集团中产生之后，就把它出生的地方破坏了。②

在此之前，婚姻带来的约束很小，男人和女人都有着许多伴侣，但当婚姻约束开始起作用时，对于未婚的男性和女性而言，他们对伴侣的选择权随之变小了。因为男性在最初就负责打猎，他们使用的武器也很可能成为争夺女人的工具，因而男性也就获得了更多选择配偶的权利。

虽然部落中出现的外族女性不足以单独成为氏族中的新阶层，但争夺女性的过程有可能使氏族产生新增阶层。尽管接纳外来者是一个可被接受的做法，但当外来因素融入后，原本不一定平等联合的氏族却可能在其他方面变得平等了。这些加入者将与出生在氏族中的成员拥有同等的权力和义务③；因此外来者的地位与其他成员并无二致，接纳新的成员本身也就没有给社会增加新的阶层。

但抢劫和购买妇女的现象一旦在氏族中（特别是非母系氏族）出现，情况就变得不同了。如马克思和摩尔根提到的，在氏族制度之下，家庭从来不是，也不可能是一个组织单位，因为夫与妻必然属于两个不同的氏族。④ 在父系氏

---

① Marx and Engels 1998, p. 38.
② Marx 1972, p. 112.
③ Morgan 1877, pp. 80 - 1.
④ Marx 1972, p. 119.

族中，父亲属于氏族内部，但他们的孩子可能出生在其他氏族中，妻子属于氏族外部，但是她的女儿的子女将会出生在他们父亲的氏族中。当女人离开自己的氏族去生育时，她们仍然属于原有的氏族而不会加入她们配偶的氏族。因此，他们从未完全属于一个家族，这将可能导致一个阶层平等的社会。

　　首先，阶级分层还不明显，被抢夺来的女人成为妻子而非奴隶："他们在寻求妻子的时候，并不以本部落甚至也不以友好的部落为限；他们还用暴力从敌对的部落抢劫妻子；这样就产生了印第安人保全女俘虏的生命而杀死男俘虏的习俗。"① 随着私有财产的发展，氏族社会出现了阶层，男性俘虏留作奴隶变得更加普遍②，这在很大程度上是为了满足农业生产劳动力的需要。农业生产的扩大和阶级的出现造就了新的社会形态。虽然国家和一夫一妻制是"文明"（civilisation）最常见的两个要素，但社会和物质基础的发展还不足以直接过渡到这一阶段，而父权制家庭将成为这一过渡的中介，在父权家庭中经济与政治，公有与私有还没有完全分离：

　　　　这种家庭形式的主要特点是：若干数目的非自由人和自由人［原文如此，疑似笔误］在父权之下组成一个家庭，以便占有土地并看管羊群和其他畜群。沦为奴隶的人和用作仆役的人都生活在婚姻关系中，并和家长即他们的酋长一起组成一个父权制家庭。家长支配家庭成员和支配家庭财产的权力是这种家庭的实质。最突出的［父权制家庭的］特点是：把许多人置于前所未闻［闪米特社会的变革创造了这种家庭形式］的奴役和依附关系之中。支配这种集团的是父权；与此俱来的则是人的个性的较大发展。③

　　因此，家庭最开始是一个生产单位，家长在家庭中拥有全部权威：罗马的家庭也处于父权支配之下；父亲不论对他的子女和后裔还是对奴隶和仆役都操有生杀之权，他构成了家庭的核心，并使家庭得名；他对他们创造出来的一切

---

① Marx 1972, p. 117.
② Morgan 1877, p. 80.
③ Marx 1972, p. 119.

财产拥有绝对所有权。虽不是实行多偶制，但是罗马的家庭之父（pater famili-as）就是家长，而他的家庭就是父权制家庭。希腊各部落的古代家庭在较小的程度上也具有这种性质。①

马克思进一步指出，尽管现代家庭的规模在缩小，沿袭了祖姓，但是父权制真正的内核是奴役关系，这可以从以下词根的角度得到阐述：

> 家庭在罗马人部落中是晚近才出现的；"familia"一词的词义证明了这一点；这个词和"famulus"——仆役——一词的词根是相同的。费斯图斯《字义解》说过："famulus 一词来源于阿斯堪语，阿斯堪人称奴隶为 famul，由此便产生 familia 这一名称。"由此可见，familia 一词的原义与成婚的配偶或他们的子女并没有关系，而是指从事劳动以维持家庭并处于家庭之父（pater familias）的权力支配下的奴隶和仆役的团体。在一些遗嘱条文中，familia 一词是被当作 patrimonium 一词的同义语使用的，后者意为传给继承人的遗产。盖尤斯《法典》Ⅱ，102 写道："他把自己的 familia 即把他父亲的遗产（patrimonium）给予他的朋友作为合法的财产。"②

因此，西方家庭并不起源于夫妻和子女，而是源于氏族社会崩塌后诞生的经济社会关系。这样一来，家庭（familia）仅仅指家庭财产，而不指有亲缘关系的家庭成员，家庭作为完全的亲缘关系组织是很晚之后的事情了。

马克思指出，奴隶制和父权制家庭是专偶家庭诞生的必要条件，他在古代德国家庭的论述中写道："家庭看来是'托庇'于由各亲属家庭组成的共同家庭经济中（象南方斯拉夫人那样），当奴隶制成为一种制度时，这些家庭经济就逐渐消失了。"③ 马克思在摩尔根的文章中附上了自己的评论："实际上，专偶制家庭要能独立地、孤立地存在，到处都要以仆役阶级 {domestic class} 的存在为前提，这种仆役阶级最初到处都是直接由奴隶组成的。"④ 虽然马克思在这里

---

① Marx 1972, p. 119.
② Marx 1972, pp. 119 - 20.
③ Marx 1872, p. 120.
④ Marx 1872, p. 120.

不仅仅指女性（当时也需要男性奴隶），但在希腊-罗马奴隶制生产模式消失很久之后，女性仍然处于仆役阶级。随着经济的发展，特别是资本主义的兴盛，男性从这种奴役状态中解放，但是只有资本主义创造的机械化生产才让女性有机会离开家庭，正如《资本论》第一卷（第三章）中有关工作日和机械化生产的讨论。

此外，马克思进一步阐述了希腊和罗马类型的父系氏族家族因时而变的特征，并以俄罗斯人和其他斯拉夫人为例，指出他那个时代仍然存在原始的公社。这些社会的共同体组织是必要的，因为社会的发展水平不足以使得独立的家庭能够自力更生："几个这样的对偶制家庭常常居住在一座房子里（象南方斯拉夫人的几个专偶制家庭那样），构成一个共同的家户（象南方斯拉夫人那样，在某种程度上也象农奴解放前后的俄罗斯农民那样），在生活中实行共产制的原则。这一事实证明，家庭还是一个力量过于薄弱的组织，不足以单独去克服生活上的困难。"① 虽然父权制家庭的发展适应了经济发展的需要，但这种发展并非全是积极的，因为个人对其他家庭成员的权力加强了："在血缘家庭和普那路亚家庭中'不可能'有父权；它［家长的权威］在对偶制家庭中开始表现出微弱的影响，在专偶婚制下才完全确立；它在罗马型的父权制家庭中超越了理性的〈一切〉界限②。"③ 此处，马克思似乎比摩尔根提出了更为尖锐的批判，认为古罗马的父权家庭中，父权"在任何时候都大于理"。

马克思对父权制家庭讨论最有趣之处在于，他假设父权制对理解人类步入文明化的作用最为关键：

> 傅立叶认为专偶婚制和土地私有制是文明时代的特征。现代家庭在萌芽时，不仅包含着servitus（奴隶制），而且也包含着农奴制，因为它从一开始就是同田野耕作的劳役有关的。它以缩影的形式包含了一切后来在社

---

① Marx 1972, p. 116.
② 在这里，摩尔根使用了"过度的支配权"的表述。
③ Marx1972, p. 119.

会及其国家中广泛发展起来的对抗。①

随着男性在家庭中实际统治的确立，实行男性独裁的最后障碍便崩毁了。这种独裁，由于母权制的倾覆、父权制的实行、对偶婚制向专偶制的逐步过渡而被确认，并且永久化了。但是这样一来，在古代的氏族制度中就出现了一个裂口：个体家庭已经成为一种力量，并且以威胁的姿态起来与氏族对抗了。② 然而，这种男性的独裁是片面的，因为它将个人置于社会等级之上，而不是处于社会等级之中。

女性的历史地位和主体性

有关女性主义的观点，马克思与恩格斯最重要的区别是，马克思强调了原始社会中女性的地位，以及女性在历史中的主体性。恩格斯只有在进入一夫一妻制和阶级社会时才将女性作为能动主体，而马克思在各个历史时期都将女性作为能动的主体。历史上，女性的地位千差万别，因此，不能简单地说一夫一妻制造成了"世界历史上女性的失败"。

摩尔根认为女性在无文字记载的早期社会中具有重要的文字和脚注作用，马克思对相关内容多次摘录。例如，马克思记录的一个脚注讨论了女性在家庭和印第安部落中的权力，并在部分位置画线强调了女性的重要地位：

> 讲到他们的家庭，当他们还住在老式长屋中的时候，……那里总是由某一个克兰〈氏族〉占统治地位，因此妇女是从别的克兰中招赘丈夫的；有时——这是罕见的事——她们的某些儿子把他们年轻的妻子娶进来同居，直到他们感到有足够的勇气离开他们的母亲为止。通常是女方在家中支配一切，……贮藏品是公有的；但是，倒霉的是那种极端不善谋生，以致不能尽自己的责任来赡养家庭的不幸的丈夫或情人。不管他在家里有多少子女或占有多少财产，仍然要随时听候命令，收拾行李，准备滚蛋。对于这个命令，他不敢有反抗的企图。他将无法在这栋房子里居住下去，……他

---

① Marx 1972, p. 120.
② Marx 1972, p. 119.

> 非回到自己的克兰中去不可；或者，象他们通常所做的那样，到别的克兰
> 里去另寻新欢。妇女在克兰里，乃至一般在任何地方，都拥有很大的权力。
> 在必要的时候，她们可以毫不犹豫地——用他们的话来说——从酋长头上
> "摘下角来"，把他贬为普通的战士。①

通过使用下划线，马克思强调了印第安社会中女性权力的两种形式。首先，女性掌管家庭，这是一个母系社会，妇女有权与丈夫离婚。其次，女性除了拥有与家族其他成员同居的权力外，还有食物分配权，这让她们在公共事务中拥有了很大的权力，乃至对酋长的否决权。

马克思还从另外两点说明了印第安社会女性相对较高的地位。第一，印第安人的宗教仪式中女性的地位与男子相对平等。像男性一样，女性被宗教允许成为宗教领袖，即"信仰守护者"（keeps of the faith）："他们的职务是平等的，没有居首职的人，也没有僧侣等级的任何特征。'女性信仰守护人'偏重于负责准备宴会，这是每次会议期间在一天结束时为全体参加会议的人安排的；这是一种聚餐。"② 尽管男女性之间确实存在分工，但将女性负责饮食看作不重要的工作是不合理的，这可能是仪式本身的一个非常重要的部分。

第二，女性决定部落事务的权力也例证了印第安社会中女性较高的地位。尽管女性本身不允许在会议中讲话，"女性［摩尔根原文为'甚至女性'］可以借用她们选择的演说家之口来表达自己的意愿"③。在这里，马克思稍微调整了摩尔根的表述④，使得语气没有那么尖锐，没有将女性参与政治看作不正常的事。

印第安女性拥有更多的权力，但她们的地位并不理想。正如马克思在摩尔根的文本中指出的那样，"丈夫用严厉的惩罚要求妻子保持贞操，而他自身却无此义务；多偶被公认为男子的权利，实际上这种习俗却由于无法维持这种放纵

---

① Marx 1972, p. 116.
② Marx 1972, p. 149, 为马克思对摩尔根的直接引用。
③ Marx 1972, p. 162.
④ Marx 1877, p. 119.

行为而受到限制"①。在这里马克思强调"严厉惩罚"和"一夫多妻制"是一种男性权利，指出了早在这一时期，便存在男女地位的双重标准。即使是在以印第安人为代表的男女相对较为平等的社群，女性的生活仍然由不遵守平等地位的男性控制。

除了摩尔根关于印第安社会中女性地位的描述外，马克思还引用了摩尔根的一段话，记录了希腊社会中女性地位低下的情况：

> 在希腊人中，在男子中间自始至终流行着一种蓄意的自私自利的原则，极力降低对妇女的尊重，这种情况在蒙昧人中是罕见的……维持了许多世纪的这种习惯，在希腊妇女的心灵上打上了自卑感的烙印。（而对奥林帕斯山的女神们的态度，则反映了对妇女以前更自由和更有势力的地位的回忆。赫拉有权力欲，智慧女神是从宙斯脑袋里跳出来的，等等。）
>
> 这可能是这个种族为了能从对偶婚制上升到专偶婚制所必需的。希腊人在文明鼎盛时期在对待女性方面仍然是野蛮人；她们所受的教育是肤浅的，与异性的交往被禁止，妇女低人一等作为一种原则被灌输给她们，直到她们自己也承认这是事实为止。妻子不是她丈夫的平等伴侣，而是处于女儿的地位。②

除了简单地指出妇女的地位外，这一段还凸显了两点思想。首先，马克思在摩尔根的文本中补充了一点自己的评论："奥林帕斯山的女神们的态度，则反映了对妇女以前更自由和更有势力的地位的回忆。赫拉有权力欲，智慧女神是从宙斯脑袋里跳出来的"，说明古希腊的女性在压迫之下并非完全没有主动性。第二，马克思再次细微调整了摩尔根的语气。马克思说，希腊人"在对待女性方面仍然是野蛮人"，而摩尔根说希腊人"本质上是野蛮人"③。在这里，马克思加深了摩尔根对希腊父权制的批判。

---

① Marx 1972, p. 119，为马克思对摩尔根的直接引用。
② Marx 1972, p. 121. 这一段为马克思对摩尔根的直接引用（除了下一段的两处微调——译者注）。
③ Morgan 1877, p. 482.

希腊女神的地位既表明了过去古希腊文明对女性的压迫较少，也指出女性在未来可能再次享有更高的地位。某些希腊神话是在父权制背景下展开，希腊女性需要做的不能仅仅是模仿赫拉和雅典娜。怀念希腊女性昔日自由、具有影响力的地位不足以从根本上改变当下希腊社会中女性的处境。当然，这些神话人物确实起到了一个引领作用。首先，这些女神同男性共同生活，而不是与世隔绝，并在社会中扮演着重要的角色，即便是并不如何重要的角色。

更重要的是，原始的避孕措施和当时的社会力量都对女性的地位起到了限制作用，但赫拉和雅典娜两人都极力控制个人性行为。赫拉能够自己决定不抚养她的儿子赫菲斯托斯，而因为考虑到抚养孩子时很难保持自己的神威，雅典娜很可能选择保留处女身份。当然，在这两种情况下，这都是并不完美的选择，但这可以为批评希腊父权制提供一个切入点。

此外，尽管摩尔根认为在雅典社会中将妇女与外界隔绝是确保照料儿童的必要条件，但马克思的观点有所不同。史密斯对此评论道："马克思用更好的方式解释了摩尔根自己深信的观点，暂时结束了将妇女与外界隔绝是否能有效保证儿童得到照料的争论。在马克思看来，摩尔根的论断可以简化为，希腊的专偶制，以女性的排他性隐居为中心，有助于消除原始集体婚姻遗留下来的痕迹。"[1] 在这里，马克思指出男性需要声明对女性的控制力来维护专偶制，不仅仅是子女是否属于自己，而是要求更广泛地控制女性的权力。

马克思再次指出古希腊社会早期的专偶制必然所具有的压抑性：不管存在着什么样的专偶婚制，都不过是通过强力压制妇女来实行的（某种程度的幽禁生活）。[2] 马克思这里似乎注意到了女性对性限制的抵制，正如恩格斯所说，女性不一定同意这种安排[3]，因此，还需要一定程度的强制力和有效的监督来确保约束的实现。

然而测试女性受到约束力强弱的方式可能有所不同。在许多方面，古罗马

---

① Smith（即将出版）
② Marx 1972, p. 120.
③ Engels 1986, p. 83.

贵族女性相比于地位差不多的希腊贵族女性更加自由："罗马人的家庭：家庭之母（mater familias）是家庭的主妇；她能在街上自由活动而不受她丈夫限制。经常同男子一起出入剧院并赴节日宴会。在家里也不把她关闭在特殊的房间里，也不把她排除在男子的饭桌之外；因此，罗马妇女的个人尊严和独立性要比希腊妇女大；但是结婚却把她置于夫权（in manumviri）之下；她被视为丈夫的女儿；他有权惩罚她，如果发生通奸，他有权将她处死（经她的氏族会议同意）。Confarreatio, coëmptio, usus——所有这三种罗马的婚姻形式都将妻子置于夫权之下；这三种形式在帝国时代才消失，当时普遍实行自由婚姻，不把妻子置于夫权之下。"① 虽然古罗马妇女的社会地位有了很大的提高，但马克思强调她们的境况远非想象中那么美好。她们仍然屈于丈夫的权力，而不是完全自主的个人。

此外，马克思还注意到历史上所有形态的家庭在亲子关系方面的社会结构的性质："外婚制与一妻多夫制既是起于同一原因——两性数目的不等，那么我们就应当认为，一切外婚制的种族起初都是一妻多夫制的……因此，我们应当认为不容争辩的是，在外婚制的种族中间，最初的亲属制度乃是仅由母亲方面来认知血缘关系的制度。"② 在这里，马克思认为家庭不是一种脱离历史和"自然存在"（natural）的东西，而是一种社会建构，部分基于特定时期的物质条件，在这种情况下，父子关系必然是不明确的。比起批判专偶制家庭及其可能带来的男性多娶与不专情的结果，更重要的是马克思对"母子关系"这里插入的注解。现在我们可以加入一些非生物学意义上的思考。摩尔根指出，通过指认母亲来认定家庭成员之间的关系是一直准确的，但马克思插入了这样的注解："自从任何形式的家庭出现以来都是吗？"因此，虽然家庭存在生物学意义，但是要确定家庭成员间的关系，需要考虑一定社会结构下的社会如何造就了这些关系。

---

① Marx 1972, p. 121.
② Marx 1972, p. 104.

恩格斯《家庭、私有制和国家的起源》

恩格斯所著的《家庭、私有制和国家的起源》（以下简称《起源》）是一部在许多方面值得关注的作品。首先，与 19 世纪初的空想社会主义者详细地描述女性受到的压迫形成对比，此时的社会主义运动已经不再批评来自家庭和其他形式的压迫。这一点在蒲鲁东主义者的圈子中尤为明显，他们普遍厌恶女性。其二，恩格斯对经济领域的关注也很重要，尽管内容存在一些问题，但此举为将阶级压迫和性别压迫联系起来奠定了基础。他同时指出，如果不谋求经济权利，女性就不可能被平等对待。[①] 最后，正如巴雷特（Barrett）所说，恩格斯是当时为数不多试图"从女性的角度考虑性特征"的男性之一，虽然形式有限。[②] 尽管恩格斯的工作具有开创性，但我认为，过度采用决定论框架、对社会的变革性要素关注不足，这是恩格斯《起源》的瑕疵所在。

埃莉诺·利科克（Eleanor Leacock）在恩格斯《起源》的导论中，分析了摩尔根和恩格斯对原始社会研究的优缺点，重点分析了将它们联系当今的方式。从基础理论上讲，利科克认为，恩格斯的工作虽然基于早期的人类学研究，但在今天仍有价值，尤其是有关欠发达社会中妇女地位的研究。[③] 在狩猎采集社会——至少在早期农业社会，女性在粮食生产中占很大比例，这使得部落中的女性相比于经济发达社会中的女性，拥有更大的权力和威望，而在经济发达的社会，女性被禁锢在私人领域工作。[④] 因此，他们的研究至少给出了一个女性地位下降模式，尽管每个具体案例都有许多细节需要完善。[⑤]

然而，恩格斯的研究至少存在三个问题。首先，即使在今天，人们对最早的社会仍然知之甚少。因此，恩格斯从摩尔根那里获取的关于原始社会时期的

---

① Anderson 2010，p. 199.

② Barrett 1986，p. 20.

③ Leacock 1978，p. 30. 有关此主题的更多详细信息，请参见这些例子：Reiter 1975；Leacock 1958；Gould 1999；Reed 1972.

④ Leacock 1978，pp. 33 – 4.

⑤ Leacock 1978，p. 16.

许多假设只是猜测。虽然我们如今的认识进步了，但这仍然是人类学的一个主要缺陷。① 第二，恩格斯在没有太多实证检验的情况下，论述了从平等主义社会到女性遭受压迫的巨大跨越，我们仍然不知道女性地位的下降是怎样以及为什么发生的。② 最后，摩尔根和恩格斯没有描述非西方社会。因此，他们的研究结果不能应用于欧洲、北美以外的地区，也可能不适用于澳大利亚，一些证据也说明了这点。③

女性主义者对《家庭、私有制和国家的起源》的回应

女性主义者通过各种方式回应了恩格斯的《起源》。许多人，包括波伏娃、巴雷特和沃格尔，都不同程度地认为恩格斯的论点基于某种形式的经济决定论，而这种决定论并不能充分解释女性受到的压迫。④ 波伏娃认为，恩格斯不能仅从私有财产的出现和女性体力较差来解释女性受到的压迫。相反，问题的根源在于男人的本性：追求权力，甚至不惜牺牲包括女性在内的其他人。⑤ 虽然波伏娃指出恩格斯的经济决定论不足以理解女性受到的压迫，这是非常正确的，但她也明显忽视了物质条件限制着人类能动性这一重要因素。

巴雷特和沃格尔也批评恩格斯的经济分析框架。这一点尤为重要，因为正如巴雷特所说，恩格斯主要通过将女性引入劳动力市场来解释女性地位的改变。恩格斯的构想是失败的，因为他没有看到女性在双工计时工资制下遭受的极深重的剥削，并且也由于"人们以存在差异的意识形态看待男性劳动与女性劳动，恩格斯忽略了这类差异所造成的深远影响"⑥。因此，需要做的不仅仅是在工作中将女性提高到与男子同等的地位。正如许多其他社会主义女性主义者的看法一样，沃格尔也发表了类似的观点，认为恩格斯对工人的再生产环节没有给予足够的重视，因为他更多地关注经济因素，很少讨论社会化。⑦

---

① Leacock 1978, pp. 28 - 9.

② Leacock 1978, p. 42.

③ Leacock 1978, p. 49.

④ 见 De Beauvoir 1989, Barrett 1986, Vogel 1983。

⑤ De Beauvoir 1989, pp. 57 - 8.

⑥ Barrett 1986, p. 25.

⑦ Vogel. 1983, p. 91.

虽然波伏瓦、巴雷特和沃格尔都对恩格斯的《起源》提出了关键的批评，但三人都有将马克思和恩格斯的立场混为一谈的倾向。然而，我将在下文中指出，马克思的方法论与恩格斯有细微差别，在讨论这类问题时能够运用自如，因为他在一个更辩证的框架内运作，能够避免恩格斯的研究所透露出的那种决定论论调。然而，最重要的是要详细讨论恩格斯的《起源》，以便比较马克思和恩格斯在性别和家庭问题中的不同。

单向因果和经济决定论

恩格斯研究的一个最重要方面是他的论点，即私有财产的出现导致了母系社会的瓦解[①]，性别压迫随之出现。由于男性负责为氏族提供食物，在此过程中有必要使用工具，因此男子获得了拥有私有财产的权力。此外，父权的萌芽是与对偶制家族一同产生的，父权随着新家族越来越有一夫一妻制特性而发展起来。当财富开始积累且希望把财富传给子女的想法导致把世系由女系过渡到男系时，这时便第一次奠定了父权的坚固基础。[②]

这导致了女性社会地位的显著变化：

> 母权制的被推翻，乃是女性的具有世界历史意义的失败。丈夫在家中也掌握了权柄，而妻子则被贬低，被奴役，变成丈夫淫欲的奴隶，变成单纯的生孩子的工具了。妇女的这种被贬低了的地位，在英雄时代，尤其是古典时代的希腊人中间，表现得特别露骨，虽然它逐渐被粉饰伪装起来，有些地方还披上了较温和的外衣，但是丝毫也没有消除。[③]

进一步讲，女性将屈服于男性的压迫。恩格斯认为女性在这一过程中不具有主动性，只能在私有财产制结束、共产主义社会到来时才能得到解放。

父权制导致的两性对立是阶级冲突的开始：

---

① 尽管恩格斯、摩尔根以及马克思大多数时候没有区分母权社会和母系社会，但摩尔根主要描述的是母系社会。在这些社会中，女性比许多现代社会拥有更大的权力，但这并不意味着这些社会由妇女统治。摩尔根的证据表明，女性并不像恩格斯看到的那样有权力。

② Engels 1986, pp. 84 - 5.

③ Engels 1986, p. 87.

在历史上出现的最初的阶级对立，是同个体婚制下夫妻间的对抗的发展同时发生的，而最初的阶级压迫是同男性对女性的压迫同时发生的。个体婚制是一个伟大的历史的进步，但同时它同奴隶制和私有制一起，却开辟了一个一直继续到今天的时代，在这个时代中，任何进步同时也是相对的退步，因为在这种进步中，一些人的幸福和发展是通过另一些人的痛苦和受压抑而实现的。个体婚制是文明社会的细胞形态，根据这种形态，我们就可以研究文明社会内部充分发展着的对立和矛盾的本质。①

在这里，恩格斯对阶级间和两性间冲突的起源做了基于决定论的分析。尽管一夫一妻家庭中的压迫限制了女性的权力，但这对文明的产生是必要的。然而更大的问题是，恩格斯将性别压迫和阶级压迫紧密联系起来，因为他将二者视为受相同原因影响而同时发生的，并自然而然地假定，随着财产私有制的终结，性别压迫也会消失。

总的来说，恩格斯勾勒了一个理想化的过往（原始社会②），在那里，社会中没有尖锐的对立，例如，与马克思不同，恩格斯认为印第安社会是平等的，几乎不存在冲突：

人口是极其稀少的；只有在部落的居住地才比较稠密，在这种居住地的周围，首先是一片广大的狩猎地带，其次是把这个部落同其他部落隔离开来的中立的防护森林。分工是纯粹自然产生的；它只存在于两性之间。男子作战、打猎、捕鱼，获取食物的原料，并制作为此所必需的工具。妇女管家，制备衣食——做饭、纺织、缝纫。男女分别是自己活动领域的主人：男子是森林中的主人，妇女是家里的主人。男女分别是自己所制造的和所使用的工具的所有者：男子是武器、渔猎用具的所有者，妇女是家内用具的所有者。家户经济是共产制的，包括几个、往往是许多个家庭。凡

---

① Engels 1986, p. 96.
② 译者注。

是共同制作和使用的东西，都是共同财产：如房屋、园圃、小船。所以，在这里，而且也只有在这里，才真正存在着文明社会的法学家和经济学家所捏造的"自己劳动所得的财产"——现代资本主义所有制还依恃着的最后一个虚伪的法律借口。①

马克思似乎认同恩格斯关于原始社会生产具有不确定性的论述，如上所述，马克思认为早在氏族社会时期冲突就形成了。这里，恩格斯认为只有在技术进步和更多的商品盈余出现时明显的冲突才会发生。经济和技术力量很重要，但恩格斯对阶级和性别对立的解释是片面的，忽略了早已存在于印第安社会中的社会矛盾因素。

此外，恩格斯的模型极具宿命论色彩，充斥着无人性的经济和各种社会力量，而没有为人类主观能动性的发挥留下空间。"在个体家庭中，在仍然忠实于其历史起源并使由于丈夫的独占统治而出现的男女之间的冲突的场合，我们就看到了自文明时代开始分裂为阶级的社会在其中运动的、既不能解决又不能克服的那些对立和矛盾的一幅缩图。"②

而女性要恢复从前的地位，只有运用技术，因为女性必须使用机器才能在"生产"领域从事与男性相同的工作：

随着家长制家庭，尤其是随着专偶制个体家庭的产生，情况就改变了。料理家务失去了它的公共的性质。它与社会不再相干了。它变成了一种私人的服务；妻子成为主要的家庭女仆，被排斥在社会生产之外。只有现代的大工业，才又给妇女——只是给无产阶级的妇女——开辟了参加社会生产的途径。但在这种情况下，如果她们仍然履行自己对家庭中的私人的服务的义务，那么她们就仍然被排除于公共的生产之外，而不能有什么收入了；如果她们愿意参加公共的事业而有独立的收入，那么就不能履行家庭中的义务。不论在工厂里，或是在一切行业直到医务界和律师界，妇女的

---

① Engels 1986, pp. 145–6.
② Engels 1986, p. 98.

地位都是这样的。现代的个体家庭建立在公开的或隐蔽的妇女的家务奴隶制之上，而现代社会则是纯粹以个体家庭为分子而构成的一个总体。①

恩格斯指出，女性在家庭中受到压迫的原因是女性处于家庭中佣人的地位。他的讨论停留在抽象层面。按照恩格斯的说法，女性仅仅是客观的社会和经济力量的承受者，这些力量使她们处于被奴役状态。只有当这些客观的经济、社会和技术力量得到了充分的发展，女性才能重新获得原来的地位。恩格斯往往片面地关注客观物质力量，而忽略了同样重要的主观力量，不论是在这一内容还是其他方面。

这一点对于在理论上解释怎样消灭性别压迫有重要影响。恩格斯认为，有必要让女性参与公共领域工作，以便为与男性建立更深入的联系创造条件。恩格斯的设想已经实现："自从大工业迫使妇女从家庭进入劳动市场和工厂，而且往往把她们变为家庭的供养者以后，在无产者家庭中，除了自专偶制出现以来就蔓延开来的对妻子的野蛮粗暴也许还遗留一些以外，男子统治的最后残余也已失去了任何基础。"② 历史证明，女性进入工厂虽是结束女性压迫的必要条件，但当然还是不够的。③ 实际上，男权制的规范仍然存在于工厂和整个社会中。

然而恩格斯的立场与马克思早期作品的立场有着很大不同。如在第二章中，在翻译珀歇作品有关自杀的部分时，马克思指出资产阶级家庭中的女性压迫不仅有经济上的原因，更多的是由于作为女性所处地位，而且这种形式的压迫与其他任何形式的压迫一样重要："革命没有消灭所有的暴虐行为；任意施加暴力的恶劣做法还在家庭中存在；它在此引起了类似革命的危机。"④ 此外，马克思在《神圣家族》中写道："现代社会女性整体上遭受着非人待遇。"这再次表明压迫不仅仅是经济层面上的。⑤

---

① Engels 1986, pp. 104 – 5.
② Engels 1986, p. 103.
③ Barrett 1986, pp. 24 – 5.
④ Marx 1999, p. 51. 这是珀歇的原文，但马克思做了强调。
⑤ Marx and Engels 1956, p. 258.

父权制社会异同及其历史意义

虽然摩尔根倾向于贬低父权制家庭的重要性，但马克思和恩格斯都认为父权制阶段是对偶家庭和严格一夫一妻制之间非常重要的过渡阶段。重要性认知的差异可能是由于摩尔根更严格地坚持分阶段发展模式，甚至比恩格斯的还要严重。这种过渡的家庭形式只是偶尔出现，譬如闪米特部落、古希腊和古罗马。因此，从某种意义上说，这是一个历史性的偶然事件，而不是一个普遍的发展阶段。

在阅读马克思笔记时，恩格斯清楚地领会了马克思对父权家庭的批判。他直接引用了马克思关于"现代家庭"的陈述，认为现代家庭在萌芽时，不仅包含着奴隶制（servitus），而且包含着农奴制，因为它从一开始就是同田野耕作的劳役有关的。它以缩影的形式包含了一切后来在社会及其国家中广泛发展起来的对立。[①] 并指出了这种过渡形式的重要性："无论如何，实行土地的共同占有和共同耕作的家长制家庭公社，现在就具有了和以前完全不同的意义。我们对于它在旧大陆各文化民族和其他若干民族中，在母权制家庭和个体家庭之间所起的重要的过渡作用，已不能有所怀疑了。"[②] 尽管马克思和恩格斯基本同意其作为过渡形式的作用，但就其在女性地位方面所起的作用，马克思和恩格斯有所不同：

> 如上所述，它是在野蛮时代的中级阶段和高级阶段交替的时期从对偶制家庭中产生的；它的最后胜利乃是文明时代开始的标志之一。它是建立在丈夫的统治之上的，其明显的目的就是生育有确凿无疑的生父的子女；而确定这种生父之所以必要，是因为子女将来要以亲生的继承人的资格继承他们父亲的财产。专偶制家庭和对偶制不同的地方，就在于婚姻关系要牢固得多，这种关系现在已不能由双方任意解除了。这时通例只有丈夫可以解除婚姻关系，赶走他的妻子。对婚姻不忠的权利，这时至少仍然有习俗保证丈夫享有（拿破仑法典明确规定丈夫享有这种权利，只要他不把姘

---

① Engels 1986, p. 88.
② Engels 1986, p. 91.

妇带到家里来）；而且随着社会的进一步发展，这种权利也行使得越来越广泛；如果妻子回忆起昔日的性的实践而想加以恢复时，她就要受到比过去任何时候都更严厉的惩罚。①

如上所述，马克思强调男性相对于女性所拥有的权力，而恩格斯则更关注财产关系以及男性将财产继承给子女的必要性。在马克思看来，父权制家庭中女性受压迫的原因不仅仅由于财产权和继承权。

恩格斯不加批判地采纳了摩尔根和巴霍芬有关氏族社会女性地位的观点

马克思看到了社会内部高低阶层之间、两性间的冲突在早期就在发展，但恩格斯倾向于认为在一夫一妻制建立之前族群间是完全平等的，这一点在他关于原始社会中女性性自由的讨论中尤为明显。例如，在关于澳大利亚土著部落的一次讨论中，根据男子将妻子交给旅行者过夜的做法，恩格斯认为这些社会不存在胁迫女性的可能性：

> 一个外地的澳大利亚黑人在离开本乡数千公里的地方，在说着他听不懂的语言的人们中间，往往依然可以在一个个住宿地，在一个个部落里，找到毫无反抗和怨恨地委身于他的女人，而根据这种规则有着几个妻子的男人，也要让出一个妻子给自己的客人去过夜。在欧洲人视为不道德和无规则的地方，事实上都盛行这一种严格的规则。这些女子属于客人的通婚级别，因而她们生来就是他的妻子；把双方结合起来的那个道德规则，同时又用剥夺权利的惩罚方法，禁止相互所属的通婚级别以外的任何性关系。甚至在抢劫妇女（这是经常的，某些地方还是通例）的地方，也很慎重地遵守级别的规则。②

恩格斯正确地指出，这种做法是符合习俗的，在这些社会中基本上是"合

---

① Engels 1986, pp. 92 - 3.
② Engels 1986, p. 75.

法的"，但他没有讨论女性在其中的选择。我们不能自动假定妇女有自由选择权①，恰恰相反，更可能的是至少存在一些不易察觉的胁迫。因此，即使在这个早期阶段，男性对女性的性行为也存在一定的控制力。这里恩格斯似乎陷入了一种文化相对论，只指出行为在当时的"合法性"，而没有察觉到胁迫存在的可能性。

继摩尔根和马克思之后，恩格斯指出印第安的家庭和社会建立在比当今他们生活的社会更平等的关系之上。然而事实上，情况并不理想："在这一阶段上，一个男子和一个女子共同生活；不过，多妻和偶尔的通奸，则仍然是男子的权利，虽然由于经济的原因，很少有实行多妻制的；同时，在同居期间，多半都要求妇女严守贞操，要是有了通奸的情事，便残酷地加以处罚。然而，婚姻关系是很容易由任何一方解除的，而子女像以前一样仍然只属于母亲。"② 在这里，恩格斯错过了批判印第安妇女地位的机会。男性显然比女性拥有更大的性自由，尽管女性仍然有可能提出离婚。马克思指出了这一事实，但也没有提出批评，但两人在这一点上仍然存在差异。正如杜娜叶夫斯卡娅所说，从他的笔记可以看出，马克思在平等主义的公有组织中看到了冲突的发展，而恩格斯却没有看到。③ 因此，即使马克思在他的笔记中只是强调了这一点，并没有对其进行批评，但也没有理由认为这样的批判不符合他分析的总体框架，但要符合恩格斯的框架却困难得多。

此外，恩格斯关于如何过渡到对偶婚姻和最终一夫一妻制的讨论也是有问题的。恩格斯将19世纪的女性规范用于解释从集体婚姻到对偶婚姻的过渡，认为是女性推动建立对偶家庭来维护"贞操权"：

> 其次，巴霍芬④坚决地断定，从他所说的"淫游"或"污泥生殖"向

---

① Barrett 1986, p. 75. 利科克掩盖了选择权问题，并反对将此视为女性相对于其他早期社会地位较低的潜在例证。Leacock 1978, p. 30.
② Engels 1986, p. 77.
③ Dunayevskaya 1991, p. 180.
④ 在这里，恩格斯指的是巴霍芬的《母权论》，是第一本论证母系社会存在的书。

个体婚制的过渡，主要是由妇女所完成，这是绝对正确的。古代遗传下来的两性间的关系，越是随着经济生活条件的发展，从而随着古代共产制的解体和人口密度的增大，而失去森林原始生活的素朴性质，就必然越使妇女感到屈辱和压抑；妇女也就必然越迫切地要求取得保持贞操的权利，取得暂时地或长久地只同一个男子结婚的权利作为解救的办法。这个进步决不可能由男子首创，这至少是因为男子从来不会想到甚至直到今天也不会想到要放弃事实上的群婚的便利。只有在由妇女实现了向对偶婚的过渡以后，男子才能实行严格的专偶制——自然，这种专偶制只是对妇女而言的。①

恩格斯也提到了一种两性间早期的冲突：技术进步使得女性感到压迫和屈辱，因而寻找措施改变现状，但是他没有说明为何女性为了不再受辱只嫁给一个男人，而不是遵循着 19 世纪女性的性道德。恩格斯似乎走向了一种相对静态的女性性特征观念，他忽视了其作为长期冲突的产物的可能性。

恩格斯继续讨论向一夫一妻制的转变过程：

> 我们已经看到，巴霍芬认为由群婚向个体婚过渡这一进步主要应归功于妇女，是多么的正确；只有由对偶婚制向专偶制的进步才是男子的功劳；在历史上，后一进步实质上是使妇女地位恶化，而便利了男子的不忠实。因此，那种迫使妇女容忍男子的这些通常的不忠实行为的经济考虑——例如对自己的生活，特别是对自己子女的未来的担心——一旦消失，那么由此而达到的妇女的平等地位，根据以往的全部经验来判断，与其说会促进妇女的多夫制，倒不如说会在无比大的程度上促进男子的真正的专偶制。②

男性掌握经济权力，因此可以强制女性实行一夫一妻制。资本主义为推翻这一制度创造了条件，但是恩格斯认为，资本主义社会无法过度推行一夫一妻制，而只会使一夫一妻制更加普遍。恩格斯的经济主义和温和的维多利亚意识形态在此表现得较为明显。

① Engels 1986, p. 83.
② Engels 1986, p. 113.

最后，虽然恩格斯讨论了马克思关于希腊女神和希腊女性地位的论述，但他忽略了马克思对妇女主体性更微妙的辩证论证："正如马克思所指出的，神话中的女神的地位给我们展示了一个更早的时期，那时妇女还享有比较自由和比较受尊敬的地位，但是到了英雄时代，我们就看到妇女已经由于男子的统治和女奴隶的竞争而被贬低了。"① 马克思的部分观点是，古希腊女性的待遇很差，但恩格斯忽略了马克思其他方面的讨论，这些讨论提到了一种"对妇女以前更自由和更有势力的地位的回忆"。妇女显然受到压迫，但在马克思看来，古希腊妇女的神话使她们有机会来言说她们曾经多自由，以及至少有重回更高地位的可能性。虽然必定有学者会批评马克思对这些神话进行了过度解读，即使在这些神话中女性的地位也很低，但需要指出的一点是，马克思将这些女性视为有潜在力量的历史主体，而不仅仅是恩格斯所强调的强势希腊男性的承受者。

马克思、恩格斯性别与家庭观点对比

马克思和恩格斯在政治、经济和社会问题上的大多数观点都相似，二人一生中合作的学术和政治项目颇丰，这使得许多学者认为他们作品中的观点基本相同，然而二者的观点在许多情况下都存在差异，尤其是他们关于性别不平等起源的看法。恩格斯认为私有财产的出现为压迫女性创造了条件，而马克思的观点更为微妙，即财产不是唯一的重要变量，即使母权被推翻之后女性仍然是历史的主体。马克思也看到，早在原始共产社会，矛盾就出现了。如杜娜叶夫斯卡娅的评论：

> 马克思与恩格斯对过渡时期的关键问题看法存在不同，这已经成为学界亟待重新认识的一点。马克思始终在说明，社会二重性和矛盾在过渡期间已初现端倪，而恩格斯认为当过渡时期完成后矛盾才出现，好像在原始共产主义解体、财产私有制建立之后，阶级社会横空出世一般。此外，马

---

① Engels 1986, p. 93.

克思认为从一个阶段发展到下一个阶段是以变革形式螺旋式推进的，而恩格斯将之描述为单向推进的过程……马克思向我们说明了，压迫特别是女性压迫在原始公社中就产生了，并不仅仅伴随着"母权制"的解体，也随着阶级的产生而出现，与此同时出现的还有脱离于大众的首领，以及私人财富。①

　　杜娜叶夫斯卡娅认为马克思有关阶级对立和性别对立之间发展关系的观点比恩格斯的要复杂得多。恩格斯倾向于用单一线性、单向因果的框架看待这些矛盾的发展。如上所述，在讨论雅典从氏族社会到国家的过渡时，恩格斯将雅典社会与伊甸园般的印第安社会区分开来："在易洛魁那里，年年不变的生产生活资料的方式，绝不会产生这种仿佛从外面强加的冲突，这种富人与穷人、剥削者与被剥削者之间的对立……所必然产生的结果是生活资料，尽管有时少，有时多；但是绝不会产生那种无意中产生的社会变革，氏族联系的破裂，或同氏族人和同部落人分裂为互相斗争的对立阶级。"② 恩格斯在此回到了原始理想主义社会的观点，他认为那时的社会几乎不存在冲突。在恩格斯看来，在农业生产工具进步带来大量生产盈余之前，社会不仅没有冲突，甚至发生冲突的可能性也不存在。

　　这与马克思的观点形成了鲜明的对比，马克思看到了潜在的社会冲突在更早的时候就出现了。恩格斯认为社会冲突来自氏族制度之外的东西，但在马克思关于美洲库真（Kutchin）部落的讨论中提到，库真部落中演化出了等级，他对此补充说明了氏族内部种姓制度发展的可能："在宗法制度、种姓制度、封建制度和行会制度下，整个社会的分工都是按照一定的规则进行的。这些规则是由哪个立法者确定的吗？不是。它们最初来自物质生产条件，只是过了很久以后才上升为法律。"③ 马克思在这里指出了一种可能性，即当征服其他部落后，原本确保所有部落平等的婚姻制度可能会转变为先前形式的对立面。如果被征

---

① Dunayevskaya 1991, pp. 180 - 1.
② Engels 1986, pp. 145 - 6.
③ Marx 1972, p. 183.

服的氏族没有完全融入所臣服部落的婚姻关系，那么形式上的平等制度——氏族婚姻制度——就会走向它的反面，即可能出现的种姓制度，一个或数个氏族在社会地位上变得比其他氏族低而导致无法通婚。

与恩格斯相反，马克思认为还有很多因素对于理解氏族中矛盾的发展非常重要。这些矛盾甚至在氏族初期就存在了，尽管它们还没有充分展开。原始共产社会并非没有社会矛盾的问题，女性的社会地位尤其如此，正如上文中马克思在谈到女性被强迫保持贞洁时所指出的那样。然而，女性的弱势地位并非"世界历史上女性的失败"，女性也无需等待共产主义的到来才能重新获得原来的地位。相反，正如马克思在论述希腊女性的压迫和限制时所阐述的，他看到了女性发挥主体性的潜力，即使在非常残酷的世道下也是如此。

在对马克思和恩格斯的比较中发现，二人最显著的区别或许是恩格斯的观点有着更强的决定论色彩。马克思经常注意到某些发展过程中的历史偶然性和因时而定的特征，并指出除了经济和技术力量外，人类的能动活动也存在改造社会的可能，而恩格斯则主要用经济和技术力量来解释社会变革。因此，恩格斯仍然处于一个相对决定论和单向性的框架内，而马克思的分析框架可容纳更具多样性的结果，并给人类能动性的发挥，特别是女性，留下很大的空间。

第六章　家庭、国家与财产权：资本主义社会中性别与家庭的辩证法

　　除了马克思对摩尔根《古代社会》一书的摘要，恩格斯在《家庭、私有制和国家的起源》中一定程度上提到了这一点之外，马克思还注意到了其他各种各样的人类哲学来源，包括约翰·巴德·菲尔、约翰·卢伯克、马克西姆·科瓦列夫斯基、亨利·萨姆纳·梅恩和路德维希·兰格。这其中，路德维希·兰格的笔记《罗马变体》（"古罗马"）和亨利·萨姆纳·梅恩的《古代法制史讲演录》，是恩格斯在《家庭、私有制和国家的起源》中没有涉及的最重要的资料来源。与马克思对摩尔根做的笔记类似，这些笔记从来没有发表，也不清楚马克思做这些笔记的本意。然而，它们仍然很重要，因为它们包含了关于妇女在各种社会中的地位的重要信息，包括古罗马、爱尔兰和以氏族为基础的印度社会。

　　本章将考察马克思关于梅恩和兰格的笔记，试图阐明这些笔记在性别和家庭方面的总体方向。不同于马克思评论摩尔根时大体上持赞同态度，他关于梅恩的笔记包含了大量严厉的批评。在梅恩对爱尔兰和印度氏族社会的讨论中，他不加批判地假设父权家庭在早期殖民社会中的存在，支持英国殖民主义并认为基督教在爱尔兰社会中的作用是积极的。马克思对梅恩所有的假设都提出了质疑。最重要的是，马克思关于女性在这两个社会中的地位的笔记展现了比梅恩的描绘更细致的差别。此外，这些笔记支持这样的论点，即马克思没有像恩格斯那样看到"女性在世界历史上的失败"。相反，马克思认为女性在这些社会

中的地位在诸多因素影响下并非无法改变。很明显，由于技术发展水平较低，妇女在早期社会中无法得到完全解放，但这并不等于说她们的地位根本没有改变，或者只是由于她们没有参与进程而改变。妇女必然是人类历史发展中的一股重要力量，因为她们没有也不可能完全脱离社会而存在。在这些古代社会中，虽然大规模的变革并非由女性发起的，但妇女往往既是妻子又是母亲，至少对与她们生活相关的男人有一些微妙的影响。她们的行为，以及她们男性亲属的行为（最终是国家的行为），要么允许女性获得更多的权利，要么进一步限制她们的权利，有时也会对社会的其他领域产生有趣而重要的影响。

马克思关于兰格的笔记探讨了很多关于女性、财产和父权家庭的问题。在这里，马克思追踪了罗马社会的一系列变化，国家取代贵族氏族的家庭法成为最重要的统治性权威。平民（不包括在氏族法中）和贵族之间的冲突需要新机构以缓解，于是国家出现了。这导致了平民和妇女地位的一些变化。由于女性直接受国家的控制是以家长和其他男性的利益为代价，她们在社会中的地位趋于改善，至少对上层阶级来说是这样。

梅恩的古代法制史讲演录

亨利·萨姆纳·梅恩的《古代法制史讲演录》包含了一系列关于爱尔兰和印度法律被英国殖民法取代之前的讲座。① 梅恩的资料来源主要包括两个社会的古代法：爱尔兰的《古制全书》和《艾锡尔书》以及印度的米塔克萨拉〔Mi-takshara〕学派，讨论的重点是财产的起源和发展、古代法律救济形式和主权。

本书最重要的是他对古代家庭的讨论，这遍布整个文本，具体而言主要在他的"已婚妇女固定财产的早期历史"一章。马克思在他的笔记中，对梅恩的观点持批评态度，特别是那些涉及假设的内容，即所有雅利安人社会的第一种家庭形式是父权制。此时，马克思已经完成对摩尔根的评论，他在笔记中接受了摩尔根的氏族是最早的社会组织形式之一的观点。

----

① Maine 1875.

　　较之马克思对摩尔根所做的大量摘录，他所摘录的梅恩著作则少得多，同时提供了更多他自己的评论。在许多情况下，他对梅恩以及其他学者，如巴托尔德·尼布尔和约翰·巴霍芬，都做出了批判性的评论。虽然马克思的《梅恩笔记》中有很多有趣之处，但与性别和家庭有关的三个方面尤其引人注目：马克思对梅恩父权社会中家庭起源的批判；他对英国法律颁布前爱尔兰妇女地位的看法；以及他对印度妇女财产权的历史讨论。

马克思《梅恩笔记》

　　即使在美国人类学家克拉德 1972 年出版了《卡尔·马克思的民族学笔记》之后，对于这些笔记的评论也较为罕见，涉及马克思关于性别和家庭的观点尤其如此。然而，有些学者在不同的语境中讨论了这些著作。克拉德在他为《卡尔·马克思的民族学笔记》所做的重要而详细的介绍中，简要地谈到了性别问题，并指出马克思对梅恩的大部分著作，特别是关于家庭和财产的结构和发展的著作，进行了相对强烈的批评。[1] 马克思没有接受梅恩的观点，即家长制和私有制是人类社会的自然特征，而是认为有必要追溯他们从家族和公共财产到现代家庭和私有财产的发展历程：马克思继续系统地将家庭从原始社会的其他制度中分离出来，他仿效摩尔根的主张，将这种区分应用于父系/家长与氏族/部落酋长的分离，同样也应用于财产的相关形式及其传承。在我们的理论中，土地私有制并不是直接从集体所有制中得来的，而是在向政治社会过渡的过程中逐渐代替集体所有制的，正如氏族的统治权逐渐代替家庭的统治权一样。私人家庭内部的继承不同于［爱尔兰］天主教通过选举产生酋长的规则，私人家庭内部通常由兄弟而不是儿子继承。[2] 这是马克思批判性地阅读梅恩关于古代爱尔兰和印度社会的著作后，在这些笔记中得出的结论，在那里，他追溯了个人（尤其是首领）的发展是以牺牲公共利益为代价的。[3] 然而，克拉德没有详

---

① Krader 1972.
② Krader 1972, p. 37.
③ Krader 1972, p. 37.

细讨论马克思对梅恩关于性别和家庭的批判。

杜娜叶夫斯卡娅在如下语境中讨论了马克思的笔记。其一是马克思对资本主义和殖民主义的厌恶日益增长，其二是关于马克思如何理解阶级和性别差异的发展。① 在他的笔记，特别是关于梅恩的笔记中，马克思批评了这些思想狭隘的作者，正是由于他们自己对前资本主义社会的假设，在逻辑上先行阻断了发现这些社会的重要方面："在马克思的《梅恩笔记》中，他对殖民主义、种族主义以及对妇女的歧视进行无情的反击，同时他把英国历史学家、法学家、人类学家和律师称为'白痴'，他们这些人全然不能理解已有的发现，因此经常跳过了人类的整个历史时期。"②

杜娜叶夫斯卡娅写道，不同于梅恩等人认为前资本主义社会是由落后的父权社会发展而来，马克思则注意到了它们的平等主义本质，同时指出了导致阶级结构发展的矛盾："他在强调原始社会的伟大的同时，也强调这不是外来力量的问题，而是从原始公社社会内部就已经产生了首领和普通人之间的差别因素，在这些因素中，我们确实可以看到阶级斗争和旧社会的解体。"③ 因此，与恩格斯和摩尔根关于这些共产主义社会几乎完全平等的解释相反，马克思注意到共产主义社会差异的发展在早期就通过家长的个体化来实现。

此外，正如前一章关于摩尔根笔记的讨论，杜娜叶夫斯卡娅指出马克思对早期家庭的发展及其与阶级社会和国家发展的关系很感兴趣。矛盾体现在许多方面，无法简单地将对妇女的征服归于私有财产的普遍化，"无论就氏族的一部分，还是由氏族进化而来的另一种社会形态而言，家庭的分化一直以来都是要点。在这一点上，马克思再次区分了国家出现后的家庭和国家出现之前的家庭。关键在于任何时候都要对生物中心论和不加批判的进化论持批判的态度"④。

史密斯除了认为马克思的民族笔记代表了马克思试图将他的社会结构知识扩展到欧洲以外的非西方社会，以探索资本主义在扩张中所面临的挑战（如前

---

① Dunayevskaya 1985, 1991.
② Dunayevskaya 1985, pp. 218 - 9.
③ Dunayevskaya 1985, pp. 58 - 9.
④ Dunayevskaya 1991, p. 184.

一章所讨论的）的论点，他还简要地谈到了所阅读的马克思对作者的批评内容。① 这与马克思关于梅恩的笔记尤为相关，正如史密斯在他即将出版的英译本导言笔记中所述："在马克思所有关于民族学主题的著作中，他对梅恩的《古代法制史讲演录》的注释是最富有批评性的。"

特别在此处，也在他的其他笔记中，马克思对于史密斯称之为"权力崇拜"这点提出了强烈的批判：

> 在他的民族学研究中，马克思除了记录民族社会完全无阶级和无国籍的特征外，还对我们可以合理地称之为"权力拜物教"的东西提出了持续的、多方面的反对意见，马克思停止批评学者和那些殖民者。他们想象他们看到了社会关系在族长或封建主的手中掌握，而这些关系本质上是非父权制和非封建的。马克思深入研究了有关神权的证据，概括出"人类崇拜"（他将格莱斯顿和维多利亚联系起来，就像联系阿散蒂王国和塔希提王国的君主制一样）。他还对霍布斯和奥古斯丁的国家权力观中的权力崇拜核心提出了较多的批判。②

在此，史密斯讨论了马克思对现存社会批判的广泛性，尤其批判了大多数人不加任何批判地接受权威。史密斯指出，马克思批判梅恩和其他人天真地接受父权制权力的历史性质，但他没有对此进一步讨论。

安德森探讨了马克思对梅恩的批判。③ 这一点在马克思批判梅恩对公有制、宗法家庭与国家发展的理解时尤为正确，然而，目前最重要的是马克思关于宗法家庭的笔记。正如安德森所说，"马克思会因为梅恩假定父权制家庭是最古老和最基本的社会组织形式而不断地抨击他"④。

尽管马克思经常对梅恩持高度批判的态度，但他也在某些领域批判性地使

---

① Smith 2002.
② Smith 2002, pp. 81 - 2.
③ Anderson 2010.
④ Anderson 2010, p. 205.

用了梅恩作品中的一些元素：

> 马克思对梅恩的频繁攻击（尽管是批判性的），有时掩盖了他在某些领域中采用了这位英国法学家的一些数据和论点的行为。这些问题特别涉及（1）爱尔兰氏族内部阶级分化的加剧和（2）拒绝将封建主义作为前现代农业社会的一个通用术语。然而，他一定程度上把梅恩描绘成一个捍卫资本和帝国的理论家，而不是一个真正的学者。[①]

因此，在马克思关于梅恩的笔记中，尽管对梅恩的结论持批判态度，他还是会常常采纳梅恩研究中的真实数据。

父权制家庭和氏族[②]

虽然梅恩认为家庭的原始形式是建立在父权基础上的，但马克思在阅读了摩尔根的笔记之后，认为早期的父权制大家庭是从母系氏族社会的群婚制向以专偶制家庭结构为基础的政治社会的过渡。在他的笔记中，马克思批判梅恩未能理解氏族在早期社会中的重要性，以及对这些早期社会的变革模式普遍缺乏了解。由于梅恩的书在摩尔根的《古代社会》之前出版：其"引文"部分表明，梅恩未参考摩尔根尚未出版的内容，此外，梅恩还对尼布尔和其他人所作研究的相同点加以分析。[③]

梅恩认为印度某些地区存在父权制联合家庭，他断言联合家庭是最早的家庭形式之一，马克思对梅恩的观点进行了批判与反驳。

> 梅恩先生，作为一个呆头呆脑的英国人，不从氏族出发，而从后来成为首领等等的家长出发。愚蠢。（这正好符合氏族的最早形式！例如，摩尔根的易洛魁人就有这种家长，在那里氏族按女系计算世系。）梅恩的愚蠢在以下的话中达到顶点："所以，人类社会的所有各分支可能是或可能不是从

---

① Anderson 2010, p. 208.

② 此处和下文中，我使用的是史密斯未出版的马克思关于梅恩的笔记的英译本，使用的格式与前一章摩尔根笔记的格式相同。我增加了从克拉德处转录的页码以供参考。

③ Marx 1972, p. 288.

原始家长细胞所产生的联合家庭发展而来；但是，凡是在联合家庭是雅利安种族（！）的一种制度的地方，我们（谁？）都看到，它来自这样的细胞，在它解体时，我们看到它又分解为许多这样的细胞。"①

这里，马克思指出，父权制联合家庭不是原始家庭应有的模式，因为这类家庭只出现在某些印度村庄。如果它是所有"雅利安人"社会家庭的原始形式，那么至少应当在其他地方看到它存在的痕迹。但正如马克思所言，即使在印度城市，也不能说明它是原始的家庭形式。再者，尽管有大量与梅恩观点相左的证据，他仍然无法正确认识前时代的父权制家族。

马克思继续批判梅恩关于父权制家庭是家庭的原始形式的观点。马克思回到了摩尔根关于母系氏族存在的论点，他认为父权制不可能存在于这种类型的社会中。摩尔根和马克思认为，如果权力是通过母系血统来传递的，那么对女性行使最终的控制是非常困难的。依据摩尔根和马克思所述，这并不一定意味着妇女在母系社会中拥有比在父权社会中更大的权力。然而，在这里女性有权得到亲属的保护，使其免受丈夫的伤害，因为丈夫很可能生活在他妻子的氏族中。因此，在母系社会中男女之间的权力不对等的差距小于父系社会。

马克思进一步批判梅恩无法超越现代家庭的视野，试图以现代家庭的形式来判断早期家庭的形式：

　　把按照遗嘱继承所产生的死后分产看作某种特殊东西，这是一种现代的偏见。例如，即使在变成家庭的私人占有地以后仍属于共有的地产，即家庭共有、每人都有自己想象的一份财产，在家庭的首领死后也依然如此，不管家庭是继续一起生活或是实际已分开都一样；因此只要家庭的首领愿意（或者象在印度联合家庭里那样，共同继承人强迫选举的或继承的家庭代表同意），分产在他生前就可进行。梅恩把印度现存的那种私人家庭（而且，这种家庭在城里比在农村多，在地租占有者那里比在农村公社的实际劳动者那里多）看作塞普特和克兰从中发展起来的基础，他的这种看法是

---

① Marx 1972, p. 292.

多么错误，也可以从下面一段话中看出。在他说了"克尔特首领拥有的遗产分配权"实质上就是《密陀婆罗》给"印度父亲"规定的那种体制之后，接着说道："这是属于联合家庭中血统最纯的代表的部分特权（表示氏族关系和部落关系的愚蠢说法）；但是随着联合家庭、塞普特或克兰更加人为化，分配权越来越带有看来象纯粹行政的权力的趋势。"情况恰好相反。对于无论如何不可能忘怀英国私人家庭的梅恩来说，氏族以至部落的首领的这种完全自然的职能，自然正因为他是它的首领（理论上说始终是"选举的"），所以就表现为"人为的"和"纯粹行政的权力"，而现代的家庭之父的专断，从古代观点看，正象私人家庭本身一样，恰好也是"人为的"。①

因此，马克思批评梅恩将主要基于印度城市上层阶级的私人家庭形式普遍化为一切家庭形式。由于这种家庭形式只是在有限的、以阶级为基础的基础上出现的，因此没有充分证据可以断言氏族是从私人家庭发展而来的。然而，在梅恩讨论继承权的著作中却出现了与上述表述相反的证据。

梅恩认为氏族酋长之所以能进行财产分配，是基于他作为家长的权力。马克思对此持反对意见。马克思关注到氏族和私人家庭制从产生之初就存在着矛盾。最初，属于氏族的土地处置权会被某些人掌握，随着权力的扩大，酋长进而能够获得土地专有权，尽管这一权力可能仍是建立在氏族中所有男性成员平均分配的基础上。此外，当氏族制度已经处于高度腐朽状态时，这种权力则以"行政权"形式出现在向父权制社会过渡阶段的后期。

马克思在《1844年经济学哲学手稿》《德意志意识形态》和《资本论》中都指出，"自然的"和"人为的"条件只能根据特定的社会生产关系和社会发展来决定。每一种经济生产模式都包含着一定范围的可能存在的社会关系。在早期阶段，现代家庭是一种人为的、难以维系的社会结构，正如氏族在我们社会中似乎是一种人为的制度一样。在这里，马克思认为现存的家庭形式不是唯一可能的家庭形式。②

---

① Marx 1972, p. 309.
② 此外，从上文可以推断，在任何后资本主义社会中，家庭都必须发生很大的变化。

马克思进而谈到了长子继承制，梅恩认为这与某个统治家族地位日益提升有关。梅恩写道，在过去，部落之间经常发生战争，因此拥有一名具备军事能力的统治者是极有必要的，但后来，随着战争频次减少，掌握权力的家庭开始变得更有影响力，继而发展成为长子继承制。另一方面，马克思指出，财产，特别是氏族中个人化的发展，在社会分层中更为重要：

> 问题在于个体家庭逐渐确立了对氏族的优势（与土地私有制的发展一起）。父亲的兄弟比父亲的任何儿子更接近二兄弟共同的祖先；因此儿子的叔父比任何一个儿子更接近｛他们的父亲｝。到父亲的孩子凭家庭的关系参与分配，而氏族只继承很少遗产或完全不参与继承之后，对于公共职能如氏族首领、部落首领等等来说，古老的氏族规则可能仍占优势，不过两者之间不可避免产生斗争。①

正如马克思所看到的，财产的不断发展和生产关系的变化将导致社会内部产生冲突和矛盾。个人以牺牲氏族利益为代价获得财产，此行为是出于他们自身和其所属的氏族之间存在着真正的利益冲突。继承权和其他财产权的变化引发进一步的个人化和冲突的产生，导致了个体家庭占据了氏族之上的优势地位，甚至造成氏族被完全消灭的结局。至少在这一发展的早期阶段，在某些个人反对氏族占统治地位的社会制度的斗争中，家庭是一个重要因素。在众多社会中，长子继承制变得越来越重要，因为这是维护家长统治地位的一种手段，而不是自然形成倾向于将财产传给自己男性后代的观念。

寄养和古代爱尔兰家庭

在马克思的笔记中，关于家庭描述最有趣的一段涉及古代收养爱尔兰儿童的现象。这在当时是一种高度普遍化的做法，父母将其子女送到其他人那里，以便让子女接受教育和培训，从而掌握一门独特技艺。梅恩对这一社会活动的描述如下：

———————————

① Marx 1972, p. 311.

　　《古制全书》讲收养法，其中极为详细地论述了一家接受另一家的孩子来抚养和教育时双方所承担的权利和义务。这被列入"戈西普列德"一类。从 12 世纪的菲茨杰拉德到 16 世纪的斯宾塞，所有的英国评论家都把它归为爱尔兰的异象或诅咒之一。在她们看来，同一个母亲的乳汁在爱尔兰竟能产生和在她们自己的国家里同样亲密的感情，简直不可思议。真正的解释是我们现在才开始明白的。那就是，寄养家庭是一个机构，这虽在初期是人为形成的，但实际运作是自然的。而养父母和养子的关系，在感情层面，往往难以分辨父子的关系。①

　　虽然马克思对这一点的评论非常简短，但似乎他对于这一实践的看法与梅恩大不相同：

　　《古制全书》有整整一节讲收养法，其中极为详细地论述了一家接受另一家的孩子来抚养和教育时双方所承担的权利和义务。这被列入"戈西普列德"｛gos-sipred｝（宗教的亲属关系）一类。[同一母亲的乳汁养育不同祖源的孩子。这使人想到母权制和由它而来的规则。可是梅恩好象还不明白这一点。]②

　　在此，马克思总结了梅恩所讨论社会活动的主要方面，但他似乎认为这是母权制的残余，尽管梅恩认为这是爱尔兰不寻常的习俗。马克思之所以能够有不同观点，是因为他吸收了巴霍芬和摩尔根的母权制研究成果。再者，于马克思而言，梅恩的错误在于他不加批判地假设父权权威一直存在，少部分原因在于父亲总是把孩子看作是自己的所有物，因此自然会期望孩子服从于他们的权威。

　　另一方面，马克思和其他主张母权制的人，无论其主张是否准确，都能更好地解释诸如寄养等做法，因为他们不认为父亲和母亲的角色是基于静态的自然观念。相反，这些角色经由更广泛的社会关系塑造，而社会关系的变化取决

---

① Maine 1875, pp. 241 - 2.
② Marx 1972, p. 314.

于社会和历史环境。

马克思对梅恩的批判在这类情景下尤为适用，因为他再次质疑了"自然"作为一个静态的而非动态的过程①，在这类情景下，这一假设与家庭历史有关。梅恩写道，"寄养的习俗由人工开端以后自行运作"，假设家庭是非历史的"自然"，而寄养是基于"家族之外的人为"，马克思对此极不认同。在此，马克思似乎既斥责了梅恩的父权假设，同时又指出寄养不是一个"人为"的习俗，而更像是母权制的残余。他没有在他的笔记中采纳梅恩提到的寄养"人为"本质，而是代之以他自己的观点："（同一母亲的乳汁养育不同祖源的孩子。这使人想到母权制和由它而来的规则。可是梅恩好象还不明白这一点。）"

马克思将爱尔兰的寄养制度和母权制度视为类似的制度，至少表明他改变了对女性生物学角色的成见，转向对女性更加社会化的理解。虽然母亲用母乳喂养自己或他人的孩子很难被认为是非生物学的劳动分工，但马克思似乎同时关注了过程中涉及的生物学和社会学两个方面。马克思感兴趣的不仅仅是母乳喂养，相反，他没有从性别角度阐明与母权制相关的不同社会制度，他关注的是母系社会的内在矛盾如何导致父权制的产生。

马克思注意到古代爱尔兰社会寄养可能存在的两个问题。一方面，正如马克思从梅恩的文本中提取的那样，即种姓制会成为一种趋势：任何一个经过特殊训练的人都有可能成为布雷享。〈到英国考察者开始研究爱尔兰时，布雷享的技艺和知识已经在隶属于或依附各部落首领的某些家庭中变成世袭的〉。② 当氏族占统领地位时，寄养可能不致发展到种姓制度，因为律师们不认为布雷享家族的孩子的地位比家族里的其他孩子高。后来，随着与氏族相对的私人家庭的发展，因为布雷享家族在古代爱尔兰社会中处于权势地位，所以布雷享家族的孩子无论能力如何，父母都会青睐有加并向他们传授这种知识。

另一方面，寄养提供了一种相对平等的共同体形式的证据，这种共同体并不是建立在生物学的基础上的。马克思在早些时候从哈弗蒂（Haverty）的《爱

---

① Maine 1875, p. 242.
② Marx 1972, p. 314.

尔兰史》中摘录出了这一点："如果说在他们（爱尔兰人）中能找到友爱和信任，那么只有在养父和他们的养子之间去寻找。"斯塔尼赫尔斯特（Stanihurst）……写道爱尔兰人爱护和信任他们的义兄弟胜过自己的亲兄弟。① 这里，我们能看到体现了氏族之外亲密的个人关系发展的证据，这些关系并不经由父权制起源的现代家庭所主导，也不属于现代资本主义社会物化的社会关系。因此，现代家庭的模式是可以被超越的，因为它不是人类社会的永久特征。相反，现代家庭是在特定的社会体系中维持公共性的一种形式。

此外，结合马克思民族学笔记中的其他例子，我发现他关于母亲在养育子女时所起作用的观点似乎与他在早期著作中的立场不同，尤其是在《资本论》一些尚存疑问的段落中，他指出资本主义社会的女性会由于被引入劳动力市场而"性格退化"。虽说马克思在《资本论》中有时会对女性在家庭中的角色保留传统观念，并且对女性进入劳动力市场进行了委婉的批判，但马克思大约于19世纪80年代重新评估了在这方面的立场。当然，在《资本论》中有一些段落表明马克思至少对女性角色的变化持矛盾态度，但是马克思在后来的笔记中逐步阐发了对家庭历史的新理解，他似乎不再执着于修复养育孩子的生物学本质，而倾向于必须通过社会关系来调节生物学必要性。然而，由于他没有正式将这些材料出版，无论是作为一项单独的工作，还是作为对《资本论》的修订，都不可能确切地说他在这些问题上的立场已经改变到什么程度。

妇女在古爱尔兰社会中的地位

马克思关于梅恩的笔记中也重点讨论了古代爱尔兰社会中的妇女地位。虽然梅恩对爱尔兰女性的讨论相对简短，但马克思在其中几个段落上做的笔记清楚地表明了爱尔兰社会中的女性地位。在《艾锡尔书》（大概写于 8 世纪英国殖民之后）写作的时期：

---

① Marx 1972，p. 304.

《艾锡尔书》规定了不仅非婚生子，而且由通奸所生的非婚生子的合法地位的条文，并且定下了赔偿挂名父亲的损失的数额。论"社会关系"的部分似乎认定两性的临时同居是惯常的社会秩序的组成部分；从这一前提出发，它详细规定了双方的相互权利，并特别照顾女方的利益，直至规定按她在共同住所居住期间所做家务的价值赔偿其损失。论"社会关系"这一部分提到"长妻"。梅恩认为这是教会影响的结果，但是这在蒙昧时代的高级阶段，例如，在红种的印第安人那里，到处可见。习惯的看法似乎是，（基督教的）贞洁……乃是一特殊阶级（僧侣、主教等）的专门美德。①

正如马克思所指出的那样，梅恩的文本充满矛盾。与其说早期基督教对爱尔兰妇女的地位有积极影响，马克思更愿意认为是由于当时尚不存在父权制家庭。在此，马克思注意到古代爱尔兰和易洛魁社会中妇女地位的相似之处，这两个社会均以母系氏族为本，妇女在氏族和部落治理中都拥有一定的权力。

马克思注意到女性在爱尔兰前殖民地的地位表明了这些社会的起源并非父权制。例如，人们不认为妇女的生殖能力受一个男子，哪怕是社会上占支配地位的男子的控制。这种理念是"暂时同居"而非终身婚姻。此外，子女不是父亲的财产，妇女或儿童通奸也不会受社会惩罚。相反，只在确认与孩子生活在一起的男性并非生父时，才必须支持孩子。因此，在早期社会，没有什么证据表明宗法家庭是存在的。相反，女性在处理家庭事务方面似乎拥有相对平等的权力。

女性在这个社会中的地位在于"保留她在共同住所居住期间家务劳动的价值"的规定。在这里，家务工作被视为女性的本职工作，但这并不意味着在这种分工范围内，女性的权力比现代禁锢在家庭领域的女性的权力更小。相比于现代社会贬低家务劳动价值，古爱尔兰人则十分认可这项工作并实行奖励。

在马克思笔记的后文，他继续探究这一问题，但没有进一步进行评论。在"已婚妇女财产权的早期史"这一章节中，马克思提出了最具女性主义色彩的陈述，他认为以任何方式限制妇女的权利都是不可取的。马克思哀叹英国殖民地

① Marx 1972, p. 288.

立法在性别和家庭方面的落后观念。"根据爱尔兰的古代法，妻子有某种不经丈夫同意而处理自己财产的权力，这也就是被那些［笨头笨脑的英国的］[1] 法官在十七世纪初特别宣布为非法的制度之一。"[2]

　　在此，马克思指出了英国殖民地法律在爱尔兰妇女财产权方面显示出的倒退性。除了讽刺法官"白痴"之外，马克思并没有直接评论法律的这一重大改变。然而，由于近代爱尔兰法律赋予女性些许权力，马克思认为前爱尔兰法律优于英国法律。因此，马克思认为这不仅仅是一个具备更先进技术的社会逐步征服和改造原社会的问题，就像他和恩格斯在《共产党宣言》中讨论中国时所说的那样。相反，马克思指出，需要更加密切关注共产主义社会，将其作为未来的发展模式。[3] 当然不能说马克思把共产主义社会看作是可以随意复制的范本——从他对摩尔根的讨论中可以看出——他似乎认为可以将研究女性的社会地位作为建立新社会理论的出发点。

女性在印度社会的财产权

　　马克思在关于梅恩笔记的其他章节中批评梅恩缺乏对前现代财产权的理解，梅恩没有关注到妇女的地位（特别是在财产方面）随着时间的推移已然发生了巨大的变化。这一点在梅恩对于斯特里德罕（Stridhan）的历史论述中表现得尤为明显。

　　依据米塔克萨拉学派，早期印度教法律简编称斯特里德罕是"（结婚时，在婚礼篝火晚会前，父亲、母亲、丈夫或兄弟给予妻子的）财产"[4]，如果按照梅恩的父权制家庭起源的理论进行理解，这没有太多问题，但是在米塔克萨拉内部出现的不同讨论，却让梅恩的理论显得站不住脚。"妇女通过继承、购买、分

---

① 这是马克思的补充。
② Marx 1972, p. 323.
③ 马克思在他后期著作的其他几处提到这些内容，如 1882 年《共产党宣言》序言和《马克思给维·伊·查苏利奇的复信》以及《给维·伊·查苏利奇的复信草稿》。有关这方面的更多信息，请参考 Shanin 1983, Dunayevskaya 1991 和 Anderson 2010。
④ 引自 Maine 1875, pp. 321 - 2。

割、扣押或发现而获得的所有财产也包括在斯特里德罕中。"① 梅恩指出，这是
对财产所有制形式的全面描述，如果这一切都代表斯特里德罕，那么，从理论
上说，古印度法律给予已婚妇女的财产独立性，甚至比英国的现代"已婚妇女
财产法"所给予她们的还要多得多。② 因此，他承认近代印度妇女的财产权比
19 世纪的英国妇女更大。

　　然而，梅恩的论点在此显得十分乏力，因为印度社会是由不公正的父权制
延续至今。梅恩自己也承认很难解释为何"专制"在妇女财产权这个问题上放
松了。③ 马克思提供了另一种解释，同时强烈抨击梅恩关于原始家庭形式是父
权制的观点：

　　　　印度立法中对妇女的宽厚之处，迄今表现在斯特里德罕（即不能由丈
　　夫出让的已婚妇女的不动产）的〔风俗〕中，同样也表现在妻子的财产传
　　给女儿或家里的女成员（参看斯特兰奇《印度法》）等——梅恩先生对所
　　有这些都作了不正确的说明，因为他完全不了解氏族，因而也不了解最初
　　是由女系而不是由男系继承。这个蠢驴自己表明，他是透过什么有色眼镜
　　来看问题的：在组成雅利安人的〔让这种"雅利安人的"伪善言词见鬼去
　　吧！〕各族中，可以肯定地说，印度人和罗马人一样，他们是把家长式统治
　　的家庭集合起来组成他们的社会的。〔从尼布尔的著作中他应该早已知道，
　　罗马人的家庭即使在它以父权的特殊形式形成以后仍然包括在氏族中。〕所
　　以（柏克司尼弗的"所以"）如果（好一个"如果"，仅仅以梅恩自己的
　　"肯定地说"为根据）——在古代任何一个时期，〔梅恩把他的"家长制的"
　　罗马家庭作为事情的开端〕印度已婚妇女的财产完全摆脱了丈夫的控制
　　〔就是说"摆脱了"梅恩的"肯定地说"〕就难以解释家族专制〔愚蠢的约
　　翰牛的主要的心爱理论，醉心于自古以来的"专制"〕的义务为何特别在

---

① Maine 1875, p. 322.
② Maine 1875, p. 322.
③ Maine 1875, p. 323.

这个问题上放松了。①

受摩尔根的影响，马克思认为早期的家庭形式不是父权制而是以氏族为基础的。甚至在罗马情况也是如此，一种特定形式的宗法权威与氏族共同发展。此外，马克思也与梅恩关于"雅利安人"和"亚种族"的种族主义言论保持距离。

马克思已经阅读并掌握了摩尔根的"宗族论"和"母系社会向父系社会的转变"中的要素，认为斯特里德罕将女性的财产转移给她们的女性亲属的那些因素并不代表对更严格的父权财产法的放松。相反，他认为这更有可能是母系传承时期早期财产转移形式的残留。在马克思看来，梅恩提供了一个将罗马父权制家庭转化为家庭原始形态的历史模型。因此，马克思认为，由于梅恩没有形成自己的历史观，并且认为家庭形式固定不变，因此梅恩除了把这种变化看作是当权者的利他行为外，找不到别的解释。

马克思指出了梅恩关于古罗马社会性质思考中的另一个错误。罗马正朝着相对自治的父权制家庭的方向发展，马克思指出，即使是尼布尔（马克思在他的摩尔根笔记中严厉批评了他的父权制假设）也认为氏族是早期罗马社会的一个重要因素。因此，根据马克思的观点，即使是以其特殊形式的父权制而闻名的罗马家庭，也只能在氏族和家权之间冲突的背景下被理解，这是梅恩所忽略的，因为他把宗法家庭看作是"自然"形式，而把氏族看作是人构造。与此相反，马克思在他的笔记中似乎把家庭看作一种正在发展的制度，它采取了各种不断变化的形式，在特定时期的物质条件下观察，没有一种形式比其他形式更"自然"。

马克思更好地解释了在印度斯特里德罕中关于妇女财产的法律，这些法律与其他宗法社会有很大的不同，因为它们是从更平等的母系氏族时期遗留下来的，在那个时期，妇女的力量更为强大。因此，社会的起源不能追溯到由家长控制财产和其他家庭成员的父权制家庭。相反，在某种程度上，社会表现出了

---

① Marx 1972, p. 324.

更大程度的性别平等，随着时间的推移，这种状况受到了破坏，为罗马式的父权制家庭创造了物质条件。

马克思对梅恩的解释感到不满，于是他转向另一个资料来源，马斯·斯特兰奇（Thomas Strange）的《印度法》（*Hindu Law*），想了解更多关于印度妇女财产的信息。

> "此外，印度妇女的聘金还伴随着一种反常现象，那就是在她死后，聘金按她本人的特殊继承方式相传"。这种"反常现象"不过是以氏族女系继承制即原始继承制为基础的古代正常规则的片断的、仅限于一部分财产的残迹。法律等等中的"反常现象"就是这样（语言中的例外也大多是更古老的原始的语言的遗迹）。过去的正常，在变化了的较后的情况下，就表现为"反常"、难以理解的"例外"。所有印度的法律文献和注疏，都是在由女性世系过渡到男性世系之后很久才写成的。从斯特兰奇著作中更可以看出，在印度各地这种反常现象是或多或少"完整的"遗迹。①

在这里，马克思又找到了母系氏族存在的更多证据。这些所谓的反常现象仅仅是那些尚未完全消失的早期规则。早期女性似乎能够拥有和控制自己的财产。马克思通过引用斯特兰奇的论点，再次指出存在着一种尚未完全形成的具有重大变化的社会关系——至少在财产权方面，从母系社会到父系社会的变化也对女性的社会地位产生了负面影响。

此外，正如马克思所指出的，父系社会的发展水平在不同地区有着显著差异。女性权力的差异，这可能意味着在某些地方从母系到父系社会的转变更困难，接下来我会充分论证这一点。在印度的那些地方，"这些圣礼在更大程度上……""完整的遗迹"，很可能是因为父权制度的不太发达。因此，马克思至少间接地指出了妇女在社会变革中的重要地位，她们绝不是这种变化的被动受害者。

在继续讨论梅恩关于撒提及其在印度社会中的地位之前，马克思又批评了

---

① Marx 1972, pp. 324 – 5. 括号里的段落是马克思对斯特兰奇的一段长引文的补充。

一段关于妇女财产和价款的文章。

> 婆罗门的注释家在此有很大的分歧。对此，狡猾的梅恩作了这样的解释：在雅利安人的公社中"妇女的单独财产的最早痕迹"见于"流传很广的叫做新娘价款的古制中。新郎在结婚时或结婚后第二天所付的价款，一部分给予新娘的父亲，作为出让家长权力或家族权力予丈夫而给予的补偿（！），但另一部分则交予新娘本人，一般归她独自使用，不与丈夫的财产混在一起。另外可以看到，在雅利安人的一些风俗中，妇女慢慢获得的其他财产权，已合并到她们对新娘价款所占的部分权利中去，大概（！）因为这一部分是唯一存在的妇女财产的形式之故"。①

在上述段落中，马克思的感叹号被用来质疑梅恩提出的两个重要论点。在第一种情况下，马克思指出，父亲没有必要因父权制而得到补偿，因为当时这种权威很可能不存在。相反，更有可能的是，父权制权威的发展至少在一定程度上是因为他能够获得部分价款，确保他的女儿嫁给一个富裕家庭的男人更加符合父亲的利益。这对他和家里的其他成员来说意味着更大的一笔钱。因此，包办婚姻越来越像是一种将女儿卖给另一个家庭的形式，而婚姻双方没有任何实质上的参与。此外，如果这种做法是对任何人的补偿，更有可能是已婚妇女因离开自己的氏族而进入另一个氏族而受到补偿。在这里，她的权力要小得多，也没有机会从自己的家族继承遗产，因为根据父系社会的规则，在她死后，任何财产都将离开她的家族，转到她丈夫的家族。

马克思的第二个感叹号似乎再次针对梅恩错误的父权制假设。价款并不是妇女最初和唯一的财产形式。随着时间的推移，妇女不再慢慢地获得财产权，更有可能的是，价款是在经历从母系到父系血统的变化后妇女仍然可以获得的唯一一种财产。

马克思继续梅恩关于价款及其与婆罗门财产法的关系的讨论。以下是梅恩的正确表述：

---

① Marx 1972, p. 325.

　　"实际上有清楚的迹象表明，婆罗门作家们在法律和宗教的混合问题上一直不断共同努力限制妇女的权利，看来他们已经发现这些权利已为更古老的权威所承认。"在罗马，甚至针对妇女的父权的意义也被夸大，以对抗古代的相反的传统。①

　　这是马克思罕见赞扬梅恩至少对印度社会有一些洞察力的段落之一。婆罗门在财产权方面与女性权利对立，并制定了过去从未有过的法律对她们加以限制。马克思继而将这些法律与罗马的宗法进行了比较。在早期，首先有必要制定严厉的法律来限制女性拥有的权利。女性没有对自己的从属地位逆来顺受，相反，她们很可能是在努力夺回自己的权利，否则，这样严苛的法律是没有必要的。因此，正是她们对从前地位的铭记以及不愿放弃自身权利的强烈意愿，才让这样严苛的法律出现。

　　上面的段落类似于马克思早期在关于摩尔根的笔记中，关于古希腊通过把妇女限制在家里来强迫她们接受较低的地位的评论，其中他也注意到了实现这一点所必需的极端措施。在这些情况下，正如马克思以雅典娜为例所指出的那样，旧的传统提供了一个女性前权利的例子，潜在地说明了女性自卑意识形态的社会建构本质。马克思不是简单地认为女性处于从属地位，而且没有任何力量来改变她们的地位，而是剖析了长期的社会冲突迫使女性处于劣势地位的过程。

印度社会的撒提

　　马克思从女权问题转而开始讨论撒提（Sati）及其与宗教和财产的关系。撒提，即印度烧死寡妇的现象（包括女性在丈夫去世后自焚），梅恩认为这是一种相对普遍的习俗。马克思对这一现象进行了批判，但他没有将这一现象视作植根于落后文化中的野蛮习俗，他为撒提找到了物质上的解释，并指出这实际上是一个相对较新的现象，与早期的习俗没有直接联系：

---

① Marx 1972, p. 325.

　　婆罗门的卑鄙行为在"撒提"或者说烧死寡妇｛的习俗｝中达到顶点。这种作法乃是一种"非法行为"（"malus usus"），并非"法律"，这一点斯特兰奇已经指出，因为在摩奴和其他高级权威著作中都未见到有关它的叙述；这种｛习俗｝，"作为寡妇可以升入天堂的条件"，只不过是要求她在丈夫死后寡居独处，生活清苦，行为端庄。在《沙斯将尔》中也仍然只不过是把撒提作了一下推荐而已。但是请看上面，婆罗门自己是怎样解释问题（"财产应作宗教之用"）以及得到遗产的那些家伙的利益的（这些人也应为此支付举行仪式的费用）。斯特兰奇明确地谈到了"设下诡计的婆罗门"和"有利可图的亲属"。[1]

　　因此，烧死寡妇至少在米塔克萨拉时期并不是最早的宗教法律的一部分，但婆罗门确实有重要的理由支持这种做法。马克思在上面的段落中提到了这个理由，即"财产应作宗教之用"。在这里，他指的是梅恩的文本中引用了米塔克萨拉关于男女关系的话，即在婆罗门死后给予他们财产，"男人的财富是为宗教用途而设计的，女人继承这样的财产是不合适的，因为她没有能力履行宗教仪式"[2]。在丈夫死后，女性不能将财产用于婆罗门的宗教仪式，因为按照印度教教义这是不适当的。只有男性后代或其他男性亲属有能力完成这项仪式。

　　如果死者的儿子继承财产，捐赠就不成问题，但如果没有，法律仍然规定死者的财产归妻子所有。马克思提供了他自己对撒提的唯物主义解读：

　　也就是，"在没有男性后嗣时，遗孀即作为继承人继承丈夫"。此外，"她的权利应当受到他的（已逝丈夫的）代表的维护"。除她根据自己的权利而占有的"斯特里德苹"之外，她所继承的丈夫的东西（在他没有男性后嗣的情况下）都要转交给"丈夫的各继承人，不单是最近的继承人，而且包括所有当时在世的继承人"。这里问题便很明显了：撒提干脆就是宗教谋杀，为的是把一部分遗产交给婆罗门（僧侣）供举行（超度死者）的宗

---

① Marx 1972, p. 325.
② 引自 Maine 1875, pp. 332–3.

教仪式之用，一部分通过婆罗门的立法给予有利于继承寡妇遗产的氏族，与丈夫较近的家庭。由此产生了把寡妇烧死这种多半由"亲戚们"搞的卑鄙暴行。①

在遗孀去世之前，其他人都无法获得这些财产。因此，婆罗门和死者的男性亲属都有强烈的意愿让妻子不会获得已故丈夫的财产。根据法律，女性不能把财产给婆罗门，她所继承的财产归丈夫氏族的所有男子所有。因此，婆罗门和亡夫的近亲获得这一财产的最简单的方法就是烧死寡妇。

这成为孟加拉的一个主要问题，因为该省②的具体情况在于：

> 现在，由于上等阶级的印度人的婚姻常常没有生育，所以印度最富有的省份（如孟加拉）的土地有很大一部分作为终生占有地掌握在遗孀手中，但是就是在孟加拉，到印度去的英国人发现撒提这种习俗……在富有阶级中也不是个别的，而是经常的，几乎是普遍的现象……并且，一般说来，投入火化自己丈夫遗体火堆自焚的，仅仅是没有子女的遗孀，而决不是有幼小孩子的寡妇。③

由于孟加拉是最富裕的省份，如果没有男性继承人，丈夫的男性亲属和婆罗门将遭受最大的损失。富有的遗孀没有男性继承人和她被烧死之间有着密切的联系。对于那些没有太多财产或至少有一个潜在的男性继承人的人来说，这种做法没有足够的实施动机，因此这种情况下很少出现撒提。在此，马克思指出了经济利益和这种宗教实践之间的关系。

在下文中，马克思通过在文本中插入评论，使自己与梅恩关于撒提的论点保持距离：

> 无疑法律与宗教习俗之间有着极其密切的联系，所以为了摆脱遗孀的

---

① Marx 1972, p. 326.
② 19 世纪后半叶，孟加拉成为英属印度的一个省。——译者注
③ Marx 1972, pp. 326 - 7.

终生占有而迫使她去牺牲。她的家庭［不，这是继承遗产的她的丈夫的家庭；仅仅是她家庭的女成员才对她的斯特里德罕感兴趣；此外，只有通过宗教狂热和婆罗门的影响才能使她的家庭感兴趣］之所以热望举行这种仪式（它使第一次看到这种做法的英国人十分惊异），实际上是出于最鄙俗的动机；而竭力促使她作出牺牲的婆罗门［除担任神职的婆罗门外，丈夫的亲属，尤其是在上等阶级中，很可能大多是世俗的婆罗门！］无疑［！天真的梅恩！］受到纯粹从职业上就不喜欢她占有财产的影响。规定她是终生占有者的古代的民法规定（就是说，这也是面貌已非的远古规定的遗迹）虽不能废除，但是它受到现代制度的挑战，这种制度规定作出这种可怕的献身是她的义务。①

梅恩更强调宗教习俗，而马克思在第一句话中强调了动机，强调了避开当时印度继承法的重要性。此外，马克思正确地指出，遗孀的家庭除了纯粹的宗教动机之外，没有任何理由促使她作出这一行为。另一方面，婆罗门和死者的亲属有强烈的经济动机鼓励这种做法，因为他们是在遗孀死后立即获得财产的人，而不必等待她自然死亡之后被迫与家族其他人分享财产。

因此，马克思强调婆罗门和死者家庭在撒提中的物质利益。对他来说，这不是对妇女的传统偏见的问题；相反，那些从妻子的死亡中受益的人看到了改变继承法的必要性。由于这在当时是不可能实现的，所以另一种办法则是将传统与野蛮相结合形成一种新事物：

尽管撒提是婆罗门推行的一种新事物，但是这并不妨碍在婆罗门的头脑中这种新事物本身又建立在对更古老的野蛮事物（将丈夫及其财产一起埋葬）的回忆的基础上！尤其是，在牧师的头脑中正复活着最古老的，但已丧失其素朴原始性的丑恶行为。②

在这里，马克思尖锐地批评了古代婆罗门的论点，他们认为这是一种基于

① Marx 1972, p. 327.
② Marx 1972, p. 327.

宗教传统的做法，而不是一种不使用武力就能规避女性财产权继承权的做法。相反，婆罗门可以利用他们作为宗教权威的地位来说服女性，使她们认为这种做法是基于传统，是信仰宗教的女性应当做的事。

马克思对撒提的讨论让文化相对主义面临一个有趣的挑战。一方面，相对主义者会争辩说，尽管焚烧寡妇的做法似乎在道德上应该受到谴责，但它是印度文化的一部分，必须受到尊重，而不应由西方人的评判方式的来评判印度文化。这种观点将文化视为一个抽象和静态的概念。另一方面，马克思认为文化是个动态的、不断创造的过程。在这种情况下，烧死寡妇的习俗的存在是由于各种物质因素，包括男性亲属的利益、当时的法律状况和妇女地位的下降所导致的。因此，在马克思看来，文化需要被历史化，并被看作是不同利益之间的竞争过程。印度文化绝不是静止的，是通过社会内部占据统治地位的群体和被压迫群体的斗争而不断变化的。因此，把印度社会的现状当作印度文化的追求，这无论在现实上还是在历史上都是错误的。

马克思在这一章最后谈到了西方基督教会对女性地位的影响：

> 没有多大疑问，罗马帝国的崩溃就其最终结果而言对妇女的人身自由和财产自由是极其不利的，对此应抱极大的 cumgranosalis〔保留态度〕理解。他说："当新制度完全建成时，（也就是在封建制度发展起来之后）妇女在这种（野蛮）制度下的地位比在罗马法时代还坏，如果不是教会的努力，她们的地位还要更恶劣得多。"这些话是多么荒谬，只要看一看（罗马）教会废除或者尽可能阻止离婚，把结婚一般视为罪孽就够了，虽然它是一种圣礼。至于"财产权"，那么暗中觊觎田产的教会当然有兴趣为妇女确保一些东西（它的兴趣和婆罗门的相反！）。[①]

与梅恩相反，马克思认为，如果说教会有什么影响的话，那就是教会反对离婚的政策和关于所有性行为的压抑意识形态对这些社会中的女性地位产生了负面影响。此外，他不同意梅恩试图展示西方基督教在妇女权利方面比印度教

---

① Marx 1972, p. 327.

优越的观点。

在这里，马克思指出了基督教会在物质与精神领域的矛盾立场。当涉及令人满意的控制生育手段时，教会提出了一个基于精神的核心论点，即牢不可破的婚姻是表达性欲的唯一适当方式。然而，这仅仅是因为婚姻是必要的罪恶，建立在人类不太重要的物质——肉体本性的基础上。作为生育者的女性必然会被基督教会更世俗化，因而受到诋毁。另一方面，教会愿意争辩女性有足够的理由管理自身财产，以便可以在女性死后从她们的世俗财产中获利。

马克思关于兰格《古罗马》的笔记

路德维希·兰格的笔记《古罗马》第一章论述了许多关于古罗马社会的话题，包括前共和国时期的国家结构；家长对亲属、奴隶和财产的权力；婚姻法；国家机构的发展及其对家长权力的影响。[①] 马克思关于兰格的笔记包含许多直接引用和转述——而不是他对笔记内容的批评——比他关于梅恩的笔记的引用要多得多。[②]

虽然这些笔记创作于 1879 年，但在马克思撰写对摩尔根的笔记之前，他似乎已经对摩尔根关于氏族早期社会起源的论点有了初步了解。同梅恩一样，兰格把个体家庭作为主要单元。在笔记的许多处，马克思批评兰格缺乏对氏族起源的理解。例如，马克思在推翻兰格关于公社的讨论时，认为兰格对这段历史发展的理解仍是落后的。虽然兰格认为个人家庭早于氏族，个人财产是财产的第一种形式，但马克思则认为这是不正确的。相反，他认为氏族和公社所有制先存在，继而衍生出家庭和财产的个人化。

兰格的著作详细记述了罗马的历史和发展，从它的起源到帝国时期，再到最后的衰落。马克思辩证地追溯了这个建立在生产奴隶制基础上的社会的矛盾和发展。这一研究的重点似乎是马克思对辩证法的探究，即宗法家庭内部的矛

---

① Lange 1856.
② 在此和下文中，我使用了即将出版的这些以前尚未出版笔记的英译本，由 MEGA 项目本卷的译者慷慨地提供给我。

盾，以及它在罗马国家发展中所起的作用。这为理解资本主义社会中性别和阶级的交叉性质提供了一种性别模型。

阶级冲突、国家发展与妇女地位

总而言之，马克思关于兰格的注释探讨了阶级分化和冲突的发展：父系和贵族家庭成员的日益个性化导致了平民产生冲突，随后国家的发展缓解了这类冲突。早期罗马社会受到两种秩序社会形式之间冲突的显著影响——一种是氏族，另一种是由家长统治整个家庭的个别家长制家庭。此外，在马克思关于兰格的笔记中，有相当一部分涉及贵族-父权制家庭到平民-父权制家庭（这不能包括在贵族家庭法中）和国家之间不断演变的关系，以及这些冲突在破坏传统的罗马家庭，促进男女享有更大的个人权利方面所起的作用。

马克思在根据兰格的著作所作的关于家庭的注释中，对"罗马家庭"下了定义。与现代的核心家庭相比，"罗马家庭"概念有更广泛的应用，包括整个家庭。在这里，马克思指出，古罗马家族主要是指家长及其财产，而不是只有生物学上的亲属。马克思强调，家长对家庭中的成员和财产享有很大的权力。

此外，马克思注意到家庭的延展性，以及父权家庭对家庭其他成员的广泛权力。国家在这里发展甚微，因为家庭以外的任何交易都是基于国际法，而不是以统一的州法为基础。

此外，马克思通过他在括号内使用的问题标记，指出了他与兰格的一个重要区别。兰格认为个体家庭首先出现并演化为氏族，马克思则认为，在这一点上，宗法是基于一种比家庭更古老的形式——氏族。各个家族本身很可能没有单独的宗法律；相反，氏族和家族之间的冲突发生在各个家族，特别是家长，试图根据宗法从氏族中解放出来的时候。最后，马克思指出了家庭内部断层的证据，因为公民身份不仅限于家长，还延伸到他的男性亲属，赋予了他们一些公共权力而牺牲了家长的利益。

马克思通过记录兰格关于平民角色演变的讨论，继续简要概述了罗马家庭和社会内部冲突的发展。由于罗马国家最初完全是由其成员被纳入贵族秩序而建立的，随着时间的推移，纳入具有不同家庭法的非贵族家庭将对国家产生重大影响。由于平民的地位，他们不能被纳入这种极度排他的法律形式，因此教会的家庭法已经无法适用。

国家依据普遍原则发展是必要的，而随着国家获得权力，宗法制逐渐衰落。当国家开始成为主要的政策制定者，将不受传统罗马法约束的人包括在内，这会对上层阶级妇女的地位产生一些影响。

僭越权、家父权与妇女权

父权制家庭最重要的权力之一就是父权（patriapotestas），或者说他对孩子们享有的权力。正如对妇女的夫权（下文讨论）一样，这种权力包括对孩子几乎完全的财产权，包括收入，甚至出售孩子的权利。然而，孩子不一定是父亲的亲生子女才能接受父亲的权力。传统的罗马法也允许为延续家庭崇拜而以僭越的形式收养儿童。僭越只发生在涉及成年男性的情况下，在任何情况下都不适用于女性。

马克思注意到，一种最初是为了维护神圣的家庭崇拜的做法，最终却削弱了父亲的权力。在这种做法发展起来之前，父亲可以出售自己的子女，但绝不能放弃对他们的全部权力，因为他出售的只是他们赚钱的能力，而不是他对他们的权力。另一方面，僭越权使得父亲完全解除他对孩子的权力，并将这种权力授予另一个人。因此，虽然父亲现在可以让别人收养他的儿子而获得额外的权利，但从长远来看，这成为解散家庭的一种手段。如果在这种情况下可以废除宗教法，那么就没有理由去质疑其他类似的例外。后来，它成为挑战家长权威的一种手段，因为这个家庭在理论上不再是坚不可摧的。

然而，马克思后来指出，即使考虑到妇女最初的地位，家庭的不可解体性也从来没有完全实现过。由于家庭并不是完全孤立的，而是建立在异族通婚的父系制度基础上，因此确保家庭完全牢固是不可能的。在这种社会里，女性总是嫁到别的家庭里去，家庭成员是可以转移的。因此，正是妇女在以父权制为基础的社会中的社会地位为家庭在理论上的不可分割性提供了第一个例外。这种早期的矛盾似乎指明了发展的方向，超越了以氏族为基础的社会的局限，变得更具普遍性。

此外，马克思的笔记比较了婚姻法和商法。正如家庭在自我延续方面不是一个完全自我维持的单位一样，它在生产方面也不是一个自我维持的单位。在这里，马克思似乎在暗示，某种形式的社会性在家庭之外是必要的。因此，毁灭的种子已经存在于这种自成一体的家庭形式中。这一点以及国家与家庭之间的冲突，将在下文进一步讨论。

婚姻与夫权

在罗马社会中，妇女地位最显著的变化之一就是丈夫对她们的控制。最初，当罗马妇女结婚时，她们直接从被父亲控制转向被丈夫或丈夫的父权制家庭控制。这种被称为"夫权"（manus）的权力使男人对女人拥有几乎绝对的权威。正如马克思在兰格的记录中所指出的，夫权包括例如拥有妻子的财产权和物理惩罚妻子的权利，在某些情况下，甚至还包括杀死妻子等各种各样的权力。然而，正如马克思提到的，这种权力从来都不是绝对的。丈夫只有征得亲属的同意才能行使这一权力——亲属可能是比较平等的氏族的残余。这一权力后来进一步受到限制，妻子只能因通奸而被无条件地杀害。此外，马克思还指出了夫权的本质。尽管丈夫可以合法地出卖他的妻子，却没有失去夫权。买方只能控制妇女的身外之物，而她的丈夫则继续控制她这个人的全部。

然而，随着时间的推移，夫权婚姻由于各种因素愈发不规范。其中最重要的因素是贵族和平民之间的冲突。在平民进入国家以前，贵族的家庭法是关于婚姻的唯一一公认的法律形式。然而，当某些平民家庭在国家中被授予贵族地位时，神圣的家庭法就不再适用了，一种新的婚姻法必须推出。根据马克思的观点，这似乎是通过国家的世俗化来废除夫权的必经之路。夫权失去了它的宗教性和私人性，取而代之的是由国家维护人的法律，这进一步削弱了家庭法和父权制家庭的权威。

马克思继续讨论罗马婚姻法和财产法之间的相似性。这种相似性在基于共同婚制的婚姻中尤为明显，在此类婚姻中，新娘被象征性地卖给新郎。虽然对妇女的实际购买已不再发生，但马克思指出，这种婚姻形式仍然是传统的财产转移形式。① 然而，这与其他形式的财产转让并无不同。在这里，马克思描述

---

① 要式买卖是一种传统的转让财产的形式。在 5 名证人在场的情况下，买方将铜币放置在一个标尺上，以表示购买财产所支付的价格。

了这种财产转移形式的单方面性质。妻子没有买卖的权利，只有她的父亲或监护人可以决定她可以嫁给谁。她将永远是出售的对象。因此由于这一特殊性，妻子可能仅仅被视为丈夫的财产，甚至在离婚中也是如此。马克思注意到，在这种形式的婚姻中，离婚采取的是逆向财产转移的形式。

这种婚姻形式限制了妇女的选择权，并视她为丈夫的财产，肯定会对妇女不利，但马克思的笔记也展示了它的另一面。这种婚姻形式有助于为妇女争取更多的权利铺平道路，并使他们摆脱监护，因为买卖婚姻主要是建立在商业基础上的，它往往为有关双方提供法律权利。此外，由于传统家庭法的解体，这种婚姻形式变得更加普遍，因此买卖婚姻不涉及任何宗教制裁，此外，随着女性相对于父权制家庭获得了更多的权力以及传统家庭的逐步瓦解，女性利用这一点作为从他们的父系亲属中获得独立的一种方式，并为此目的而结婚。

正如上述例子所言，罗马法律和实践的变化并不能涵盖罗马妇女地位的直接和积极的变化。另一种将妇女从丈夫的夫权中解放出来的婚姻形式的发展也是如此。时效中断（Usurpatio）是一种让夫权不能生效且自由的婚姻形式，因为罗马法律只承认一对夫妇不间断地在一起生活一年夫权才能存在。如果妻子每年能连续三个晚上离开丈夫的家，那么夫权就不会生效。

这有可能为妇女提供相对于丈夫的额外权利，但是，正如马克思的笔记所描述的，这一制度并不完全是解放性的，至少在一开始是这样。这种削弱丈夫权力的做法非但没有使妇女摆脱所有男性的统治，反而最初产生了增加父亲对她的权力的效果，因为她仍然处于父亲的权力之下。然而，当国家开始越来越多地规范私人生活时，情况开始发生变化。几个世纪以来，随着罗马成为一个帝国，上流社会的妇女从自由婚姻制度中获得了许多权利。从公元前 31 年奥古斯都统治时期开始，到了帝国时期，父亲拆散女儿婚姻的权利受到了挑战。此外，在公元 3 世纪和 4 世纪的帝国后期，父亲施加严厉惩罚、出售或杀害他的孩子的权利被剥夺。至少在这种情况下，传统家庭与日益增长的国家权力之间的冲突使女性一定程度上受益。

财产权与继承权

除了妇女在家庭中日益增加的权利之外，马克思还注意到妇女的财产和继承权。最初，只有家长有权立遗嘱。在贵族家庭和占主导地位的国家之间的冲突过程中，这种情况才开始慢慢改变，这方面的首例便是将立遗嘱的权利扩大到维塔斯圣女的身上。这是可能的，因为年轻女性虽离开了她们的家庭，但没有失去地位，并为国家所服务。每个人都成为一个单独的家庭，无法生育。因此，她的家庭无法扩充成员。由于维斯塔圣女没有家庭，国家在给予她们遗嘱权之前等同于继承了她们的财产。此外，她们可能是罗马社会中最有特权的女性，因为在当时，她们是唯一拥有与非同性恋男性同样的法律行为能力的女性。

此外，在这种情况下，国家在赋予维塔斯圣女立遗嘱的权利之前就获得了利益，因为圣女无法立自己的遗嘱，也没有亲属可以留下她所获得的任何财富。在那里，它首先是为了反对国家授予这种权利的贵族的利益，而并非为了反对神圣法而对国家作出让步。虽然这一例外最初加强了对传统家庭法的控制，但它也意味着至少一些妇女可以完全享有法律上的独立，并有能力合理地管理自己的财产。这将在今后更难根据妇女在这些问题上无能力的生物学论点来限制其他妇女的财产权。

至少在另一个例子中，马克思注意到妇女在罗马社会中地位的变化。虽然妇女继承财产的能力受到《沃柯尼亚法》（前 169）的极大限制，但在公元前 4 世纪的《十二铜表法》中已经没有对妇女继承财产的法律限制。立遗嘱的人有权把他的财产给他希望给予的任何人。相比之下，《沃柯尼亚法》不允许未婚年轻女子或最富有公民的妻子成为继承人。

马克思通过强调他从兰格学来的法律文本，并在结尾加了一个感叹号来表明他对这条法律很感兴趣。最富有的妇女在财产权方面地位的弱化，似乎引起了马克思极大的兴趣。同其他一些情况一样，马克思注意到妇女和其他从属群体地位的变化，指出导致这种情况的一些矛盾，以及由此进一步产生的矛盾。

监护权

罗马妇女除了获得了相对于男性家庭成员的权利和继承权外，她们的地位也随着她们逐渐认识到自己有能力理性地管理自己的财产而发生了变化。这导致逐渐取消了对妇女的监护权。最初，在罗马统治时期，所有妇女和未成年人都被认为不能完全管理自己的财产。因此，他们被置于最亲近的男性宗亲的监护之下，如果家长去世或因其他原因无法管理家族产业，则由该宗亲担任监护人。

马克思在他的笔记中指出了将妇女和儿童置于监护之下的不同理由。就年轻男孩而言，这是一种暂时的状况，一旦他们进入青春期并成为正式公民，这种状况就结束了。因为这样他们就可以保卫自己的财产和国家，他们就可以完全控制自己的财产，可以在没有监护人同意的情况下获得或处置财产。然而，在共和国时期，女性一生都必须有一个监护人，因为她们被视为缺乏管理财产的理性和知识的人。在此，马克思的笔记至少可以说明一些对将女性置于监护之下的理由的怀疑。例如，他强调了某些短语，这些短语涉及女性即使在成年后也缺乏对财产的控制，表明了他惊讶于这种观念：一个女人在成年后为了处理她的财产，需要与一个男性不断协商。当然，这个想法在马克思时代仍然很受欢迎，但他似乎对这一立场没有怀揣多少同情。

除了指出男女在监护权法律上的差异外，马克思也注意到妇女在这方面地位的变化。随着传统家庭的逐渐衰弱，越来越难以找到一个愿意扮演监护人角色的父系亲属。正因为如此，新的法律程序得以建立，使得非亲属可以在女性的丈夫（或未婚妇女的父亲）死亡后成为其监护人。通常情况下，丈夫或父亲会为他的妻子或女儿指定一名监护人（通常是近亲），但新法律允许他有不同的选择。他可以写一份遗嘱，允许她选择监护人，并有权解雇监护人，次数可以是有限的，也可以是无限的。这在很大程度上是因为亲属不再像过去那样履行这些职责。

因此，主要得益于传统罗马家庭的解体，女性获得了选择自己监护人的权利。家庭责任重要性降低，这最终导致越来越多的妇女监护人仅仅是象征性的。此外，由于较远的亲戚往往不再住在一起，家庭监护人变得比以前更少。因此，女性实际上成了自己的监护人，因为她们在选择监护人和解雇监护人方面有很大的选择余地。

此外，并不是只有丧偶妇女才享有这种权利。随着时间的推移发展出了使妇女可以仅为了脱离其父亲的父权或监护人的监护而结婚的过程。这是一个复杂的过程，首先，妇女同意与男子买卖婚姻，不为了结婚，而是要托付给第三方。这一过程的这一部分将取消对妇女的父系监护，因为妇女将首先进入"丈夫"的买卖婚姻中，然后屈于买方的权势下（奴隶）。这个第三方专门成为妇女的监护人，然而，妇女可能有很大的控制权，因为条款是事先商定好的。正如马克思所指出的，没有监护人的同意，这是不能进行的。因此，在这一点上已经可以看出，宗亲监护人往往没有什么动机维持其监护人的地位，在大多数情况下，这是妇女正式获得其本应拥有的权利的一种法律手段。

马克思关于兰格的笔记说明了他对理解矛盾冲突与历史变化二者关系的兴趣。马克思尤为关注贵族、平民和其他群体之间的冲突，是如何削弱作为社会主要组成部分的罗马父权制家庭，以及国家权力的不断上升。这至少在上层阶级中对妇女的社会地位有正向影响，因为家庭中的男人特别是家长失去了对包括妇女在内的所有亲属的权威。因此，妇女至少在某种程度上摆脱了父权统治带来的一些最坏影响。

虽然罗马对家庭的权力倾向于对上层阶级的妇女产生积极的影响，但仍然存在一些问题。首先，这些改革在很大程度上只适用于这些妇女。那些处于下层阶级的人由于其阶级地位和作为妇女的身份而继续面临压迫。其次，国家本身并不是改善妇女状况的明确力量。正是国家所参与的冲突导致了这一结果发生。在一定程度上削弱家族是必要的，能使帝国增强其对抗贵族的力量。因此，逐渐削弱父权制对上层社会妇女的统治是进行这场斗争的手段之一。

结语

马克思关于梅恩的笔记提供了一个有利的视角来辨别他对性别和家庭的看法，尽管事实上这仅是笔记，而不是更完备的作品。马克思的影响力不容置疑，尤其是他对梅恩关于家庭和社会起源的父权观念的批判。在马克思关于民族学的其他笔记中，他似乎将家庭历史化，澄清了一些女性主义学者指出的关于他对女性"本性"的立场的模糊性。

马克思指出，在从相对平等的氏族向古代印度和爱尔兰社会的父权制家庭转变过程中，出现了矛盾和冲突，这不是家庭和性别分工导致的，不是一个简单的过渡。正如马克思从梅恩和兰格的著作中凝练的那样，女性似乎不仅仅是男性压迫的被动受害者，相反，在包括印度妇女财产权在内的许多案例中，男性占主导地位的情况仍然存在例外，马克思将此归因于妇女对这些早期法律安排的不利变化的抵制。特别是撒提，马克思认为这导致了以前的宗教传统的重铸，以便从没有男性继承人的寡妇那里没收财产。如果妇女欣然接受她们的地位日益下降，这就没有必要了。

在某些地方，马克思关于梅恩的笔记与他早期关于人的"本性"的部分讨论有相似之处。正如《1844 年经济学哲学手稿》和《资本论》中所述，马克思似乎从历史发展的角度来看待什么是"自然的"。在其他著作中，马克思只是在以劳动为中介的人类与自然之间的更为普遍的关系方面探讨这个问题，而在这里，马克思则直接关注家庭的历史性问题。对马克思来说，家庭不能被视为一个自然的实体，相反，它有自己的历史，并以类似的方式发展到社会的其他领域。因此，家庭的形式不是一种，而是多种，部分是基于当时的物质条件。然而，尽管马克思认识到关于家庭和其他社会领域的多种安排，他的理论也可能避免后结构主义思想的强烈相对主义，因为在家庭中发生的发展不是随机的，而是基于通过社会群体的必要性向个人提供更自由的方向运动。当然，这并不是要以目的论的观点来看待进步。个人的活动——可以导致进步或倒退——在理解社会关系和社会变革方面仍然非常重要；然而，完全忽视宏观社会结构同样是危险的。纵观这些笔记，马克思似乎很好地驾驭并在理论中结合局部和宏观权力结构的复杂局势——尽管有时会得出有问题的结论，但没有偏重或忽视任何一方。

总的来说，马克思关于兰格的笔记似乎描绘了古罗马社会中家庭和国家在矛盾和冲突中的发展。马克思似乎强调这些关系的运动和变化，而不是坚持兰格特别是梅恩相对静态的概念。例如，在他关于氏族解体为父权制家庭的讨论中，这一点则尤为明显。马克思注意到，在氏族的鼎盛时期，存在着超越氏族的发展潜力，因为由于社会习俗不能自我维持。由于其外婚制的性质，妇女至少在不受母权制支配的情况下通过婚姻离开和进入氏族。由于女性在氏族间的变化，以及一旦出嫁就会失去在氏族中的地位，在一定程度上，女性已经是氏族中价值较低的成员。这可能而且很可能确实降低了这些社会中未婚女孩和妇女的地位。

一旦物质条件进一步发展，氏族成员在社会上或经济上不再受族长的控制——因为他们在一定条件下可以从事自己的经济活动——他们就开始把氏族及其对财产和社会事务的限制看作是他们自己利益的障碍。妇女为结婚而离开氏族的过程成为那些寻求从氏族权力中解脱出来的人的出发点。如果女人可以离开氏族去结婚或成为一个维斯塔贞女，那么为什么认为自己高人一等的男人不能离开氏族，不像女人那样（至少在最初）自己出去呢？

因此，随着时间的推移，这作为某一特定制度中权利的逻辑延伸而开始，将成为打破这一制度整体界限的手段。以妇女离开氏族结婚为例——这是第一次被社会认可的脱离族长权力的方式——男人也能够通过改变氏族制度和法律来解脱自己。这种做法和其他一些包括收养的做法，都是氏族制度的延伸，最终导致了氏族制度解体需要国家这一质的变化。这类讨论是极其重要的，因为它们指出了马克思对阶级和性别的理解是从根本上通过平行的历史发展而联系起来的。此外，在这些笔记中，马克思似乎并没有将阶级或性别凌驾于其他之上。

第七章 结语

正如我在前几章中所论证的，马克思关于性别和家庭的著作比人们通常所认可的更为充实，也更具有价值。马克思对他所处时代的性别关系表现出了相当深刻的见解，他指出社会全面转型必然涉及男女之间关系的新转换（尽管也存在一些问题）。这在他早期的《1844 年经济学哲学手稿》中已经表现得相当明显，并且这是他毕生研究中反复书写和政治活动中不断出现的主题。

诚然，马克思关于性别和家庭的著作零星地分散在他的作品中，他并没有提供一个完整的性别关系理论。但是这并不一定意味着马克思对理解性别关系不感兴趣，或者说他是性别歧视者。马克思关于性别和家庭的著作中也存在一些问题，比如他对于女性进入劳动力市场后道德标准的立场就是不断变化又矛盾的，一定程度上受到维多利亚时代的温和观点影响，马克思关于未来社会主义社会的讨论在女性地位问题上仍然是相当抽象的。

然而，尽管有这些和其他困难，他的工作中仍有一些与性别和家庭有关的积极因素。首先，在一些作品如《神圣家族》、《珀歇论自杀》、纽约论坛报中的一些文章和《资本论》中，马克思讨论了女性因为性别而面临的家庭压迫和其他形式的压迫。第二，马克思在一些涉及性别的问题上的立场，包括家庭工资问题，随着时间的推移而发展，他继续研究这些问题，并向争取自身权利的女工学习。第三，也是最重要的一点，虽然马克思有时在这一点上有些模棱两可，但他倾向于将性别视为一个能够进一步发展的动态概念。例如，他在《1844 年经济学哲学手稿》中指出，女性（和男性）的地位可以而且应该改变。

正如在本书中所讨论的，许多女性主义学者充其量倾向于与马克思和马克思主义保持一种模棱两可的关系。争论的最重要领域之一涉及马克思与恩格斯之间的关系。虽然他们在许多问题上都进行了大量的讨论，但在涉及性别和家庭问题的立场上，他们彼此的观点并未得到充分的展开。大多数情况下，马克思和恩格斯被认为在性别和家庭问题上有着非常相似的立场，因为恩格斯写作了主要关于性别与家庭方面的文本《家庭、私有制和国家的起源》，而马克思未出版任何持续讨论性别的著作。

卢卡奇、卡弗等人的研究表明，马克思和恩格斯在辩证法以及许多其他问题上存在着重大差异。[1] 在这些研究的基础上，学者批评了马克思和恩格斯的经济决定论。然而，卢卡奇和卡弗都认为，马克思和恩格斯之间的一个显著差异是他们坚持经济决定论的程度不同。两人都认为恩格斯比马克思更具一元论和科学主义。杜娜叶夫斯卡娅是少数在性别问题上将马克思和恩格斯区分开的人之一，同时她也指出恩格斯的立场更具一元论和确定性，这与马克思对性别关系的更微妙的辩证理解形成了对比。[2]

虽然近年来很少有人讨论马克思关于性别和家庭的著作，但在 20 世纪 70 年代到 80 年代，这些著作引起了激烈的争论。在许多情况下，哈索克（Hartsock）和哈特曼等女性主义学者将马克思整体理论的要素与精神分析理论或其他形式的女性主义理论相结合[3]，因为这些学者认为马克思的理论不考虑性别，需要结合额外的理论来理解性别关系。然而，他们保留了马克思的唯物史观作为理解生产的出发点。此外，一些马克思主义女性主义者在 20 世纪 60 年代末至 80 年代也作出了自己的贡献，特别是在政治经济学领域。例如，玛格丽特·本斯顿、玛丽亚罗萨·达拉·科斯塔、西尔维娅·费德里奇和沃利·塞科姆都试图重新评估家务劳动。[4] 此外，沃格尔试图超越双重系统，对政治经济和社

---

[1] 参见 Lukács 1971 和 Carver 1983。

[2] Dunayevskaya 1991.

[3] 参见 Hartsock 1983 和 Hartmann 1997。

[4] 参见 Benston1969、Dalla Costa 1971、Federici 1975、Seccombe 1974。

会再生产有一个统一的理解。① 霍姆斯特罗姆还表明，马克思主义可以用来理解女性本性的历史发展。②

然而，社会主义女性主义在 20 世纪 70 年代到 80 年代之间普遍流行的双重系统理论，在 20 世纪 90 年代及以后却被许多学者认为是失败的理论。正如杨（Young）所指出的，虽然苏联和东欧社会主义的垮台可能对社会主义女性主义的流行产生了负面影响③，但其根本在于双系统理论是不充分的，因为它基于两种截然不同的社会理论——一种涉及社会历史发展的理论，认为历史发展主要由经济和技术的发展推进，而另一种是基于静态心理学的人性观。由于这些巨大的差异，这两种理论很难调和。然而，这些马克思主义女性主义学者批判马克思的决定论，以及不考虑性别以及牺牲再生产为代价强调生产的观点，为我通过细致的文本分析重新审视马克思作品提供了出发点。

尽管马克思的作品包含了维多利亚时代的意识形态元素，但在他的作品中，对性别的关注非常广泛。早在 1844 年，马克思在他的《1844 年经济学哲学手稿》一书中就论证了妇女在社会中的地位可以作为衡量整个社会发展的一个指标。虽然他肯定不是得出此种结论的第一人——傅立叶常常被认为是马克思这句话的灵感来源，但这不仅仅是在呼吁男性改善女性的地位。相反，正如我所提到的，马克思所作的辩证法论述与他的整个社会理论直接相关。为了使社会超越其资本主义形式，必须形成新的社会关系，而不仅仅依赖于粗略的价值构想。人类必须能够在社会中看到彼此的价值——他们自己，而不是仅仅因为一个人能提供给另一个人东西才有价值。在这方面，妇女尤其重要，因为她们往往是大多数社会（如果不是所有社会）中的边缘群体。因此，男性和女性必须达到这样一种发展状态，即个体的价值在于他们是谁，而不是来自任何抽象的男性或女性范畴等等。

此外，马克思似乎将性别作为一个动态而非静态范畴。当然，马克思从未

① Vogel 1983.
② Holmstrom 1984.
③ Young 1980.

直接提出过这一主张。然而，在《1844年经济学哲学手稿》和《德意志意识形态》中，马克思强烈地批判了传统自然/社会二元论。马克思认为，自然和社会不是作为两个截然不同的物质存在的，它们并非相互作用但不从根本上改变自身或对方的本质，而是辩证地联系在一起的。当人类通过劳动与自然互动时，个体和自然都发生了变化。这是因为人类作为自然的一部分而存在，而劳动过程为这种暂时的统一提供了手段。由于自然和社会都不是静态的实体，马克思认为，"自然"的观念无法超越历史，相反，"自然"的概念只能与特定的历史环境相关。

虽然我们不能将自然/人文二元论和男性/女性二元论视为全然可比拟的理论——这样做可能导致我们所寻求转换的范畴的具体化——但在《德意志意识形态》中关于劳动的性别分工的讨论体现了马克思与恩格斯的辩证思考。在这里，他们指出早期家庭中的劳动分工不是完全"自然"的。相反，即使关于家庭发展的讨论十分简短，他们也指出这种基于性别的劳动分工仅对于非常落后的生产关系而言才是"自然"的，在这些落后的社会中女性不同的生理特征会使她们很难承担某些体力劳动任务。这意味着随着社会的变化，女性的劣势地位能够随之改变。此外，这一过程涉及社会因素，而不能仅依靠技术发展推动：妇女必须通过自身努力改变自己的处境。

马克思在其早期著作中至少有两处讨论了妇女在资本主义社会中的地位。在《神圣家族》一书中，马克思批评了欧仁·苏在《巴黎的秘密》中对虚构的巴黎妓女弗勒尔·德·玛丽的道德评价。在这部小说中，弗勒尔·德·玛丽被一位德国封建王公之子从贫困和妓女的生活中"拯救"出来。并把她送入修道院，由牧师教导她曾经不道德的行为。最终，玛丽成为一名修女，皈依上帝并死在那里。

在这里，马克思批评苏不加批判地接受了天主教社会宣扬的抽象道德形式，而这种道德形式实际上是无法实现的。人类无法忽视身体需求而成为一种纯粹的精神存在。因为正如马克思所指出的那样，这对像弗勒尔·德·玛丽这样的人来说尤其重要，她只能靠卖淫来维持生计，除此之外别无选择。然而，神父向玛丽展示了她的道德堕落，并告诉她应当为此感到罪恶，尽管她实际上无法进行自主选择。因此，在这篇文章中，马克思对工人阶级妇女的困境表现出极大的同情。此外，他还批评了基督教的片面性，这种片面性旨在提高纯粹的精神形式来反对纯粹的肉体形式。

虽然像莱布这样的批评家认为，马克思试图以牺牲精神为代价来提升身体地位[①]，但我认为，马克思更有可能试图将精神和身体视作一个辩证统一的整体。马克思批判基督教片面地关注一种使身体退化的特定的精神形式。弗勒尔·德·玛丽的处境在小说中还远未达到完美的地步——她对自己的处境几乎没有控制权——而她所获得的另一种生活则更加糟糕，因为她被迫为一些她既不负有责任也无法避免的事情赎罪。

马克思毫无保留地去批判资本主义社会下工人阶级妇女的具体处境，他在1846年的文章（翻译的珀歇关于自杀的著作）中指出，上层阶级内部存在着家庭压迫。[②] 马克思讨论的四个案例中，有三个涉及女性受到家庭压迫而自杀。在一个案例中，一名已婚妇女自杀的部分原因是她善妒的丈夫把她关在家里，对她实施家暴和性虐待。第二起案件涉及一名在未婚夫家过夜的订婚妇女。父母在她回家后当众羞辱她，随后她自杀溺亡。最后一个案例是一名与姑夫在婚外情后无法自主选择堕胎的年轻女性。

在其中的两个例子中，马克思强调了珀歇的某些段落并添加了自己的评论，表现出对这些女性困境的极大关注。此外，马克思指出需要彻底改造资产阶级家庭，并强调了珀歇的原文"革命没有消灭所有的暴虐行为；任意施加暴力的恶劣做法还在家庭中存在；它在此引起了类似革命的危机"。[③] 这样，马克思指出，资产阶级家庭形式具有压迫性质，如果要建立一个更好的社会，必须对其进行重大改变。

马克思和恩格斯在《共产党宣言》中再次回到了对资产阶级家庭的批判。在那里，他们论证道，主要以财产管理和转让为基础的资产阶级形式的家庭处于解体状态。无产阶级创造了使现代资产阶级家庭解体的物质条件，因为他们

---

① Leeb 2007.

② Marx 1999.

③ Marx 1999, p. 51.

没有财产留给子女。无产阶级曾经可能是自给自足的小农，但在大量土地被征用而人们被迫进入城市和工厂谋生的时代，小农经济已不足以维生。无产阶级没有能在去世后转让给子女的财产，也没有能力在有生之年控制家庭的劳动权力，父权制被极大削弱，为出现一种新的家庭形式提供了可能性。然而，马克思和恩格斯并没有详细讨论这种家庭形式解体后可能出现的情况。

虽然《资本论》是一部政治经济学批评性质的著作，但其中有大量涉及性别和家庭的论述。在这里，马克思回到并具体化了他在《共产党宣言》中所描述的废除家庭。随着机器被引入工厂，所需要的体力劳动逐渐减少，妇女和儿童也成为重要的工人群体。资本发现这些工人特别有价值，因为他们来自一个受压迫的群体，可以被强迫以更低的工资进行工作。

《资本论》一书中许多段落都说明，马克思对女性在劳动中所处地位的看法比大多数女性主义者所认同的观点更要加微妙。例如，他写道，随着女性进入职场，她们在私人生活中有可能获得权力，因为她们现在为家庭增添了一笔收入，并且在一天的大部分时间里不再受丈夫或父亲的直接控制。这些现象对家庭产生了重大影响。在这里，马克思展示了这一发展的两个方面。一方面，长时间工作和夜间工作往往会破坏传统的家庭结构，因为妇女在一定程度上被她们的工作"男性化"，而且她们无法像过去那样照顾孩子。另一方面，在后续段落中，马克思指出，这种表面上的"品行堕落"导致了相反的结果，走向"家庭的更高级形式"，在这种家庭中，女性与男性将真正平等。[1]

虽然马克思关于压迫女性劳动者的讨论有时略显局限，但在《资本论》第一卷和他早期的《资本论》草稿中，他强烈批评了资本主义下的生产性劳动概念。在这里，他对资本主义下的生产性劳动概念和资本主义下的非生产性劳动概念给出了明确区分。首先，资本主义对生产力的片面理解，唯一的相关因素是为资本家创造剩余价值。然而，生产性劳动的第二个概念侧重于生产使用价值。在这里，如果劳动生产出可供个人或整个社会使用的东西，那么劳动就具有这种价值。这至少为重新评估传统女性劳动的价值提供了一些依据，尽管马

---

[1] Marx 1976, p. 621.

克思对此讨论很少。

马克思的政治著作随着时间的推移也发生了某种演变。马克思的理论洞见经常被结合在他的政治活动中。在马克思关于 1853—1854 年英国普雷斯顿罢工的最早的一些政治著作中，对工人、家庭、工资的要求进行了批判性较弱的评估，尽管马克思从未直接否定过这种观点，但后期他的立场已然改变，因为在 1860 年代，马克思致力于让第一国际中男女平等。

此外，马克思后来的作品进一步说明了在巴黎公社期间及其之后对妇女劳动需求的理解。这一点在 1880 年马克思、拉法格和盖得合著的《法国工人党纲领》中尤为明显。马克思单独撰写的《序言》指出，生产者阶级的解放是不分性别和种族的全人类的解放。[①] 这在法国是一个相当有力的声明，因为那里性别歧视的传统在社会中占主导地位。

在 1858 年为《纽约论坛报》撰写的文章中，马克思回到了他对资本主义社会上层妇女地位的讨论。在马克思的两篇文章中提到了一位被囚禁在精神病院的贵族妇女，她被囚禁是为了使她在公众面前保持缄默，防止进一步让她有政治影响力的丈夫难堪。在这里，马克思批评了所有促成布尔韦尔-利顿夫人被囚禁的人，因为马克思认为她根本没有精神疾病。虽然马克思没有讨论对女性的错误限制已然成为控制她们的一种手段，但他确实注意到如果那些要求囚禁女性的人的财富与权力能够命令医学专业人士签名，那么他们的夫人就可以被囚禁，哪怕她们实际上精神状态正常。此外，马克思对布尔韦尔-利顿夫人表现出极大的同情，她实际上因为一项协议而被迫沉默，该协议规定，只要她同意不再讨论这一政治事件，她就能够重获自由。

我认为 1879 到 1883 年间是马克思一生中最有意义的理论发展时期之一，特别是关于性别和家庭的研究。在他的研究笔记、信件和发表的著作中，他开始阐述一种非定式的社会发展模式，不发达的地区或国家可能先于发达国家进行革命。但更重要的是，在这项研究中，马克思将新历史主体纳入了他的理论。不仅仅是工人阶级才有能力进行革命。农民，尤其是妇女，在马克思的理论中

[①] Marx 1992，p. 376.

成为变革的重要力量。尽管这些笔记十分零散，但我们仍能看出马克思在历史进程中如何将妇女视为主体。

马克思关于摩尔根的笔记非常重要，因为它们与恩格斯的《家庭、私有制和国家的起源》进行了直接对比，恩格斯声称《家庭、私有制和国家的起源》的观点接近于马克思对摩尔根的《古代社会》的解读。相比之下，我认为两者存在显著差异。其中最重要的区别在于马克思认为社会发展并非遵循一成不变的定式，以及对相对平等的宗族内部矛盾的辩证看待。

恩格斯倾向于将经济和技术变化作为社会发展的原因，而马克思则采取更加辩证的方法。在这种方法中，社会组织不仅是一个主观因素，而且在适当的条件下也可以成为一个客观因素。马克思与恩格斯之间的差异在关于性别压迫问题上尤其明显。在这里，恩格斯认为，农业技术的发展、私有财产的积累以及随后宗族从母权到父权的变化导致了"女性在世界历史上的失败"，相比之下，马克思不仅注意到了女性的从属地位，而且通过对希腊女神的讨论，指出了私有制条件下女性仍然有改变自身地位的可能性。古希腊社会对女性的压迫非常严重，她们被限制在家庭领域内，但马克思认为，希腊女神有可能为女性提供另一种模式。马克思在这些笔记中也表明了上层阶级的进步，罗马女性与希腊女性形成对比。此外，马克思倾向于对这些早期平等主义社会的矛盾发展采取更加微妙和辩证的方法。正如第五章所讨论的，恩格斯倾向于认为相对平等的婚姻社会缺乏明显的压迫，特别是在两性关系方面。然而，马克思指出，在以氏族为基础的易洛魁社会中，妇女权利受到限制。

虽然恩格斯的《家庭、私有制和国家的起源》只讨论了马克思关于莫尔干社会的笔记，但马克思关于民族学的笔记跨越了许多其他来源。他在亨利·萨姆纳·梅恩《古代法制史讲演录》和路德维希·兰格《古罗马》的注释中对前资本主义社会的家庭与性别进行了重要讨论，特别是爱尔兰、印度和罗马。在关于两位作者的笔记中，马克思借用了摩尔根关于氏族发展的大部分理论。虽然马克思关于梅恩的笔记往往比兰格的更具批判性，但马克思都批评他们二者不加批判地接受父权制家庭作为最开始的形式。

这一点尤其重要，因为它倾向于指向非历史性的宗教理解。在这些以及摩尔根的笔记中，马克思描绘了每种家庭形式中存在的矛盾，以及这些矛盾如何被激化，从而导致家庭结构的重大变化。在这里，马克思似乎将家庭视为与社会其他领域相似的辩证法主体。

评价马克思关于当今社会性别与家庭的著作

从历史上看，马克思主义与女性主义的关系是不明确的，这往往是因为许多马克思主义者缺乏对性别和传统女性问题的讨论。此外，即使马克思主义者对性别和家庭进行了研究，这些研究也倾向于遵循恩格斯的经济决定论。然而，正如我所指出的，马克思关于性别和家庭的观点与决定论相去甚远。关于马克思关于性别和家庭的观点的可能价值，仍然存在一些重要问题：马克思对当代女性主义的争论有什么贡献？在分析当代资本主义社会时，马克思主义女性主义是否有可能不陷入经济决定论或超越性别的特权阶级？

这项工作只能为这些问题提供一些非常初步的答案。然而，我认为，有一些潜在的出发点可以减少马克思主义忽视性别以及决定论形式。在许多领域，马克思的社会理论提供了将女性主义观点纳入马克思主义的可能性，从而建立了性别和阶级压迫的统一理论，当然，马克思对性别和家庭的描述偶尔会表现出维多利亚时代道德的迹象；然而，正如我所说，这不一定是他作品中的致命缺陷。在许多领域，马克思的社会理论提供了将女性主义观点纳入马克思主义的可能性，以建立一个关于性别和阶级压迫的统一理论，而这两种理论都不会从根本上赋予任何一方特权。

马克思对性别和家庭的理解的最重要的方面之一是马克思的辩证方法。如我所论证的，在大多数情况下，马克思的范畴来自对经验世界的辩证分析。这些范畴是动态的、基于社会关系的表现，而不是静态的非历史公式。因此，这些类别可能会随着社会发展改变。

这对女性主义研究也许很有价值。马克思从未直接论述过性别二元论的范畴，但正如我所说的，他在理论中为这些范畴内的变化留下了一些空间。在两个方面尤其正确：自然/文化二元论和生产/再生产二元论。在这两种情况下，马克思都指出了这些范畴的历史性和暂时性。自然和文化不是绝对对立的：相反，它们是有机整体。劳动，作为生存的必要活动，根据所讨论的特定生产方式，以各种特定的方式调节人类与自然的关系。此外，就生产和再生产二元论而言，马克思通常会注意到这两者对人类来说都是必要的，但根据社会的技术和社会发展，它们将采取不同的形式。

在这两种情况下，马克思指出了这两个范畴的两个不同方面：历史上特定的要素和每个社会中存在的更为抽象的特征。因此，就理解女性与这些二元论的关系而言，马克思思想中的逻辑表述似乎是指出生物学必然与之相关。然而，生物学不能被视为一个特定社会的社会关系之外的事物。这可能有助于避免一些激进以及社会主义女性主义者的生物学家同决定论争论，这些女性主义者将"女性的陷阱"本质化，同时避免相对主义。因为在马克思看来，世界并不是完全由社会构成的，相反，从社会中介的框架来看，生物学和自然是重要的变量。

这一点很重要，不过还有另一个原因。虽然马克思的理论是在提供一个将性别作为理解资本主义的重要因素而发展起来的，但他的范畴却引导了对父权制的系统批判，因为他能够从更普遍的女性压迫形式中分离出父权制的历史特定因素，因为它存在于人类历史的大部分时间。从这个意义上说，他的范畴为女性主义理论提供了资源，或至少为新的对话提供了领域，而此时马克思的资本批判又一次走到了台前。

除了他对社会中介的关注和他对理解特定社会体系的强调之外，我还认为马克思不是一个强有力的经济决定论者。当然，经济因素起着非常重要的作用，因为它们制约着其他的社会行为，然而，马克思经常谨慎地注意到经济和社会因素之间的相互的、辩证的关系。正如自然与文化、生产与再生产一样，经济活动与社会活动是特定生产模式中整体的辩证的时刻。在最后的分析中，正如马克思在《珀歇论自杀》一文和《纽约论坛报》文章中所阐述的那样，这两种观点不能完全分离，他在文章中指出了经济学和资本主义父权制相互作用压迫妇女的独特方式。因此，在这些和他的其他著作中，马克思（至少是尝试性地）开始讨论阶级和性别之间的相互依存关系，在他的分析中没有从根本上使任何一方享有特权。

　　本书探索并发展了马克思主要和次要著作的批判，系统地阐明他关于性别和家庭的理论。虽然马克思关于性别和家庭的著作并非所有方面都适用于今天，有些还带有 19 世纪思想的局限性，但这些文本提供了关于性别和政治思想的重要见解。虽然马克思没有写很多关于性别的文章，也没有发展出系统的性别和家庭理论，但对他来说，性别是理解劳动分工、生产和一般社会的一个基本范畴。我认为马克思对性别和家庭的讨论远远超出了作为工厂工人的女性。马克思注意到资产阶级家庭中压迫的持续存在，并注意到必须建立一种新的家庭形式。此外，马克思越来越支持妇女在工作场所、工会和国际社会中要求平等的要求，因为他研究了资本主义，并目睹了妇女在 1871 年巴黎公社等重要事件中的作用。尽管马克思关于人类学的笔记不加修饰，也不完整，但其意义尤其重大，因为马克思通过对摩尔根、梅恩和兰格的批判，相当直接地指出了家庭在历史上的发展特征。此外，马克思对辩证法的使用是对女性主义和一般社会研究的重要方法论贡献，因为他认为性别是变化和发展的主体，而不是一个静态的概念。

参考文献

Anderson, Kevin B. 1995, *Lenin, Hegel and Western Marxism: A Critical Study*, Chicago: University of Illinois Press.

—— 1998, 'On the MEGA and the French Edition of Capital, vol. I. An Appreciation and a Critique', *Beiträge zur Marx-Engels Forschung*, New Series, Berlin: Argument Verlag.

—— 1999, 'Marx on Suicide in the Context of His Other Writings on Alienation and Gender', in *Marx on Suicide*, edited by Eric Plaut and Kevin Anderson, Evanston: Northwestern University Press.

—— 2002, 'Marx's Late Writings on Non-Western and Precapitalist Societies and Gender', *Rethinking Marxism*, 14, 4: 84–96.

—— 2010, *Marx at the Margins: On Nationalism, Ethnicity, and Non-Western Societies*, Chicago: University of Chicago Press.

Avineri, Shlomo 1971, *The Social & Political Thought of Karl Marx*, Cambridge: Cambridge University Press.

Barnett, Vincent 2009, *Marx*, New York: Routledge.

Barrett, Michele 1980, *Women's Oppression Today: Problems in Marxist Feminist Analysis*, London: Verso.

—— 1986, 'Introduction', in Engels, 1986.

—— 1997, 'Capitalism and Women's Liberation', in *The Second Wave: A Reader in Feminist Theory*, edited by Linda Nicholson, New York: Routledge.

Bartky, Sandra Lee 1990, *Femininity and Domination: Studies in the Phenomenology of Oppression*, New York: Routledge.

Baumgart, Claus 1989, 'Ein Beitrag zur "Chronique Scandaleuse" der britischen Aristokratie aus der Feder von Karl Marx—"The Imprisonment of Lady Bulwer-Lytton. First Article"', *Marx-Engels Jahrbuch*, 11: 258–64.

Benenson, Harold 1984, 'Victorian Sexual Ideology and Marx's Theory of the Working Class', *International Labor and Working Class History*, 25: 1–23.

Benston, Margaret 1969, 'The Political Economy of Women's Liberation', *Monthly Review*, 21, 4: 13–27.

Black, David 2004, *Helen Macfarlane: A Feminist, Revolutionary Journalist, and Philosopher in Mid-Nineteenth-Century England*, New York: Lexington Books.

Brown, Andrew 2004, 'Lytton, Edward George Earle Lytton Bulwer', in *Oxford Dictionary of National Biography*, Oxford: Oxford University Press.

Cantarella, Eva 1987, *Pandora's Daughters: The Role and Status of Women in Greek and Roman Antiquity*, Baltimore: The Johns Hopkins University Press.

Carver, Terrell 1983, *Marx & Engels: The Intellectual Relationship*, Bloomington: Indiana University Press.

—— 1990, *Friedrich Engels: His Life and Thought*, New York: St. Martin's Press.

—— 1998, *The Postmodern Marx*, University Park: Penn State University Press.

—— 1999, 'The Engels-Marx Question: Interpretation, Identity/ies, Partnership, Politics', in Steger and Carver (eds.) 1999.

—— 2005, 'Marx's Illegitimate Son or Gresham's Law in the World of Scholarship', available at: <http://www.marxmyths.org/terrell-carver/article.htm>.

—— 2009, 'Marxism and Feminism: Living with Your "Ex"', in *Karl Marx and Contemporary Philosophy*, edited by Andrew Chitty and Martin McIvor, London: Palgrave Macmillan.

Cassidy, John 1997, 'The Return of Karl Marx', *The New Yorker*, 20 and 27 October.

Chattopadhyay, Paresh 1999 'Women's Labor under Capitalism and Marx', *Bulletin of Concerned Asian Scholars*, 31, 4: 67–75.

Chesler, Phyllis 1972, *Women and Madness*, Garden City: Doubleday.

Dalla Costa, Mariarosa and Selma James 1971, *The Power of Women and the Subversion of the Community*, Brooklyn: Petroleuse Press.

De Beauvoir, Simone 1989 [1949], *The Second Sex*, New York: Vintage Books.

Di Stefano, Christine 1991a, 'Masculine Marx', in *Feminist Interpretations and Political Theory*, edited by Mary Lyndon Shanley and Carole Pateman, University Park: Pennsylvania State University Press.

—— 1991b, *Configurations of Masculinity: A Feminist Perspective on Modern Political Theory*, Ithaca: Cornell University Press.

'Draft Programme of the German Workers' Party' 1938 [1875], in *Critique of the Gotha Programme*, by Karl Marx, New York: International Publishers.

Draper, Hal 1970, 'Marx and Engels on Women's Liberation', *International Socialism*, July–August: 20–8.

—— 1985, *The Marx-Engels Chronicle*, New York: Schocken Books.

Dunayevskaya, Raya 1985, *Women's Liberation and the Dialectic of Revolution: Reaching for the Future*, Atlantic Highlands: Humanities Press.

—— 1991 [1981], *Rosa Luxemburg, Women's Liberation, and Marx's Philosophy of Revolution*, Chicago: University of Illinois Press.

—— 2000 [1958], *Marxism & Freedom: From 1776 until Today*, New York: Humanity Books.

—— 2002, *The Power of Negativity: Selected Writings on the Dialectic in Hegel and Marx*, edited by Peter Hudis and Kevin Anderson, New York: Lexington Books.

—— 2003 [1973], *Philosophy and Revolution: From Hegel to Sartre, and from Marx to Mao*, New York: Columbia University Press.

Dupré, Louis 1966, *The Philosophical Foundations of Marxism*, New York: Harcourt, Brace & World, Inc.

Eichner, Carolyn J. 2004, *Surmounting the Barricades: Women in the Paris Commune*, Bloomington: Indiana University Press.

Eisenstein, Zillah (ed.) 1979, *Capitalist Patriarchy and the Case for Socialist Feminism*, New York: Monthly Review Press.

Engels, Friedrich 1971 [1847], 'The Communist Credos by Engels', in *Birth of the Communist Manifesto*, edited by Dirk J. Struik, New York: International Publishers.

—— 1972 [1884], *The Origin of the Family, Private Property, and the State*, New York: Pathfinder Press.

—— 1975–2004 [1884], 'Engels to Karl Kautsky, 16 February', in Marx and Engels 1975–2004a, Volume 47.

—— 1978 [1884], *The Origin of the Family, Private Property and the State*, edited by Eleanor Leacock, New York: International Publishers.

—— 1986 [1884], *The Origin of the Family, Private Property and the State*, New York: Penguin Books.

Evans, John K. 1991, *War, Women and Children in Ancient Rome*, New York: Routledge.

Federici, Silvia 1975, *Wages Against Housework*, Bristol: Falling Wall Press.

Ferguson, Ann 1991, *Sexual Democracy: Women, Oppression, and Revolution*, Boulder: Westview Press.

—— and Nancy Folbre 1981, 'The Unhappy Marriage of Patriarchy and Capitalism', in Sargent (ed.) 1981.

Firestone, Shulamith 1971 [1970], *The Dialectic of Sex: The Case for Feminist Revolution*, New York: Bantam Books.

Foreman, Ann 1977, *Femininity and Alienation: Women and the Family in Marxism and Psychoanalysis*, London: Pluto Press.

Foster, John Bellamy 1999, 'Marx's Theory of Metabolic Rift: Classical Foundations for Environmental Sociology', *American Journal of Sociology*, 105, 2: 366–405.

Foucault, Michel 1973, *The Order of Things: An Archaeology of the Human Sciences*, New York: Vintage.

—— 1984 [1964], 'Selections from *Madness and Civilization*', in *The Foucault Reader*, edited by Paul Rabinow, New York: Pantheon Books.

Fromm, Erich 2004 [1961], *Marx's Concept of Man*, New York: Continuum.

Gardner, Jane F. 1986, *Women in Roman Law & Society*, Bloomington: Indiana University Press.

GCM (General Council of the First International Minutes) 1964a [1864–6], Moscow: Foreign Languages Publishing House.

—— 1964b [1866–8], Moscow: Foreign Languages Publishing House.

—— 1964c [1868–70], Moscow: Foreign Languages Publishing House.

—— 1964d [1870–1], Moscow: Foreign Languages Publishing House.

—— 1964e [1871–2], Moscow: Foreign Languages Publishing House.

Gimenez, Martha E. 2000, 'What's Material about Materialist Feminism? A Marxist Feminist Critique', *Radical Philosophy*, 101: 18–28.

—— 2005, 'Capitalism and the Oppression of Women: Marx Revisited', *Science & Society*, 69, 1: 11–32.

Gould, Carol C. 1999, 'Engels's *Origins*: A Feminist Critique', in Steger and Carver (eds.) 1999.

Grant, Judith, 2005, 'Gender and Marx's Radical Humanism in *The Economic and Philosophic Manuscripts of 1844*', *Rethinking Marxism*, 17, 1: 59–77.

Gullickson, Gay L. 1996, *Unruly Women of Paris: Images of the Commune*, Ithaca: Cornell University Press.

Hardt, Michael and Antonio Negri 2000, *Empire*, Cambridge, MA: Harvard University Press.

—— 2004, *Multitude: War and Democracy in the Age of Empire*, New York: Penguin Press.

—— 2009, *Commonwealth*, Cambridge, MA: Harvard University Press.

Hartmann, Heidi 1981, 'The Family as the Locus of Gender, Class and Political Struggle: The Example of Housework', *Signs*, 6, 3: 366–94.

—— 1997 [1981], 'The Unhappy Marriage of Marxism and Feminism: Towards a More Progressive Union', in *The Second Wave: A Reader in Feminist Theory*, edited by Linda Nicholson, New York: Routledge.

Hartsock, Nancy 1983, *Money, Sex, and Power: Toward A Feminist Historical Materialism*, London: Longman.

Haug, Frigga 1992, *Beyond Female Masochism*, New York: Verso.

—— 2002, 'Towards a Theory of Gender Relations', *Socialism and Democracy*, 16, 1: 33–46.

Hennessy, Rosemary 1993, *Materialist Feminism and the Politics of Discourse*, New York: Routledge.

—— 2006, 'Returning to Reproduction Queerly: Sex, Labor, Need', *Rethinking Marxism*, 18, 3: 387–95.

—— 2008, *Profit and Pleasure: Sexual Identities in Late Capitalism*, New York: Routledge.

Hobsbawm, Eric J.E. 2004, 'Marx, Karl Heinrich (1818–1883)', in *Oxford Dictionary of National Biography*, Oxford: Oxford University Press.

Holloway, John 2005 [2002], *Change the World Without Taking Power: The Meaning of Revolution Today*, London: Pluto Press.

Holmstrom, Nancy 1984, 'A Marxist Theory of Women's Nature', *Ethics*, 94, 3: 456–73.

—— 2003, 'The Socialist Feminist Project', *Monthly Review*, 54, 10: 38–48.

Howie, Gillian 2009, 'Breaking Waves: Feminism and Marxism Revisited', in *Karl Marx and Contemporary Philosophy*, edited by Andrew Chitty and Martin McIvor, London: Palgrave Macmillan.

Humphries, Jane 1987, '"...The Most Free From Objection..." The Sexual Division of Labor and Women's Work in Nineteenth-Century England', *The Journal of Economic History*, 47, 4: 929–49.

International Labor Organization 2009, 'Global Employment Trends for Women.'

International Parliamentary Union 2011, 'Women in National Parliaments', available at: http://www.ipu.org/wmn-e/world.htm>

Jaggar, Alison M. 1983, *Feminist Politics and Human Nature*, Totowa: Rowman & Allenheld.

Kapp, Yvonne 1972, *Eleanor Marx*, Volume 1, New York: Pantheon Books.

Kelley, Donald R. 1984, 'The Science of Anthropology: An Essay on the Very Old Marx', *Journal of the History of Ideas*, 45, 2: 245–62.

Kelly, Joan 1979, 'The Doubled Vision of Feminist Theory: A Postscript to the "Women and Power" Conference', *Feminist Studies*, 5, 1: 216–27.

Klotz, Marcia 2006, 'Alienation, Labor and Sexuality in Marx's 1844 Manuscripts', *Rethinking Marxism*, 18, 3: 405–13.

Krader, Lawrence 1972, 'Introduction to The Ethnological Notebooks of Karl Marx', in *The Ethnological Notebooks of Karl Marx*, edited by Lawrence Krader, Assen: Van Gorcum.

Laslett, Barbara and Johanna Brenner 1989, 'Gender and Social Reproduction: Historical Perspectives', *Annual Review of Sociology*, 15: 381–404.

Leacock, Eleanor 1958, 'Introduction to "Social Stratification and Evolutionary Theory: A Symposium"', *Ethnohistory*, 5, 3: 193–209.

—— 1978, 'Introduction to *The Origin of the Family, Private Property and the State*', in Engels 1978.

Leeb, Claudia 2007, 'Marx and the Gendered Structure of Capitalism', *Philosophy & Social Criticism*, 33, 7: 833–59.

Leyne, Jon 2011, 'Egypt's Defiant Women Fear Being Cast Aside', *BBC News*, 19 June.

Lissagaray, Prosper Olivier 2007 [1876], *History of the Paris Commune of 1871*, St. Petersburg, FL: Red and Black Publishers.

Lobkowicz, Nicholas 1967, *Theory and Practice: History of a Concept from Aristotle to Marx*, Notre Dame: University of Notre Dame Press.

Löwy, Michael 2002, 'Unusual Marx', *Monthly Review*, 53, 10, available at: <http://monthlyreview.org/2002/03/01/unusual-marx>.

Lukács, Georg 1971 [1923], *History and Class Consciousness: Studies in Marxist Dialectics*, Cambridge, MA: The MIT Press.

Luxemburg, Rosa 2004 [1912], 'Women's Suffrage and Class Struggle', in *The Rosa Luxemburg Reader*, edited by Peter Hudis and Kevin B. Anderson, New York: Monthly Review Press.

MacKinnon, Catherine A. 1982, 'Feminism, Marxism, Method and the State: An Agenda for Theory', *Signs: Journal of Women in Culture and Society*, 7, 3: 515–44.

—— 1989, *Toward a Feminist Theory of the State*, Cambridge, MA: Harvard University Press.

Maine, Henry Sumner 1875, *Lectures on the Early History of Institutions*, New York: Henry Holt and Company.

Manicas, Peter T. 1999, 'Engels's Philosophy of Science', in Steger and Carver (eds.) 1999.

Marcuse, Herbert 1972a, 'The Foundation of Historical Materialism', in *Studies in Critical Philosophy*, Boston: Beacon Press.

—— 1972b, 'A Study on Authority', in *Studies in Critical Philosophy*, Boston: Beacon Press.

—— 1999 [1941], *Reason and Revolution: Hegel and the Rise of Social Theory*, New York: Humanity Books.

Marx, Eleanor 1982, 'Eleanor to Jenny, September 5, 1874', in *The Daughters of Karl Marx: Family Correspondence 1866–1898*, New York: Harcourt Brace Jovanovich.

Marx, Karl 1853, 'Romance in Real Life: Bulwer Imprisoning his Wife, A False Charge of Insanity, The Compromise and Her Release', *New York Weekly Tribune*, XVII, 882, 7 August.

—— (forthcoming) [1879], 'Notes on Ludwig Lange, *Römische Alterthümer*, [Ancient Rome], Vol. I', *MEGA*.

—— 1880, 'The Programme of the Parti Ouvrier', available at: <http://www.marxists.org/archive/marx/works/1880/05/parti-ouvrier.htm>.

—— 1965, *Karl Marx Oeuvres. Economie* t. 1. Paris.

—— 1972 [1879–82], *Ethnological Notebooks*, in *The Ethnological Notebooks of Karl Marx*, edited by Lawrence Krader, Assen: Van Gorcum.

—— 1973 [1857–8], *Grundrisse: Foundations of the Critique of Political Economy*, translated by Martin Nicolaus, New York: Vintage Books.

—— 1975–2004a [1853], 'War—Strikes—Dearth', in Marx and Engels 1975–2004a, Volume 12.

—— 1975–2004b [1854], 'British Finances—The Troubles at Preston', in Marx and Engels 1975–2004a, Volume 13.

—— 1975–2004c [1854], 'The English Middle Class', in Marx and Engels 1975–2004a, Volume 13.

—— 1975–2004d [1853], 'Prosperity—The Labor Question', in Marx and Engels 1975–2004a, Volume 13.

—— 1975–2004e [1858], 'Imprisonment of Lady Bulwer-Lytton', in Marx and Engels 1975–2004a, Volume 15.

—— 1975–2004f [1874], 'Marx to Ludwig Kugelmann, 18 May', in Marx and Engels 1975–2004a, Volume 45.

—— 1975–2004g [1874], 'Marx to Engels, 18 September', in Marx and Engels 1975–2004a, Volume 45.

—— 1975–2004h [1868], 'Marx to Ludwig Kugelmann, 5 December', in Marx and Engels 1975–2004a, Volume 43.

—— 1975–2004i [1868], 'Marx to Ludwig Kugelmann, 12 December', in Marx and Engels 1975–2004a, Volume 43.

—— 1975–2004j [1871], *The Civil War in France*, in Marx and Engels 1975–2004a, Volume 22.

—— 1975–2004k [1875], *Critique of the Gotha Programme*, in Marx and Engels 1975–2004a, Volume 24.

—— 1975–2004l [1880], 'Marx to Friedrich Adolph Sorge, 5 November', in Marx and Engels 1975–2004a, Volume 46.

—— 1976 [1867–75], *Capital*, Vol. I, New York: Penguin Books.

—— 1991 [1894], *Capital*, Vol. III, New York: Penguin Books.

—— 1992. *The First International and After*, *Political Writings*: Volume 3, edited by David Fernbach, London: Penguin Books.

—— 1996a [1871], *The Civil War in France*, in *Marx: Later Political Writings*, edited by Terrell Carver, New York: Cambridge University Press.

—— 1996b [1875], 'Critique of the Gotha Program', in *Marx: Later Political Writings*, edited by Terrell Carver, New York: Cambridge University Press.

—— 1999 [1846], 'Peuchet on Suicide', in *Marx on Suicide*, edited by Eric Plaut

and Kevin Anderson, Evanston: Northwestern University Press.

—— 2001 [1844], *The Economic and Philosophic Manuscripts of 1844*, translated by Martin Milligan, London: Lawrence & Wishart.

—— 2004 [1844], *The Economic and Philosophic Manuscripts of 1844*, in *Marx's Concept of Man*, edited by Erich Fromm, New York: Continuum.

Marx, Karl and Friedrich Engels 1956 [1844], *The Holy Family or Critique of Critical Critique*, Moscow: Foreign Languages Publishing House.

—— 1975–2004a, *Collected Works*, 50 volumes, New York: International Publishers.

—— 1975–2004b [1850], 'I.G. Fr. Daumer, *Die Religion des neuen Weltalters. Versuch einer combinatorisch-aphoristischen Grundlegung*', in Marx and Engels 1975–2004a, Volume 10.

—— 1975–2004c, *The Manifesto of the Communist Party*, in Marx and Engels 1975–2004a, Volume 6.

—— 1996 [1848], *Manifesto of the Communist Party*, in *Marx: Later Political Writings*, edited by Terrell Carver, New York: Cambridge University Press.

—— 1998 [1845–6], *The German Ideology*, Amherst: Prometheus Books.

McLellan, David 1976, *Karl Marx*, New York: Penguin Books.

Mészáros, István 1970, *Marx's Theory of Alienation*, London: Merlin Press.

—— 1986, *Philosophy, Ideology and Social Science: Essays in Negation and Affirmation*, New York: St. Martin's Press.

Mies, Maria 1998 [1986], *Patriarchy and Accumulation on a World Scale: Women in the International Division of Labour*, London: Zed.

Mitchell, Juliet 1971, *Woman's Estate*, New York: Pantheon Books.

—— 1974, *Psychoanalysis and Feminism*, New York: Vintage Books.

Morgan, Lewis H. 1877, *Ancient Society or Researches in the Lines of Human Progress from Savagery through Barbarism to Civilization*, Chicago: Charles H. Kerr & Company.

Moss, Bernard H. 1976, *The Origins of the French Labor Movement, 1830–1914: The*

Socialism of Skilled Workers, Berkeley: University of California Press.

Mulvey-Roberts, Marie 2004, 'Lytton, Rosina Anne Doyle Bulwer', in *Oxford Dictionary of National Biography*, Oxford: Oxford University Press.

Nicholson, Linda 1987 [1985], 'Feminism and Marx: Integrating Kinship with the Economic', in *Feminism as Critique: On the Politics of Gender*, edited by Seyla Benhabib and Drucilla Cornell, Minneapolis: University of Minnesota Press.

O'Brien, Mary 1981, *The Politics of Reproduction*, Boston: Routledge and Kegan Paul.

—— 1989, *Reproducing the World*, Boulder: Westview Press.

Ollman, Bertell 1971, *Alienation: Marx's Conception of Man in Capitalist Society*, New York: Cambridge University Press.

—— 2003, *Dance of the Dialectic: Steps in Marx's Method*, Chicago: University of Illinois Press.

Orr, Judith 2010, 'Marxism and Feminism Today', *International Socialism*, 127, available at: <http://www.isj.org.uk/index.php4?id=656&issue=127>.

Padover, Saul K. (ed.) 1975, *The Karl Marx Library Volume VI: On Education, Women and Children*, New York: McGraw-Hill Book Company.

Peters. H.F. 1986, *Red Jenny: A Life with Karl Marx*, New York: St. Martin's Press.

Polanyi, Karl 2001 [1944], *The Great Transformation: The Political and Economic Origins of Our Time*, Boston: Beacon Press.

Pomeroy, Sarah B. 1976, *Goddesses, Whores, Wives, and Slaves: Women in Classical Antiquity*, New York: Schocken Books.

Reed, Evelyn 1972, 'Introduction', in Engels 1972.

Reiter, Rayna (ed.) 1975, *Toward an Anthropology of Women*, New York: Monthly Review Press.

Rich, Adrienne 2001, 'Raya Dunayevskaya's Marx', in *Arts of the Possible: Essays and Conversations*, New York: W.W. Norton and Company.

Ring, Jennifer 1991, *Modern Political Theory and Contemporary Feminism: A Dialectical Analysis*, Albany: State University of New York Press.

Salleh, Ariel 1997, *Ecofeminism as Politics: Nature, Marx, and the Postmodern*, New York: St. Martin's Press.

Sargent, Lydia (ed.) 1981, *Women and Revolution: A Discussion of the Unhappy Marriage of Marxism and Feminism*, Boston: South End Press.

Schmidt, Alfred 1971, *The Concept of Nature in Marx*, London: NLB.

Seccombe, Wally 1974, 'The Housewife and Her Labour under Capitalism', *New Left Review*, I, 83: 3–24.

—— 1986, 'Patriarchy Stabilized: The Construction of the Male Breadwinner Wage Norm in Nineteenth-Century Britain', *Social History*, 11, 1: 53–76.

Shanin, Teodor 1983, 'Late Marx: Gods and Craftsmen', in *Late Marx and the Russian Road: Marx and 'The Peripheries of Capitalism'*, edited by Teodor Shanin, New York: Monthly Review Press.

Smith, Anne 1982, 'Standing Firm', *History Today*, 32, 3: 51–2.

Smith, David Norman 2002, 'Accumulation and the Clash of Cultures: Marx Ethnology in Context', *Rethinking Marxism*, 14, 4: 73–83.

—— (ed.) (forthcoming), *Marx's Ethnological Notebooks*.

Steger, Manfred B. and Terrell Carver (eds.) 1999, *Engels After Marx*, University Park: The Pennsylvania University Press.

Sue, Eugène n.d. [1843], *The Mysteries of Paris*, Philadelphia: T.B. Peterson and Brothers.

Taplin, Eric 1983, 'Ten Per Cent and No Surrender: The Preston Strike, 1853–1854', *Victorian Studies*, 26, 4: 451–2.

Thomas, Edith 2007 [1963], *The Women Incendiaries*, Chicago: Haymarket Books.

UNICEF 2007, 'Gender Equality—The Big Picture', New York: UNICEF.

Vogel, Lise 1981, 'Marxism and Feminism: Unhappy Marriage, Trial Separation or Something Else', in Sargent (ed.) 1981.

—— 1983, *Marxism and the Oppression of Women: Toward a Unitary Theory*, New Brunswick: Rutgers University Press.

Wendling, Amy E. 2009, 'Rough and Foul-Mouthed Boys: Women's Monstrous Laboring Bodies', in *Karl Marx on Technology and Alienation*, Amy Wendling, Palgrave Macmillan.

Wheen, Francis 2001, *Karl Marx: A Life*, New York: W.W. Norton & Company.

World Bank 2009, 'World Bank Calls for Expanding Economic Opportunities for Women as Global Economic Crisis Continues', press release 29 January.

Young, Iris 1980, 'Socialist Feminism and the Limits of Dual Systems Theory', *Socialist Review*, 10, 2–3: 169–88.

—— 1981, 'Beyond the Unhappy Marriage: A Critique of the Dual Systems Theory', in Sargent (ed.) 1981.

Zaretsky, Eli 1976, *Capitalism, the Family and Personal Life*, New York: Harper & Row.